HEYNE

Das Buch

Die herrliche Kulisse der Bergstraße, die Städte und Dörfer der Kurpfalz bilden den Hintergrund für den grausamen Mord an einem Bauunternehmer. Doch damit nicht genug: Beim Bau des 2700 Meter langen Saukopftunnels gefährdet ein makaberer Fund den Fortgang der Bauarbeiten. Die Geister der Vergangenheit sind wieder auferstanden und wollen nicht ruhen, bis Sühne geleistet ist.
Der mysteriöse Tod ihres Vaters lässt die Tochter Solo und deren Lebensgefährten Lothar nicht ruhen, bis sie selbst in ein lebensbedrohendes Szenario von Mord und Totschlag hineingezogen werden.
Der 2. Band der Bergstraßen-Trilogie *Der Kardinal von Auerbach* erscheint als Heyne-TB im Dezember 2009.

Der Autor

Manfred H. Krämer wurde 1956 im südhessischen Lampertheim geboren und ist seitdem dort wohnhaft. Er ist verheiratet und hat zwei Kinder. Der Tod im Saukopftunnel ist sein erster Kriminalroman und der Auftakt einer Trilogie, die im Großraum Rhein-Neckar-Odenwald angesiedelt ist.

Manfred H. Krämer

Tod im Saukopftunnel

Roman

WILHELM HEYNE VERLAG
MÜNCHEN

FSC
Mix
Produktgruppe aus vorbildlich bewirtschafteten Wäldern und anderen kontrollierten Herkünften

Zert.-Nr. SGS-COC-1940
www.fsc.org
© 1996 Forest Stewardship Council

Verlagsgruppe Random House FSC-DEU-0100
Das für dieses Buch verwendete FSC-zertifizierte Papier *Snowbright Super* liefert Hellefoss AS, Hokksund, Norwegen.

2. Auflage
Vollständige Taschenbuchausgabe 12/2008

Printed in Germany 2009
Umschlagillustration: © Johner Images,
© Andy Caulfield/Getty Images
Umschlaggestaltung: init, Büro für Gestaltung, Bielefeld
Druck und Bindung: GGP Media GmbH, Pößneck
ISBN: 978-3-453-43386-1

www.heyne.de

Für Monika

Danke für die ersten 27 Jahre

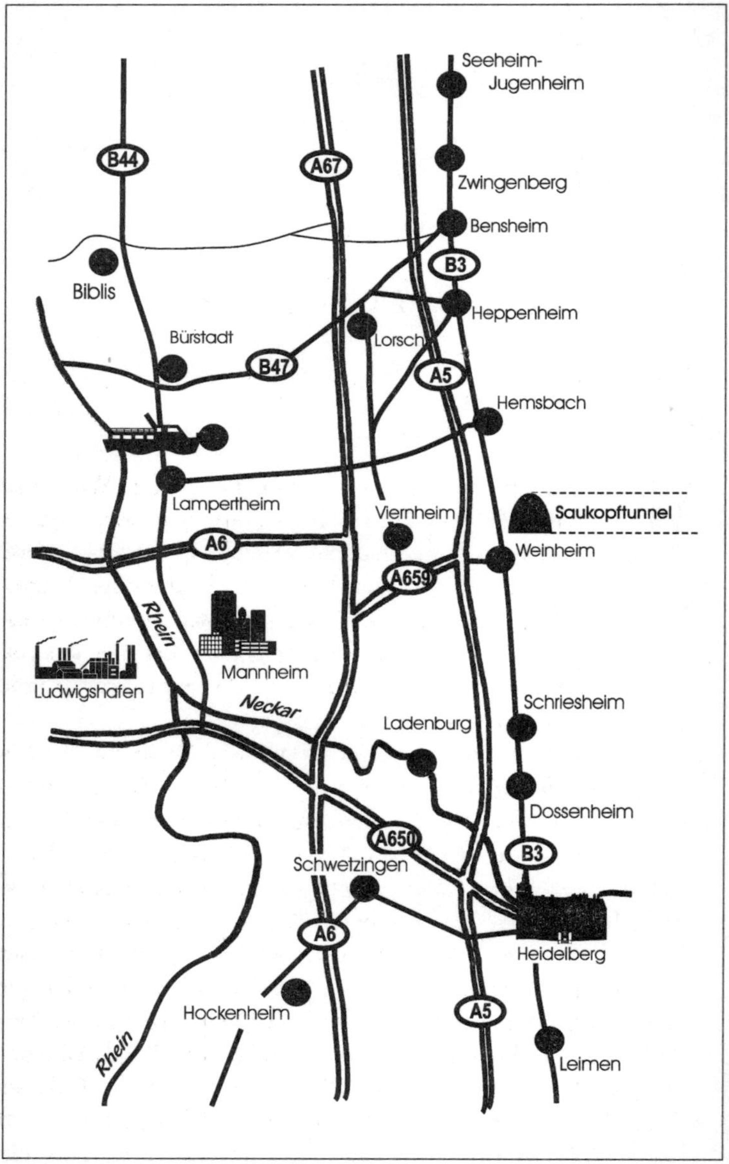
Seeheim-
Jugenheim
Zwingenberg
Bensheim
B44
A67
B3
Biblis
Heppenheim
Lorsch
Bürstadt
B47
A5
Hemsbach
Lampertheim
Viernheim
Saukopftunnel
A6
Weinheim
A659
Rhein
Mannheim
Ludwigshafen
Neckar
Schriesheim
Ladenburg
Dossenheim
A650
B3
Schwetzingen
A6
Heidelberg
Hockenheim
A5
Rhein
Leimen

Prolog

Regen ... Kein Landregen, wie ihn die Bauern und Winzer an der Bergstraße seit Wochen herbeigesehnt hatten, nein, es goss wie aus Eimern. In Schwaden zog er wie dramatisch wallende Theatervorhänge über das flache Land der Oberrheinebene, prasselte gegen die Fenster der Hochhäuser im Osten Mannheims, erzeugte Gischtfahnen hinter den Lastwagen auf der A 5 und verwandelte die schmalen Wirtschaftswege der Weinberge am Rande des Odenwaldes in schlammige Geröllpisten.

Der Motor des großen Geländewagens dröhnte im zweiten Gang, die Differentzialsperre verhinderte ein Durchdrehen der Räder und der Fahrer spähte angestrengt durch die nur notdürftig von den Scheibenwischern freigehaltene Frontscheibe. Die Scheinwerfer tanzten über windgepeitschte Büsche, streiften einen Wegweiser für Wanderer und tasteten sich an einer Bergmauer aus grobem Granit entlang. Der Weg beschrieb eine scharfe Kurve und der Fahrer musste weit ausholen, um den schweren Anhänger nicht aus der Spur zu bringen. Der Wind zerrte an der blauen Plane, welche die Ladung bedeckte. Zwischen den Regenschleiern sah man schemenhaft die Lichter Weinheims. Bei schönem Wetter konnte man von hier oben bis hinüber in die Pfalz blicken: rechts der markante Buckel des Donnersberges, links der Kalmit und die

Haardt bei Neustadt. Dazwischen die Kühltürme des Phillipsburger Atomkraftwerkes und die bizarre Skyline der BASF.

Heute aber war alles grau und nass und unwirtlich. Genau so, wie es sich der Fahrer des Geländewagens gewünscht hatte. Er lenkte das Gespann in den Wald, verließ den Wingert mit dem schönen Namen *Sulzbacher Saupferch* und folgte den zahlreichen Kurven eines Holzabfuhrweges weiter bergauf. Er öffnete die Seitenscheibe ein kleines Stück, da die Frontscheibe trotz Gebläse anfing zu beschlagen. Hier im dichten Buchenwald, am Westhang der Bergstraße, war der Wind nur noch gedämpft zu spüren. Der Regen rauschte gleichmäßig durch das dichte Blätterdach. Es roch nach Erde und nassem Laub, nach Schwarzwild und vermodertem Holz. Der Fahrer im grünen Loden lächelte. Die Wildschweine hatten heute nichts zu befürchten. Heute nicht ... Doch das Lächeln huschte nur kurz über das runde Gesicht mit den dunklen, tiefliegenden Augen.

Der Mann war erst 41 Jahre alt, aber an diesem Spätnachmittag wirkte er wie ein alter, ausgezehrter Greis. Das, was sich unter der nassen, verschlissenen Plane des Anhängers verbarg, war schuld daran, schuld daran, dass er seit fast 48 Stunden nicht mehr geschlafen hatte, schuld daran, dass er nun bei diesem Wetter in den Bergen des Odenwaldes herumkutschierte, anstatt zuhause vor dem Kamin zu sitzen oder mit Freunden eine Partie Skat im Kronenkeller zu spielen. Doch nun würde er es zu Ende bringen. Hier, in den Bergen seiner Heimat, würde er seine Sorgen abladen. Buchstäblich ...

Bei einer Felsgruppe steuerte er den Wagen scharf nach links auf einen kaum erkennbaren, lange nicht mehr benutzten und zum Teil bereits von Brombeergestrüpp und Farn überwucherten Waldweg. Der Wagen schwankte in den ausgefahrenen Spurrillen. Trotz der großen Bodenfreiheit schabten Gras und Schlamm am Unterboden entlang. Der Mann hielt das Lenkrad fest umklammert, spielte vorsichtig mit Gas und Kupplung und brachte das Gespann schließlich vor einer halb zerfallenen Hütte zum Stehen. Erleichtert schaltete er den Motor aus, löschte die Scheinwerfer und zog die Handbremse an. Zufrieden musterte er die Hütte. Ein Geräteschuppen, den Waldarbeiter seit Jahren nicht mehr benutzten. Er wusste das, denn das hier war sein Wald.

Wie viele Einheimische besaß seine Familie seit Generationen eigene Waldgebiete. Aber die Forstwirtschaft rechnete sich schon lange nicht mehr. Lediglich der Holzeinschlag für die große Mannheimer Papierfabrik brachte ein bisschen Geld in die Kassen. Doch das bedeutete ihm kaum etwas. Er ging hier mehrmals im Jahr mit Freunden auf die Jagd, schlug das Holz für den überdimensionalen Kamin seiner Wohnung am Hang hoch über Weinheim und sorgte dafür, dass die zwei Hauptwanderwege, die durch seinen Wald führten, in Ordnung gehalten wurden. Hier, in diese abgelegene Ecke zwischen Saukopf und Hirschkopf, kam außer ihm niemand hin.

Niemand kannte die alte morsche Bretterbude, die sich an die grauen Granitfelsen schmiegte. Niemand wusste, dass diese Hütte mehr verbarg als die paar verrosteten Werkzeuge und schimmeligen Regenmäntel. Der Mann nickte zufrieden, als er die Tür mühsam einen Spalt aufzwängen musste, um hineinzukommen. Drinnen war es fast finster. Ein merkwürdiger Kellergeruch erfüllte den winzigen Raum. Er legte seine Taschenlampe, ein mächtiges amerikanisches Modell, mit dem man zur Not auch Schädel spalten konnte, auf eine Kiste und räumte einen Stapel Bretter beiseite, die an der Rückwand lehnten. Allerlei Getier wuselte panisch davon, verkroch sich in Ritzen und unter aufgestapelte Holzscheite. Hinter den Brettern erschien der nackte Fels, der die Rückwand der Hütte bildete. In der Mitte gähnte eine schwarze Öffnung, die mit einem zwar rostigen, aber noch unverkennbar massiven Metallgitter verschlossen war. Ein Luftzug wehte dem Mann ins Gesicht. Er öffnete das unpassend wirkende, moderne Vorhängeschloss. Quietschend schwang das Tor zur Seite und der Mann trat gebückt hindurch. Der starke Strahl der Taschenlampe verlor sich in der Dunkelheit. Das Rauschen des Regens drang gedämpft herein und irgendwo, weit voraus, plätscherte Wasser.

Hinter dem Eingang erweiterte sich der Stollen so weit, dass der groß gewachsene Mann aufrecht stehen konnte. Er leuchtete die Holzbalken und Streben an, die alle drei Meter die Tunneldecke stützten, trat prüfend gegen einen massiven Eichenholzpfosten und schlurfte vorsichtig in die Dunkelheit. Nach etwa hundert Metern erreichte er eine primitive Absperrung aus Fichtenstämmen. Unmittelbar dahinter gähnte im Boden ein schwarzes Loch. Hier war auch die Quelle des moderfeuchten Luftzuges, der die ganze Zeit beständig wehte wie der Atem eines schlafenden Riesen. Der Mann hatte weder Angst vor Riesen noch vor dunklen Löchern in alten Bergwerksstollen. Er war hier aufgewachsen, kannte den alten Gang seit seiner Kindheit und hatte niemandem jemals davon erzählt. Wer weiß, wozu so was einmal gut ist, hatte er sich schon als 10-jähriger Lederhosen tragender Abenteurer gedacht. Nun wusste er es. Aber es freute ihn nicht besonders. Als kleiner Junge wollte er hier erbeutete Schätze horten, als frühreifer Bengel seiner Mathelehrerin ein gemütliches Liebesnest einrichten und als versponnener Gymnasiast den dritten Weltkrieg darin überleben. Nun würde der alte Luftschacht der längst vergessenen Vitriolmine eben als Endlagerstätte dienen. Hier würde er das loswerden, was ihm wie ein stählernes Fangeisen seit drei Tagen den Brustkorb umklammerte.

Er tappte vorsichtig zurück in die Hütte, schaltete die Taschenlampe aus und verhielt kurz, angestrengt lauschend. Aber nur der Regen war mit ihm hier oben. Der Regen und sein laut klopfendes Herz. Vorsichtig, nach allen Seiten sichernd, trat er vor die Tür. Es war nun fast völlig dunkel. Er drückte sich den breitkrempigen Hut tiefer in die Stirn, streifte sich grobe Arbeitshandschuhe über und löste die Plane des Anhängers. Obenauf lag eine stabile Schubkarre, darunter kamen verschnürte Plastiksäcke zum Vorschein. Die Säcke waren merkwürdig ausgebeult und hatten verschiedene Größen. Es waren stabile Säcke aus schwarzem Kunststoff, reißfest und mit eingearbeitetem Kordelzug. Mit einiger Anstrengung lud er zwei davon auf die Schubkarre. Anschließend betrat er wieder die Hütte, kam mit ein paar Bohlen wieder heraus und legte einen provisorischen Pfad bis zum Stolleneingang. Die schwere Taschenlampe befestigte er mit Isolierband an einem der Griffe der Karre. Noch einmal warf er einen Blick in die Runde, dann beugte er sich nach vorne, nahm die Schubkarre auf und bugsierte seine Last in die Hütte und in den Stollen. Im Inneren des Berges ging es leichter, da der Boden hier relativ eben, trocken und leicht abschüssig war. Trotzdem schwitzte der Mann stark, was aber nicht nur an der Regenkleidung oder an der Temperatur lag ...

An der Sperre angekommen, setzte er den Schubkarren ab und räumte die Barrikade auf die Seite. Zur Probe warf er einen großen Stein in die gähnende Öffnung: Er hörte ihn einige Male gegen Hindernisse prallen und schließlich aus weiter Ferne einen dumpfen Aufschlag. Er grunzte zufrieden, stemmte die Arme in die Hüften und drückte seinen schmerzenden Rücken durch. Diese alten Luftschächte konnten mehrere hundert Meter tief sein. Er nahm die Schubkarre, rollte sie vorsichtig zum Rand der Öffnung und kippte den Inhalt mit einer ruckartigen Bewegung in die Tiefe. Schaudernd lauschte er dem Schleifen, Klatschen und Reißen der Säcke auf dem Weg in die Tiefe. Vor vielen Jahren war er einmal mit einem Seil ein Stück weit hinuntergestiegen, hatte aber vor der Gänsehaut, einem unerträglichen Schwindelgefühl und der lebhaften Fantasie von nach seinen Beinen grapschenden Ungeheuern kapituliert. »Da habt ihr was zu fressen ...«, murmelte er halblaut. Das dazu passende Grinsen wollte sich aber partout nicht einstellen.

Achtmal rollte er die Schubkarre mit ihrer seltsamen Last in den Stollen. Achtmal verschlang der Berg die schwarzen Säcke. Am schlimmsten waren für den Mann die kleinen Säcke. Klein und viel leichter als die anderen, war es hauptsächlich der Inhalt dieser Beutel, der ihn die Nachtruhe der letzten Zeit gekostet hatte.

Schweißgebadet stand der Mann schließlich nach der letzten Fuhre am Rand des schwarzen Schlundes. Sein Schädel brummte, die Arme schmerzten, die Feuchtigkeit von innen hatte sich längst mit dem Regenwasser von außen verbündet. Er roch wie ein alter Schäferhund, der tagelang durch Sümpfe geirrt war. Erschöpft lehnte er sich an eine der Bohlen, welche die Tunneldecke stützten. Sehnsüchtig dachte er an die Blechschachtel mit den Zigarillos im Handschuhfach des Autos. Aber er war noch nicht fertig. Eines war noch zu tun: Müde schob er den leeren Schubkarren nach draußen, warf ihn polternd auf die Ladefläche des nun leeren Anhängers. Längst hatte er alle Vorsicht fahren lassen. Heute würde garantiert niemand hier herumstreunen. Spaziergänger kamen hier nicht hin und die Mountainbiker und Jogger, die sehr zu seinem Missfallen immer zahlreicher »seinen« Wald bevölkerten, waren längst unter der Dusche oder gleich ins Fitnesscenter ausgewichen. Er rollte die Abdeckplane zusammen, warf sie ebenfalls auf den Hänger und setzte sich wieder ans Steuer. Mühsam rangierte er das Auto mit der kantigen Motorhaube bis kurz vor die Tür der Hütte, entriegelte die mächtige Seilwinde an der vorderen Stoßstange und zog das extra aufgelegte, überlange Stahlseil in den Stollen. Dort schlang er es um einen bereits bedenklich schiefen Stützbalken. An dieser Stelle waren schon öfter kleinere Felsbrocken von der Decke gefallen. Er vergewisserte sich, dass die Schlinge nicht abrutschen würde, und ging zurück zum Auto. Er legte zwei kopfgroße Steine vor die Vorderräder, setzte sich hinter das Steuer, zog die Handbremse und trat zur Sicherheit noch das Bremspedal bis fast zum Bodenblech durch. Dann drückte er den Knopf, der den kräftigen Elektromotor in Gang setzte, und ließ die Winde das Seil straffziehen.

Der Wagen zitterte und senkte sich in die Federung, als das Gerät schließlich mit der kleinsten Übersetzung begann, das Seil einzuholen. Der zentimeterdicke Stahldraht spannte sich wie eine Gitarrensaite. Der Mann erhöhte die Motordrehzahl und gab mehr Kraft auf den Windenmotor. Der schwere Wagen vibrierte, das Seil knackte und knisterte an der Belastungsgrenze, dann gab es einen ungeheuren Ruck, als der Stützbalken im Stollen brach. Das Auto machte einen Satz rückwärts, das Seil lag schlaff auf der Erde und aus der Tür der Hütte quoll eine mächtige Staubwolke. Ein kurzes, ersticktes Rumpeln und ein fast unmerkliches Beben des Untergrundes zeugten vom Erfolg der Aktion.

Der Mann auf dem Fahrersitz schob sich den Hut in den Nacken, wischte sich den Schweiß vom Gesicht und starrte auf die Hütte, die langsam wieder hinter dem rasch vom Regen aufgelösten Staub sichtbar wurde. Mit wackeligen Knien stieg er aus, nahm die Taschenlampe und ging vorsichtig hinein. Er musste husten. Im Innenraum des Schuppens wallte immer noch feiner Gesteinsstaub. Die Taschenlampe warf einen scharf umrissenen, weißen Kegel in den flirrenden Nebel. Das Seil schlängelte sich wie eine lange dünne Natter durch die Öffnung in den Stollen. Der Mann wartete einige Minuten, bis der Staub sich auch hier gelegt hatte, und ging dann zögernd ein paar Schritte in den Stollen. Doch schon kurz nach dem Eingang versperrte eine Halde aus Sand, Steinen und Lehm den gesamten Stollenquerschnitt. Das Seil verschwand darunter. Zufrieden leuchtete der Mann Boden, Decke und Wände ab. Der alte Stollen war Geschichte. Alle Geheimnisse, die sich darin verbargen, waren nun für alle Zeiten unter Odenwälder Granit, Erde und zersplittertem Holz begraben. Die Monster und Schätze aus Kindertagen, die Fabelwesen und unentdeckten Goldadern. Alles ... Auch die modernen Schrecken, die dem Mann den Schlaf geraubt hatten, waren darunter verschüttet. Tief im Inneren des 348 m hohen Saukopfes würden sie nun ruhen bis ans Ende aller Tage. Er schlurfte zurück zum Wagen, schaltete die Winde wieder ein und ließ sie langsam das Seil wieder aufrollen, während er es mit den behandschuhten Händen sorgfältig auf die Trommel führte. Viel schneller als erwartet erschien das zerfaserte Ende, Zeuge der ungeheuren Zerstörungskraft des scharfkantigen Gesteins, in seiner Hand.

Er sicherte die Winsch, verschloss den Eingang des Stollens, stellte die Bretter wieder davor und verriegelte die Tür der Hütte. Tropfnass und erschöpft setzte er sich auf den Fahrersitz und kramte im Handschuhfach nach seinen Zigarillos. Erst als der würzige Duft das klamme Fahrzeuginnere erfüllte, entspannte sich der Mann. Routiniert wendete er das Gespann auf der Lichtung und fuhr den gleichen Weg zurück, den er gekommen war. Als er bei Sulzbach die B 3 erreichte, gab er Gas, hörte Schlammbatzen in die Radkästen klatschen und steuerte den Wagen nach Hause. Er summte eine kleine Melodie, freute sich auf ein heißes Bad und eine warme Mahlzeit. An diesem Abend ging er früh zu Bett, schlief lang und tief, wie seit Tagen nicht mehr.

* * *

16 Jahre später

Freitag 2. März 1990, 16:10 Uhr: Ein kurzes, aber heftiges Frühjahrsgewitter hatte das Land und den Himmel gewaschen. Im diffusen Licht der Sonne, die wie befreit zwischen den letzten blauschwarzen Wolkenfetzen erschien, krochen endlose Lichterketten auf dem Weg in den Feierabend durch Weinheim. Die tägliche, stinkende und lärmende Blechlawine quälte sich über die kurvige B 38 durch das enge Weschnitztal in Richtung der zahlreichen Dörfer und Gemeinden des vorderen Odenwaldes. Ein Ärgernis, unter dem gerade die Bewohner von Weinheim und Birkenau litten. Die lang ersehnte und heftig umstrittene Entlastung war nach über zwanzig Jahren Planung nun endlich im Bau. Der 2.700 m lange Saukopftunnel würde zusammen mit der geplanten Verbindungsstraße B 38a dem vorderen Weschnitztal endlich mehr Ruhe bescheren. Doch nicht alle Anwohner begrüßten das Projekt. Während sich die österreichischen Tunnelbauer mit gewaltigem technischem Aufwand durch den Saukopf arbeiteten, liefen zahlreiche Einspruchs- und Widerspruchsverfahren einzelner Personen und Gruppen. Allen voran die Jagdpächter und Naturschützer, die lediglich eine Verlagerung der Blech- und Abgaslawine und eine Beeinträchtigung der Natur entlang der geplanten Trasse befürchteten. In Weinheim und Umgebung kämpften Gegner und Befürworter mit Leserbriefen, Aktionstagen, Veranstaltungen und Presseartikeln um die Verwirklichung ihres jeweiligen Standpunktes. Dann war der Tunnelbau durch. Genehmigt und abgesegnet, finanziert und bezuschusst von Bund und Land. Die Verbindungsstraße vom Ostportal zur B 38 kurz vor Mörlenbach war der aktuelle Zankapfel. Hier war noch nicht alles in trockenen Tüchern, hier hatten Anwälte und Gutachter noch jede Menge Geld zu verdienen.

Jede Menge Geld verdiente auch Albert Gwandner, 38 Jahre alt, verheiratet, zwei Kinder. Der Niederösterreicher bediente Margarethe. Margarethe war gelb, hieß mit Nachnamen Caterpillar, war ein mächtiger Hydraulikbagger und lud das bei der letzten Sprengung angefallene Material auf die bereitstehenden Muldenkipper.

Vier Meter Berg hatte man heute in Geröll, Staub und Schutt verwandelt. Albert Gwandner war stolz auf seine Arbeit. Sein Bruder und seine Frau bewirtschafteten den kleinen Bauernhof in Hochlanzersdorf, und er sorgte für die richtig gute Kohle. Einmal im Monat fuhr er für eine Woche nach Hause, dann ging es wieder »in den Berg«. Der Saukopftunnel war bereits sein achter Straßentunnel. Gwandner war ein alter Hase. Er kannte »seine« Berge und die Gefahren, die immer wieder Verletzte und manchmal sogar Tote unter den Arbeitern forderten. Deshalb wanderte sein Blick sofort hinauf zur Tunneldecke, als er den Aufprall eines winzigen Steinchens auf seinem gelben Schutzhelm registrierte. Es war klein genug, um das stabile Schutzgitter aus Welldraht, welches seinen Führerstand umgab, zu durchdringen, und groß genug, um bemerkt zu werden. Circa 20 m hinter Gwandners Arbeitsstelle sorgten die Jungs von der Vorbausicherung mit schenkeldicken Spritzbetonkanonen für eine erste Befestigung der Tunneldecke. Albert Gwandner sah zunächst nichts Beunruhigendes an der erstaunlich glatt geschliffenen Decke. Er schaltete die Helmlampe ein und ließ den scharfen Lichtkreis systematisch einen größeren Bereich absuchen. Ein fast unsichtbares Rinnsal aus feinstem Staub kreuzte kurz den Lichtstrahl und wurde deutlich wie Nebel in einer Lasershow. Ein weiteres Steinchen löste sich von der Decke und klirrte gegen den Gitterkäfig. Gwandner sträubten sich die Nackenhaare, als er einen dünnen Spalt bemerkte, der sich wie ein lebendes Wesen langsam in eckigen Windungen nach hinten verlängerte.

Er hatte genug gesehen. Gwandner betätigte einen Schalter, und das Motorengeräusch des Baggers erstarb. Der Maschinenführer zückte sein Funksprechgerät und sagte in der ruhigen, emotionslosen Art eines Profis: »Leitstelle, hier Vortrieb. Wir haben einen 200, wiederhole: 200. Räumen bis auf 1000. Wiederhole: Räumen bis auf 1000!« Sekunden später leuchteten die gelben Blinklampen an den Tunnelwänden, eine schrille Signalglocke gellte und die Stimme des Schichtleiters dröhnte blechern aus den Lautsprechern: »Räumen auf 1000! Räumen auf 1000!« Gwandner kletterte aus seinem »Vogelkäfig« und nahm die Beine in die Hand. Die Betonspritzmannschaft lief dicht vor ihm. »200« war der Code für einen leichten Bergsturz. So etwas kam schon mal vor. »Leicht« war allerdings relativ. Ein 200er konnte schon mal zwischen 100 und 200 Tonnen Geröll über Maschinen und Werkzeuge verteilen. »Scheiße«, dachte Gwandner herzhaft, »das gibt wieder Überstunden, und das am Freitag!« Bei Streckenmeter 1000 standen schon die Kollegen und blickten ihm gespannt entgegen.

»Na, Albert, wenn du ne Pause brauchst, musst du nicht gleich den Berg sprengen«, frotzelte einer, und Gwandner stieß ihn spielerisch vor die staubbedeckte Brust.

»Wart nur ab, Leitner, du bleibst heute auch länger, ich teil dich zur Bergemannschaft ein!«

»Was sollen wir denn bergen? Deine Kontaktlinsen oder was?«, lästerte Veit, der kleine Südtiroler. »Ist doch alles ruhig dahinten. Hast vielleicht einen Geist gesehen?«

Schlagartig verstummten die rauen Stimmen der Tunnelbauer, als aus der Richtung des Baggers ein kurzes Knacken und dann ein gedämpftes Grollen wie von einem fernen Gewitter erklang.

»Maul zu!«, schrie einer, als eine fast massiv wirkende Staubwolke die Tunnelbeleuchtung verdunkelte und die Männer einhüllte wie eine schwarze Decke. Nachdem die Staubwolke sich gelegt hatte und das letzte Prasseln und Klackern herabfallenden Gesteins verklungen war, schalteten die Männer ihre Helmlampen ein und näherten sich vorsichtig der Einsturzstelle. Von Margarethe war nur noch das hintere Drittel zu sehen. Erde, Felsen in allen Größen und jede Menge Geröll breiteten sich vor den Männern aus. In der Tunneldecke klaffte eine große, annähernd quadratische Öffnung.

Gwandner stieß einen leisen Pfiff aus. »Wir haben einen alten Mann[1] geschnitten!«

Er trat mit der stahlkappenbewehrten Stiefelspitze gegen ein halb verfaultes Kantholz.

»Grubenholz. Der Schacht ist garantiert so alt, dass er auf keiner Karte mehr verzeichnet ist.«

Gwandner drehte sich um und starrte direkt in die leeren Augen-

---

1 Fachausdruck für einen aufgegebenen und meist verfüllten Bergwerksschacht.

höhlen eines grinsenden Totenschädels. Erschrocken trat er einen Schritt zurück, stolperte und setzte sich, begleitet von brüllendem Gelächter, recht unsanft auf den Hosenboden. Er fluchte gotteslästerlich und starrte Veit wütend an. Der hielt den Totenkopf immer noch in der Hand und führte etwas auf, das er wohl für einen afrikanischen Tanz hielt. Der riesige Max nahm ihm endlich die makabre Trophäe aus der Hand und legte sie behutsam auf den Boden.

»Das war mal ein Mensch, du Depp«, sagte er mit merkwürdig leiser Stimme und die ausgelassene Stimmung erstarb augenblicklich.

»Da ist noch einer!«, rief einer, der den Schuttberg hinaufgeklettert war.

»Liegen lassen! Keiner fasst hier etwas an!«, donnerte die Stimme des Schichtleiters plötzlich dazwischen. Keiner hatte den Elektrokarren kommen hören, aus dem der untersetzte Mann gerade ausstieg. »Willi, komm sofort da runter, und ihr anderen bleibt gefälligst aus dem Gefahrenbereich! Ich habe keine Lust auf noch mehr Gelbe Scheine.«

Martin Stemmler musterte die betretenen Gesichter seiner Leute und schlug einen versöhnlicheren Tonfall an: »Das ist bestimmt historisch oder so was. Wir haben da ne Klausel im Vertrag, dass wir bei Funden zuerst die Archedingstypen verständigen müssen.«

»Arschologen heißen die«, half einer aus, was wiederum Gelächter auslöste.

Stemmler verständigte die zuständige Abteilung des Mannheimer Reiss-Museums. Dr. Monika Galensee arbeitete mit einer Gruppe Studenten gerade an einem vor drei Wochen entdeckten Gräberfeld unweit der A 6 im Mannheimer Norden. Es war kurz vor 19 Uhr, als die beiden weißen VW-Busse die Absperrung vor dem Westportal des Saukopftunnels passierten. Die Baustelle war verlassen, nur Stemmler und der Bauleiter Dr. Rechgau erwarteten die Wissenschaftlerin. Als bekannt geworden war, dass an eine Bergung des Baggers vor Montag nicht zu denken war, waren die Arbeiter glücklich wie Pennäler zu Ferienbeginn zu ihren jeweiligen Wochenendvergnügungen aufgebrochen. Stemmler hatte die Zeit genutzt und rund um die Einsturzstelle schwere Stative mit leistungsfähigen Scheinwerfern aufstellen lassen. Die scharfen Lichtkegel der Brenner ließen die beiden Schädel und einzelne, zersplitterte Knochenfragmente unnatürlich weiß aus der Schuttmasse leuchten. Es roch nach altem Holz, Steinstaub und Hydrauliköl aus den zerrissenen Druckschläuchen des Baggers. Die Archäologin nahm den Schädel, mit dem der kindische Veit seinen Tanz aufgeführt hatte, vorsichtig in die behandschuhte Linke und musterte ihn von allen Seiten. Als sie sich die Unterseite besah, weiteten sich ihre Augen unmerklich. Der Unterkiefer fehlte und der Oberkiefer bestand aus Lücken und Fragmenten.

»Neandertaler?«, fragte der Bauleiter neugierig.

Monika Galensee nickte bedächtig, erhob sich aus der Hocke und hielt den Schädel mit der Unterseite voran dem Mann vors Gesicht.

»Gut möglich«, sagte sie mit dem bei ihren Studenten so gefürchteten amüsierten Unterton in der Stimme, »er könnte ja mit dem Zug oder per Anhalter von Köln hierher gefahren sein. Vielleicht hat er aber auch in Frankfurt etwas Aufenthalt gehabt und die Zeit für einen Besuch beim Zahnarzt genutzt.«

Dr. Rechgau öffnete den Mund, schloss ihn aber gleich wieder. Es sah nicht sehr bauleiterhaft aus.

»Dieser Neandertaler hier«, Frau Galensee dozierte nun wie vor einem unbedarften Erstsemesterstudenten, »war zwischen 15 und 20 Jahre alt, das Wachstum noch nicht ganz abgeschlossen, er ernährte sich hauptsächlich von grober, wahrscheinlich überwiegend pflanzlicher Kost und er hatte einen wirklich stümperhaften Zahnarzt.«

»Wollen Sie damit sagen ...«, begann der Bauleiter, aber die Archäologin schnitt ihm das Wort ab: »Ich will damit sagen, dass dieser Teil eines menschlichen Schädels weder einem Neandertaler noch sonst einem prähistorischen Menschen gehörte. Dies ist ein neuzeitliches Fragment. Nach erster Schätzung nicht älter als maximal 50 Jahre. Der linke obere Backenzahn wurde in wahrhaft meisterhafter Pfuscharbeit dilettantisch verplombt. Wahrscheinlich in irgendeinem Entwicklungsland oder von einem Hobbyzahnarzt aus der Volkshochschule.«

Sie genoss die Wirkung ihrer Worte und wandte sich an die Studenten: »Holt die Absperrbänder und macht hier alles dicht. Ich gehe mit den beiden Herren nach draußen. Wenn die Kripo da ist, könnt ihr Feierabend machen. Vorher kommt hier keiner rein, verstanden?«

»Kripo?«, wieder sah der Bauleiter etwas belämmert aus der Wäsche, »wieso Kripo?«

Monika Galensee warf ihre Arbeitshandschuhe achtlos auf den Boden und sah dem Mann direkt in die Augen: »Weil dieser Schädel da hinten nicht irgendein originelles Fundstück ist, sondern Teil einer Leiche. So wie ich das sehe, sind es mindestens zwei. Möglicherweise noch mehr. Ihre Männer haben ein Grab freigelegt. Ein Grab in einem alten Bergwerkschacht. Dr. Rechgau, da drinnen liegen Tote. Leichen! Glauben Sie mir, an Altersschwäche sind die nicht gestorben!«

Weinheimer Tagblatt

Massengrab im Saukopftunnel!
19 Skelette bei Bauarbeiten entdeckt!

rg (eigener Bericht) Montag, 5. März 1990

Bei den Vortriebsarbeiten für den neuen Saukopftunnel stießen Arbeiter auf die sterblichen Überreste von 19 Menschen. Die zunächst für historisch gehaltenen Skelette wurden von Wissenschaftlern des Mannheimer Reiss-Museums zweifelsfrei als neuzeitlich eingestuft. Wie aus zuverlässiger Quelle bekannt wurde, lagen die Knochen seit mindestens 15 Jahren in einem alten Stollen eines bereits im Mittelalter aufgegebenen Silberbergwerks. Unter den Toten befanden sich nach bisher unbestätigten Angaben mindestens drei Kinder unter 12 Jahren sowie zwei Kleinkinder. Die Fotos zeigen verschiedene Gegenstände, welche die Polizei den Toten zuordnet. Hinweise der Bevölkerung nimmt jede Polizeidienststelle entgegen.

1

Was da schwitzend, schnaufend und mit der Grazie eines Bulldozers aus dem Wald trabte, war sicher nicht das, was sich die meisten Menschen unter einem Marathonläufer vorstellen. Der untersetzte, stämmige Mann trug schwarze, unvorteilhaft eng anliegende Laufhosen, eine tief in die Stirn gezogene Mütze und ein weißes T-Shirt mit der Aufschrift »Midnight-Runners LA«, wobei das »LA« nicht etwa für Los Angeles, sondern für Lampertheim stand.

Eine Kleinstadt in Südhessen, deren einzige Gemeinsamkeit mit dem richtigen »LA« in einer Brücke bestand, die öfter einmal im Nebel verschwand. Nur handelte es sich bei der Lampertheimer Brücke weder um eine Hängebrücke, noch war sie rot. Sie war mit einer Länge von ca. 20 Metern auch nicht besonders eindrucksvoll. Sie bildete den Zugang zum Naturschutzgebiet Biedensand, einem herrlichen Naherholungsgebiet mit Auwäldern und landwirtschaftlich genutzten Flächen.

Der pummelige Jogger war Lothar Zahn, 31 Jahre alt, der seit seiner Schulzeit von jedermann nur »Tarzan« genannt wurde. Seine Eltern beteuern bis heute, dass ihnen bei der Namensgebung diese Möglichkeit der Verballhornung entgangen war. Was seinen Vater aber nicht daran hinderte, ihn ebenfalls Tarzan zu nennen. Sehr zum Ärger der Mutter übrigens. Lothar »Tarzan« Zahn überquerte den »Bau«, wie die Lampertheimer ihre Brücke in liebevoller Fantasielosigkeit nennen, verfiel in einen gemächlichen Trab und ließ die Arme langsam kreisen. Tarzan war tatsächlich ein »Marathoni«.

Fünfmal hatte er bereits die 42,195 km geschafft. Nur dreimal war er dabei als Letzter über die Ziellinie gewankt.

Auf dem Wanderparkplatz am Ufer des Lampertheimer Altrheins standen an diesem trüben und windigen Aprilabend nur zwei Fahrzeuge: Tarzans Motorroller, ein futuristisch aussehender Honda-Helix mit einer Sitzbank, die jedes Sofa auf die Plätze verwies, und ein verbeulter amerikanischer Geländewagen mit monströsen Reifen. Das war Berthas Auto. Bertha »Solo« Solomon, 23 Jahre alt, die jedem ewige Feindschaft schwor, der sie bei ihrem Vornamen nannte. Solo arbeitete als Disponentin und Aushilfsfahrerin in der großen Spedition ihres Vaters in Weinheim an der Bergstraße. Dort war auch Tarzan beschäftigt. Er fuhr einen 7,5-Tonner im Stückgutverkehr. Wegen einer Sehschwäche auf dem rechten Auge hatte er niemals den heiß ersehnten »großen« LKW-Führerschein machen können, was den leidenschaftlichen »Trucker« immer noch grämte.

Aber immerhin hatte er sich die Tochter des Chefs geangelt, wobei es aber wohl eher umgekehrt abgelaufen war. Die groß gewachsene Rothaarige mit den streichholzkurzen Haaren hatte in dem sensiblen Gutmenschen mit den verrückten Ideen das ideale Pendant zu ihrer zielbewussten und geradlinigen Art entdeckt. Solo und Tarzan waren, allem Gespött zum Trotz, nun schon seit über einem Jahr ein Paar. Solo war bereits ein paar Wochen nach Beginn ihrer Beziehung mitsamt ihren über 200 Paar Schuhen, ihrer Buddha-Sammlung und einer gigantischen Yucca-Palme auf der *Lady Jane* eingezogen.

Die *Lady Jane* war ein Schiff. Ein Schiff, das den Spruch »Nomen est Omen« ad absurdum führte: Einst hieß der kleine Ausflugsdampfer nämlich *Fröhliche Dörte* und schipperte Touristen und Chartergäste kreuz und quer durch den Duisburger Rheinhafen. Bis das Schifflein ein Schicksal ereilte, wie es wohl kein zweites Wasserfahrzeug jemals erlitt: Die *Fröhliche Dörte* ging an einem einzigen Tag gleich zwei Mal unter. Auslöser war die Vorbeifahrt an einem holländischen Frachter, der in einer ruhigen Ecke von Duisburg-Ruhrort vertäut war und auf dessen Deck die Frau des Eigners ein hüllenloses Sonnenbad nahm: Die Passagiere, sämtlich Mitglieder des Männergesangvereins 1844 Uerdingen, stürmten alle auf eine Seite des Bootes und brachten dieses dadurch zum Kentern. Glücklicherweise wurden nur vier Personen leicht verletzt.

Nachdem die *Fröhliche Dörte* mithilfe eines Schleppers und der Pumpanlage eines Feuerlöschbootes wieder aufgerichtet war, wurde sie zu einer Werft im Becken C geschleppt, wo sie wegen eines Steuerfehlers des Schlepperführers die Kaimauer rammte und nun zum zweiten Mal versank. Nur das Steuerhaus und der altmodische Schornstein waren noch zu sehen. Vier Wochen später wurde die *Fröhliche Dörte* gehoben und ausrangiert. Zwei Jahre später erstand ein Mannheimer Gastwirt das verrostete Wrack, brachte die Maschine notdürftig in Gang und tuckerte in sieben Tagen rheinaufwärts bis in den Lampertheimer Altrhein. Dort eröffnete er an Bord ein Ausflugsrestaurant, ging damit pleite und hauste noch ein halbes Jahr darin. Schließlich veranlassten die Behörden die Zwangsräumung, und das vergammelte Schiff wurde versteigert. Tarzan war der einzige Bieter und wurde für stolze 2.500 Mark Eigner eines 36 m langen und fünf Meter breiten schwimmenden Schrotthaufens. Mit Hilfe von Freunden und Kollegen verwandelte er die *Fröhliche Dörte* in ein geräumiges und originelles Zuhause mitsamt topfpflanzenverzierter Sonnendeck-Terrasse.

Die obligatorische Einweihungsparty wurde mit der Taufe des reinkarnierten Schiffleins gestartet. *Fröhliche Dörte* war in Tarzans Augen nun wirklich kein passender Name für einen solchen stählernen Unglücksraben. Ein Name war rasch gefunden, einer, der zum Eigner passte wie die Butter zum Brötchen: *»Lady Jane«* hieß die Königin des Lampertheimer Altrheins von Stund an. Tarzan zerschmetterte mit den Worten »Ich Tarzan, du Jane!« stilgerecht eine Flasche Bananenlikör am Bug, was ihm am nächsten Tag zwei Stunden Putzarbeit bescherte, bis die angedörrte Pampe rückstandsfrei von der weißen Haut der Lady verschwunden war.

Doch das war lange her, und Tarzans Putzteufelei war längst einer geringfügig lässigeren Einstellung gegenüber Alltagsschmutz gewichen.

Nun, nach seinem kleinen Waldlauf, überquerte Tarzan den Steg der *Lady Jane*, der wegen des niedrigen Wasserstandes recht steil nach unten führte, und öffnete die Schiebetür, die in den ehemaligen Fahrgastraum führte. Das Hauptdeck war mittels teilweise verblendeter Fenster und Trennwänden in einen großzügigen Wohn- und Essbereich aufgeteilt worden.

Er trat sich die Laufschuhe von den Füßen und rief nach Solo: »Hallo Große, ich habe Raimund getroffen. Wir haben uns für morgen zu einem Abendlauf verabredet. 25 km, ganz gemütlich!«

»Der Alte hat Geburtstag.« Solo lehnte mit verschränkten Armen an der Küchentür. Sie legte keine besondere Betonung in diese vier Worte. Sie stellte fest.

Lothar Zahn kannte diesen absolut emotionslosen Ton. Er wusste um die dahinter versteckte Autorität, die einem Admiral der Royal Navy genauso gut zu Gesicht stünde wie seiner über alles geliebten »LAG«, seiner Lebensabschnittsgefährtin, wie das jetzt so schön heißt. Sie lächelte warmherzig, war sie sich ihres Sieges doch absolut sicher. Wie immer.

»Ich habe 1,6 kg abgenommen ...«, rechtfertigte Lothar, der verbissen gegen seine überschüssigen Pfunde kämpfte, seinen geplanten Lauf.

»Im gesamten letzten Jahr vielleicht«, spottete Solo.

Brummelnd verschwand Lothar im Badezimmer, wobei er nur um Haaresbreite den ihm nachgeworfenen Laufschuhen entging, die stattdessen einen halb verwelkten Ficus Benjamini dazu brachten, einen herbstlich romantischen Blätterregen zu veranstalten.

»Ich bin hier nicht deine Latschen-wegräum-Tussi!«, keifte Solo in gespielter Wut. Lothar grinste, machte Fratzen in ihre Richtung und begutachtete sich in den an der Tür angeklebten Spiegelfliesen: sauber in Planquadrate eingeteilt, sah er darin einen zwar etwas stämmigen, aber dennoch recht muskulösen Kerl mit allerdings schon bedenklich lichtem Haar. Auf dem Kopf. An fast allen anderen Körperteilen wucherte dichtes Machogestrüpp. Sogar auf dem Rücken begann sich langsam, aber hartnäckig ein Echthaarpullover auszubreiten. Tarzan zog den Bauch ein, reckte sich zu seiner ganzen Größe von 172 Zentimetern und kniff sich in den deutlich sichtbaren »Schwimmring«, der ihm trotz regelmäßigem Lauftraining treu geblieben war.

»Achtzehnhundert Kalorien hätte ich auf diesem Lauf verbraten. Achtzehnhundert!« Resigniert schloss er die Glastür der Dusche und griff nach dem Power-Sports-Duschgel. »Dafür kann ich beim Alten morgen Abend mindestens das Dreifache in Form von fettem Fleisch und sahnesoßigem Gemüse bunkern. Ich bin zum Dickwerden verdammt«, brabbelte er jedoch nur noch halbherzig vor sich hin. »Der Alte«, das war Erich Solomon, Herr über 112 Sattelschlepper, ein modernes Logistikzentrum und Vater von Bertha Solomon, dem schwarzen Schaf der Familie. Zwar innig geliebt, aber doch so missraten, dass sie nach dem Krebstod der Mutter vor zwei Jahren eine Teilhaberschaft abgelehnt und dem Vater deutlich und schmerzlich klargemacht hatte, dass sie nie in ihrem Leben seine Firma führen wolle. Immerhin war sie seine beste Disponentin. Die Hälfte der Fahrer fraß ihr aus der Hand, die andere Hälfte fürchtete sie wie den Mann mit der Peitsche auf einer Galeere. Manchmal, wenn es sie wieder einmal packte, kletterte sie ins Führerhaus einer der mächtigen Sattelzugmaschinen und fuhr mal eben eine Ladung Dämmplatten nach Esbjerg oder 25 Tonnen Schweinehälften nach Sprockhövel. Sie waren nicht gerade ein Herz und eine Seele, »der Alte« und sein »IO« (Erster Offizier), wie er Bertha als alter Seefahrtromantiker gerne nannte, aber sie respektierten sich. Erich Solomon hatte auch kein Problem damit, als ihm seine Tochter einen seiner Nahverkehrsfahrer als ihren Lebensgefährten vorstellte.

»Besser wie so'n Studierter«, grunzte er, als er damals Lothar Zahn zum ersten Mal in seinem Luxusapartment in der Zinkgräfstraße hoch über Weinheim begrüßte.

Morgen hatte er also Geburtstag. Besser gesagt übermorgen, aber die Tradition verlangte am Vorabend des großen Tages ein Abendessen im kleinsten Kreis, sprich: »der Alte«, seine Tochter und deren Dauerverlobter. Um Mitternacht wurde dann angestoßen und, als Maria Solomon noch lebte, auch schon mal bis in den Sonnenaufgang hineingefeiert. Nachdem sich das Verhältnis zwischen Vater und Tochter in den letzten Jahren aber deutlich abgekühlt hatte, war meistens schon kurz nach zwölf Schluss. Man war müde, man hatte zu arbeiten und man war ja nicht mehr der Jüngste.

* * *

Der Ausblick war spektakulär: Vor den großen, bis zum Boden reichenden Wohnzimmerfenstern glitzerten die Lichter der Rheinebene. Im Vordergrund Weinheim, dahinter die A 5 und dekorativ in der Bildmitte Mannheim. Die Kurpfalzmetropole wurde eskortiert von den wuchtigen Blöcken des Großkraftwerkes im Süden, dem Fernsehturm am Neckarufer in der Mitte und dem stets weißen Dampf speienden Kamin der Papierfabrik im Norden.

Dahinter das Geglitzer der BASF, deren petrochemische Anlage wieder einmal eine gewaltige lodernde Fackel in den Nachthimmel flackern ließ. Fast am Horizont wallten gewaltige Dampfwolken aus den Kühltürmen des Kernkraftwerkes Philippsburg. Die Aussicht war absolut unverbaubar, und die lang gestreckte, terrassenförmig an den Berghang gebaute Wohnanlage, die für Tarzans Geschmack ein bisschen zu viel Sichtbeton aufwies, beherbergte fast ausschließlich komfortabel bis luxuriös ausgestattete Apartments der Oberklasse. Hier protzte man nicht mit gekiesten Auffahrten, schmiedeeisernen Zäunen und videoüberwachten Eingängen. Hier verbarg man seinen Wohlstand geschickt hinter einer eher spröden Allerweltsfassade, genoss den Komfort von Lift und eigener Tiefgarage, zentraler Müllentsorgung und absoluter Ruhe am Ende einer Sackgasse. Hier lebte Erich Solomon seit dem Tode seiner Frau allein.

Das eindrucksvolle Panorama, das sich Bertha und Lothar bot, litt etwas, als sich die massige Silhouette von Erich Solomon davor abzeichnete. Er hatte einen Cognacschwenker von der Größe einer Londoner Straßenlaterne in der Hand, schwenkte den guten Viertelliter, der sich in dem Glasballon fast verlor, und sagte mit seiner angenehmen, kultivierten, jedoch unverkennbar badisch gefärbten Stimme: »Der Ben Hogan ist ein feines Stück. Kommt mir gerade recht. Fliege morgen nach Lehigh ...« Dabei tätschelte er mit der freien Hand liebevoll den unförmigen Golfsack, den ihm Solo und Tarzan zum Geburtstag geschenkt hatten.

Geburtstag hatte Erich Solomon seit genau drei Minuten, und mit »morgen« meinte er natürlich den gerade angebrochenen Samstag. Solo, der die gepackten Koffer und die für eine längere Abwesenheit vorbereitete Wohnung natürlich gleich bei ihrer Ankunft aufgefallen waren, wirkte leicht verwirrt.

»Das kommt alles ein bisschen plötzlich, Papa. Die Reise und dann der ... der ...« Sie brach ab, suchte nach Worten, umarmte schließlich völlig aufgelöst ihren Vater, der den Cognacschwenker gerade noch auf der Fensterbank abstellen konnte.

»Du hast es wirklich getan«, flüsterte sie in sein Ohr, »du hast die Firma an Mellard verkauft. Mellard, Mellard ...« Sie machte sich heftig los, trat einen Schritt zurück und funkelte ihren Vater zornig an. Lothar lehnte sich entspannt auf der bombastischen Ledercouch zurück, nuckelte am Mundstück einer Ruffcut-Stanwell und stieß vanillesüße Rauchwolken aus. Er wusste, was jetzt kam.

»Besser du wie ich«, dachte er, grammatisch nicht ganz korrekt, aber von Herzen.

»Mellard!« Wie ein Peitschenknall sprengte der heftig hervorgestoßene Name die gemütliche Atmosphäre des einer englischen Bibliothek nachempfundenen Wohnzimmers.

»Mellard, das Arschloch! Als kleines Mädchen dachte ich, das sei sein Name oder ein Adelstitel. Niemals hast du von ihm gesprochen ohne irgendeinen charmanten Zusatz: Mellard, der Blutsauger, der Ausbeuter, der Pirat, der Mafioso. Dein bester Feind unter der Sonne, ein Aasgeier, ein ... ach, ich könnte stundenlang so weitermachen.« Ihre Stimme war wieder zu einem Flüstern geworden.

Erich Solomon nahm einen tiefen Schluck. Durch das Glas wirkten seine Gesichtszüge seltsam verzerrt, wie in einem Jahrmarktsspiegel. Schmatzend leckte er sich die Lippen, und während er sprach, verflüchtigte sich seine autoritäre Gelassenheit und gab den Blick frei auf einen müden alten Mann. Einen müden alten Mann, der Angst hatte.

»Bertha, Lothar: Es tut mir leid, wenn ich euch damit vor vollendete Tatsachen stelle, aber es wird Zeit für mich. Das Herz. Doc Charlie sagt, ich habe noch ein paar gute Jahre vor mir, wenn ich etwas kürzertrete. Na ja, Mellard ...« Er machte eine Pause, trank den Rest in einem Zug, schaute dann von einem zum anderen. Solo lehnte verkrampft am Fenster, die Arme vor der Brust verschränkt. Ihre großen grünen Augen blickten starr in eine ferne Welt. Lothars Pfeife war ausgegangen.

Erich Solomon fuhr fort: »Mellard, das Arschloch ...«, ein verbittertes, trockenes Lachen, eigentlich nur drei abgehackte Krächzer, »Mellard hat mir ein unschlagbares Angebot gemacht und mich in der richtigen Stimmung angetroffen. Es ist schon alles unterschrieben. Ihr braucht euch auch keine Sorgen wegen eurer Arbeit zu machen. Es wird keine Entlassungen oder Kürzungen geben. Auch das ist vertraglich geregelt.«

»Keine Entlassungen?«, unterbrach ihn Solo mit einer Stimme wie abgebrochene Kreide auf einer Schiefertafel. Erich Solomon schüttelte müde sein mächtiges Haupt mit dem dünnen Haarkranz.

»Aber Kündigungen!«, stieß Solo wütend hervor. »Keinen Tag arbeite ich für Mellard, und Lothar auch nicht!«, fügte sie mit einem schnellen, warnenden Blick auf Tarzan noch an, als dieser mit erschrocken hervorquellenden Augen gerade etwas sagen wollte.

Zehn Minuten später steuerte Solo ihren Geländewagen durch die gewundenen und zum Teil recht steil bergab führenden, stillen Wohnstraßen. An der B 3 bog sie mit bollerndem Achtzylinder nach rechts ab, verpestete die klare Nachtluft mit bläulichem Auspuffnebel und warf einen raschen Seitenblick auf den ungewohnt schweigsamen Tarzan, der sich wie ein Rentner krampfhaft am Dachgriff festklammerte.

Tarzan erwiderte den Blick mit seltenem Ernst: »Du hast uns gerade gefeuert, mein Schatz.«

Ein erneuter Seitenblick traf ihn, diesmal inklusive zornigem Gefunkel. »Du kannst ja gleich am Montag früh bei Mellard antanzen und ihm deine volle Loyalität zusichern. Schlimm genug, unter meinem Alten zu arbeiten, aber so tief, dass ich für Mellard maloche, bin ich noch nicht gesunken. Ich räum Montag meinen

Schreibtisch aus und zeig ihm dann meine Kehrseite.«

»Das wird ihm gefallen.«

»Dass ich kündige?«

»Dass du ihm deinen Hintern zeigst, Knackarsch.«

Solo stieß wütend Luft zwischen den Zähnen aus. Sie klang wie ein gereizter Mississippi-Alligator. Ihre Hände umklammerten das Lenkrad, als wollten sie es abreißen.

Nach zwanzigminütiger Fahrt stoppte Solo den Bronco vor dem dunklen Umriss der *Lady Jane*. Manni, der Wirt des benachbarten Ausflugslokals »Fährhaus«, kehrte gerade noch ein paar späte Gäste zur Tür hinaus und winkte grüßend herüber. Solo schloss die Tür auf, tätschelte geistesabwesend den Tank ihrer Kawasaki Z 1000, die, auf Hochglanz poliert, gleich hinter dem Windfang im »Wohnzimmer« auf besseres Wetter wartete. Tarzan ging zum Kühlschrank, der Größe und Farbe eines Dixi-Klos hatte, und brachte zwei Gläser und eine Flasche Vitaminsaft mit. Angewidert musterte Solo das Getränk.

»Mann, ich brauch jetzt ein Schlafbier, bloß nichts Gesundes!«, knurrte sie verärgert. Sie ließ sich müde auf die riesige Couchlandschaft fallen und schloss die Augen.

Folgsam schlurfte Lothar wieder zurück und brachte das Gewünschte. »Was hältst du davon?«, fragte sie in versöhnlicherem Tonfall.

»Es ist ein Hefeweizen, enthält zwar Alkohol, ist aber ansonsten durchaus ein gesundes Getränk ...«

Solo schloss die Augen und ballte in gespielter Wut die Fäuste. »Ich rede vom Alten, Mensch! Der tickt doch auf einmal nicht mehr ganz richtig, oder?«

Lothar leerte in aller Ruhe sein Glas Saft, leckte sich genüsslich die Lippen und musterte seine Lebensabschnittsgefährtin mit einem langen Blick, aus dem jeder Schalk verschwunden war. »Ich denke, so merkwürdig ist sein Verhalten auch wieder nicht. In zwei Jahren wird er sechzig. Da macht man sich schon Gedanken über den Ruhestand. Genug Kohle hat er ja wohl. Dann das mit seinem Herz ...«

»Herz!«, schnaubte Solo aufgebracht, »der Alte hat im Leben

noch nichts mit dem Herzen gehabt. Der hat gar keins, glaub mir das. Der hat sich von Mellard über den Tisch ziehen lassen, das ist alles.«

»Er ist mir aber noch nie wie einer vorgekommen, der sich von irgendjemandem über den Tisch ziehen lässt, egal ob der Mellard oder Luzifer heißt.«

»Er ist komisch.« Abrupt erhob sich Solo, zog im Gehen ihr T-Shirt über den Kopf und ging Richtung Badezimmer. Lothars Augen hingen an ihrem muskulösen Rücken und er bedauerte die auf intimes Schummerlicht gedämpfte Beleuchtung. Wenn Solo etwas oder jemanden »komisch« fand, dann war sie mit ihrem Latein am Ende, die Diskussion auch.

* * *

Der dunkle Wagen glitt fast geräuschlos durch die nächtliche Weinheimer Innenstadt. Die Fenster beschlugen. Die Fahrerin schaltete die Belüftung der Frontscheibe ein. Die Temperatur betrug höchstens 18 °, aber der Mann auf dem Beifahrersitz schwitzte immer noch. Sie schniefte verärgert. Männer. Helden in den Straßencafés, ganze Kerle am Stammtisch, und wenn es ernst wurde, bibberten sie vor Angst. Kleine Buben. Alles kleine Buben. Er hatte alles geplant, natürlich. Das Superhirn. Der Analytiker. Der Mann, der nichts dem Zufall überließ. Der Mann, der allerdings auch gezielt in die Hosen schiss. Sie warf einen raschen Seitenblick auf das schmale, fein geschnittene Profil neben sich. Sie steuerte den Wagen in Richtung Autobahn. Sie fuhr schnell, aber immer noch im Rahmen. Vor einer Polizeikontrolle fürchtete sie sich nicht. Allerdings kam sie lieber ohne aus. Auf der A 659 jagte sie den schwarzen Audi mit 150 km/h in Richtung Mannheim. Vorbei am Rhein-Neckar-Zentrum, dem Konsumtempel an der Peripherie Viernheims. Am Kreuz Viernheim bog sie auf die A 6 in Richtung Süden. Um diese Zeit war kaum noch jemand unterwegs. Bald würde die Morgendämmerung über die dunklen Bergrücken des Odenwaldes kriechen. Nach wenigen Kilometern erreichten sie die Brücke über den Neckar. Erst der für die Schifffahrt angelegte Kanal und dann der gewundene, flache Naturlauf des Flusses. Der Kanal sollte, musste es sein.

Der elektrische Fensterheber surrte, als die Beifahrerscheibe in der Tür verschwand. Sie warf einen prüfenden Blick in den Rückspiegel, reduzierte die Geschwindigkeit, ohne jedoch die Bremse einzusetzen, und sagte zu dem Mann, der sich auf dem Sitz zusammengekauert hatte wie ein ängstliches Kind: »Raus!«

Der Mann nahm die Pistole, als sei sie rot glühend, und schleuderte sie mit aller Kraft aus dem Fenster. Sie flog in hohem Bogen über die betonierten Fahrbahnbegrenzungen und verschwand 16 Meter tiefer im nachtschwarzen Wasser des Neckar-Kanals. Die Scheibe fuhr wieder hoch und die Frau hinter dem Lenkrad summte zufrieden ein kleines Lied. Der reiche Mann hatte gebettelt und gefleht. Gewinselt und geweint. Kleine Buben. Sie sind alle nur kleine Buben. Mit einer plötzlich erwachten Zärtlichkeit streifte ihr Blick jetzt den Mann rechts neben sich. Sie liebte diesen verdammten Feigling. Sie hatte ihn immer geliebt. Seit es ihn gab. Sie liebte und sie schützte ihn. Vor allem Bösen dieser Welt. Vor allen Teufeln und Dämonen.

* * *

Ein frischer Morgenwind rauschte in den Pappeln des Auwaldes. Von der nahen Stadt her schlug die Glocke der großen Sandsteinkirche neun Mal. Das Geläut wurde äußerst disharmonisch vom energischen Gebimmel der Schiffsglocke begleitet, die anstelle einer elektrischen Klingel vor dem Zugangssteg an dem dort aufgestellten Lichtmast befestigt war. Tarzans Bewusstsein tastete sich langsam durch den Nebel eines viel zu kurzen Schlafes. Solo war in zwei Decken eingerollt wie ein gut verpackter Rügener Räucheraal und war weder durch das Läuten noch durch das protestierende Geschnatter der Gänse aufgewacht. Tarzan war überzeugt, dass auch die mögliche Explosion einer britischen 10-Zentner-Luftmine, die man neulich am Rheinufer entdeckt hatte, sie höchstens zu einem unwilligen Schnarcher verleitet hätte. Schlaftrunken tastete er nach seiner auf dem Boden liegenden Unterhose mit Gummibärchen darauf, schlüpfte hinein und trottete missmutig »ja, ja«

brummend in Richtung Tür. Das Läuten wollte kein Ende nehmen. Er spähte durch ein Seitenfenster und sah eine pummelige Frauengestalt in einem unförmigen Lodenmantel ungeduldig die Tür anstarren. Er hatte die Frau noch nie zuvor gesehen, aber trotzdem erkannte Lothar Zahn augenblicklich, dass er diese Person mit dem verkniffenen Rottweilergesicht nicht leiden konnte. Er öffnete die Tür einen Spaltbreit und knurrte ein »Ja bitte?«, welches einem Mickey Rourke nach dem zehnten Whiskey gut angestanden hätte.

»Lukassow, Kripo Heidelberg, machen Sie bitte auf.«

»Was ist los?« Tarzans Brummigkeit machte fast augenblicklich gespannter Neugier Platz.

»Könnten wir das drinnen besprechen?«

»Augenblick bitte.« Tarzan schloss die Tür wieder, weckte Solo, die bei dem Wort »Besuch« erschrocken aufsprang und mit wehendem T-Shirt im Badezimmer verschwand.

Er zog sich rasch seinen Morgenmantel über. Ein »geschmackvolles« Teil aus schwarzer Seide mit einem Drachen auf dem Rücken. Ein Geschenk von Solo, inklusive dreitägigem Beischlafverbot, weil er unpassende Bemerkungen über Drachen und Frauen losgelassen hatte. Rasch warf er Solos Unterwäsche hinter die Couch.

Tarzan öffnete die Tür zum Steg und bat den Rottweiler herein.

Die Frau musterte Tarzan mit einem langen, forschenden Blick, bis dieser peinlich berührt den klaffenden Morgenmantel schloss, verkniff sich ein »Guten Morgen« und sagte mit ihrer unsympathischen Altweiberstimme: »Eigentlich wollte ich mit Frau Solomon sprechen ...«

Irgendetwas an ihrem Auftreten hinderte Tarzan an einer flapsigen Antwort. Den blitzschnell auf- und zugeklappten Dienstausweis hatte er nicht einmal bewusst registriert. Wer so aussah und eine derartig starke Aura von Misstrauen und Menschenfeindlichkeit um sich verbreitete, war weder bei der Heilsarmee noch bei der Vermögensberatung tätig. Der Rottweiler war auch kein Polizist, er war ein Bulle. Ein fieser. Davon war Tarzan felsenfest überzeugt.

»Sie ist im Bad. Nehmen Sie doch bitte Platz, Frau Rott... äh ...«

»Lukassow, Hauptkommissarin Elke Lukassow. Kripo Heidelberg, Mordkommission.«

»Was ist ...?«, krächzte Tarzan erschrocken und plumpste rascher als geplant auf die äußerste Ecke der Sitzgruppe.

»Das möchte ich lieber Frau Solomon sagen.« Wieder dieser giftige Blick aus kleinen blauen Schweinchenaugen.

Tarzan schluckte, blieb aber stocksteif auf der Vorderkante sitzen wie ein Schuljunge beim Direx. »Mordkommission, das gibt es doch in Wirklichkeit gar nicht ...«, dachte er verstört. Doch da kam schon Solo aus dem Bad. In übergroßem T-Shirt, Schlabberhosen, Filzpantoffeln und wirrem Haarschopf, wirkte sie wie ein zu groß geratener Pumuckel.

»Bertha Solomon?«

»Wieder kein Gruß«, bemerkte Tarzan mürrisch und wunderte sich, dass er dem so große Bedeutung beimaß. Solo nickte nur stumm, schaute die Frau aus fragenden Augen an und nahm langsam und vorsichtig Platz, als gälte es, sich auf einem Nagelbett niederzulassen.

»Lukassow, Kripo Heidelberg«, wieder das überschallschnelle Aufzucken des Dienstausweises.

»Die müssen das auf der Polizeischule üben«, dachte Tarzan fasziniert. Dann beobachtete er erstaunt das Gesicht der Rottweiler-Kommissarin, das plötzlich und unvermutet eine Wärme und Resignation ausstrahlte, die ihn zutiefst erschreckte. Erschreckte aus dem einen Grund, dass ihm plötzlich bewusst wurde, dass diese Frau nicht wegen einer Geschwindigkeitsübertretung oder wegen einer belanglosen Befragung hier saß. Hauptkommissarin Lukassow, Mordkommission ... Diese Besucherin hatte den Tod im Gepäck. Tarzan fand sich plötzlich neben Solo, die immer noch stocksteif auf dem Sofa saß. Er hörte die Worte der Beamtin wie durch einen Nebel, drückte Solo an sich, fühlte ihr Herz rasend schnell klopfen und merkte, wie sie den Atem anhielt.

»Tut mir leid ... Ihr Vater ... 6:18 Uhr heute Morgen ... Sein Fahrer hat ihn gefunden ... Erschossen ...«

Er hörte nur Stichworte, diese aber brannten wie Feuer in seinem Kopf. »Der Alte«? Erschossen? Das gab es doch nur im Film. Man wurde doch nicht erschossen! Man starb an Herzversagen, an Krebs, man verunglückt mit dem Auto, niemand wird erschossen! Niemand, den man kennt jedenfalls! Erschossen wird in den Nachrichten, in den Städten nachts um drei, unter Gangstern und Verbrechern, aber doch nicht im direkten Umfeld! Lothar Zahn wachte langsam wieder auf. Stellte fest, dass nicht er seine Freundin, sondern sie ihn festhielt, stellte fest, dass seine kleine heile Welt Risse bekommen hatte. Risse, die der immer fröhliche, friedliebende und harmoniesüchtige Tarzan nie mehr kitten konnte.

»Sie müssen die Lei..., Ihren Vater identifizieren, Frau Solomon«, die Stimme der Lukassow war wieder ganz dienstlich, der Rottweiler war wieder da, »14:30 Uhr im Rechtsmedizinischen Institut, Voßstraße. Wenn Sie nicht selbst fahren wollen, lasse ich Sie abholen, hier ist die Adresse.« Sie kritzelte etwas auf die Rückseite ihrer Visitenkarte und legte sie auf den Beistelltisch, auf dem ein solarbetriebener Rennradfahrer aus Draht mit dem ersten Sonnenstrahl gerade sein eintöniges Training begann.

»Ich möchte Sie weiterhin darum bitten, anschließend mit mir aufs Präsidium zu kommen. Ich brauche noch ihre Aussagen. Frau Solomon, Herr Zahn«, wieder ein Blick unter den Bademantel, den Tarzan aber diesmal gar nicht registrierte. »Es tut mir sehr leid ... Schöne Pfeifen«, bemerkte sie mit Blick auf Tarzans stattliche Sammlung in einem überdimensionalen Pfeifenschrank.

Grußlos, wie sie gekommen war, ging sie auch wieder. Tarzan war aufgestanden, tappte an eines der Fenster und schaute dem schwarzen Passat-Variant hinterher. Das Dienstfahrzeug der Kommissarin erinnerte ihn frappant an einen Bestattungswagen.

»Erschossen ...« Erschrocken zuckte Tarzan zusammen, als er dicht an seinem Ohr Solos Stimme vernahm. »Sie haben Papa erschossen ...« Ein trockenes Schluchzen, ein Schniefen, dann brach es sich endlich Bahn. Über eine Stunde lang kauerte Solo in einer Ecke und weinte. Sie wehrte Tarzan ab, der sich verständnisvoll zurückzog, froh, nicht trostlosen Trost spenden zu müssen. All den Unsinn, den man in solchen Situationen oft von sich gab: »Wird schon wieder«, »ich bin ja bei dir«, »das Leben geht weiter« usw. usw. Er lag auf der Relaxliege, den Blick durch das Glasdach direkt in den blauweißen Aprilhimmel gerichtet, über den ein eisiger Nordostwind wild zerfranste Wolken jagte.

»Sie haben Papa erschossen ...«, sinnierte er. »Sie hat tatsächlich Papa gesagt.« Seit dem Tod ihrer Mutter, seit sie diesen Streit mit ihrem Vater hatte, der unbedingt wollte, dass sie einmal die Firma übernahm, der sie förmlich auf Knien angefleht hatte, sein Lebenswerk weiterzuführen, seitdem war Erich Solomon für seine Tochter nur noch »der Alte« gewesen. Wie für alle anderen Angestellten der Solomon Int. Transporte auch. Allerdings sprachen die Fahrer, Lagerarbeiter und Kaufleute stets nur mit großem Respekt vom »Alten«, wie vom Kommandanten eines Kriegsschiffes.

»So hat er sich wohl auch gefühlt«, dachte Tarzan, während er den linealgeraden Kondensstreifen eines Flugzeuges verfolgte, der zwischen den Wolkenlücken unbeirrt über den Himmel zog, »wie ein Kommodore«. Doch am gestrigen Abend war vom alten Haudegen nicht mehr viel übrig gewesen.

»Erich hat nicht seinen Ruhestand vorbereitet, sondern seine Flucht«, murmelte Tarzan.

»Genau das wollte ich dir gestern Abend auch sagen.«

Lothar Zahn zuckte zusammen, er war sich gar nicht bewusst gewesen, dass er laut gesprochen hatte. Solo stand neben ihm, komplett angezogen, die Haare ordentlich gekämmt, lediglich die scharfen Falten in den Mundwinkeln wiesen auf die letzten dramatischen Stunden hin.

»Wir fahren rauf zu ihm«, sagte sie, und ihre Stimme klang fest und befehlsgewohnt wie immer.

»Die werden alles abgesperrt haben, da werden wir abstinken, außerdem glaube ich nicht, dass ich sehen will, wo ...«

»Aber ich will sehen, wo Papa umgebracht wurde!« Die weit aufgerissenen grünen Augen befanden sich nur Zentimeter vor seinem Gesicht. Ihre Hände gruben sich in seine Schultern, schüttelten ihn.

»Ich will alles sehen: wo er gelegen hat, das Blut. Ich will wissen, wo genau es passiert ist, ich will ...« Sie brach ab, wischte sich über die Augen, baute rasch wieder diese aufgesetzte Gefasstheit auf, hinter der sie ihre Gefühle verbarg. Tarzan rieb sich die schmerzenden Schultern, stand auf und suchte nach seinen Jeans. Er hörte Solo mit den Autoschlüsseln hantieren. Rasch war er bei ihr, entwand ihr sanft die Schlüssel und nahm sie in den Arm.

»Ich fahre, Kleines. Ich weiß, dass du das kannst, aber ich muss mich mit etwas ablenken. Wir kriegen deswegen keinen Krach, o.k.?«

»O.k., und nenn mich nicht Kleines, du laufender Meter.« Sie schenkte ihm ein zaghaftes Lächeln hart an der Tränengrenze, wandte sich rasch ab und nestelte an ihrer »Handtasche«, einem sogenannten »Affen« aus Militärbeständen, herum.

Die Fahrt nach Weinheim verlief schweigend. Den schwarzen Passat, der ihnen in großem Abstand folgte, bemerkten beide nicht.

* * *

Der erste Ansturm war vorbei. In der Zinkgräfstraße zeugten nur noch drei unauffällige, weißgraue VW-Transporter mit Behördenschildern sowie ein halb in der Einfahrt geparkter Streifenwagen davon, dass etwas nicht Alltägliches passiert war. Einige Nachbarn harrten unverdrossen hinter Gardinen oder ganz offen in den Vorgärten aus. Das Aufnahmeteam vom Südwestfunk war vor einer halben Stunde abgezogen worden und die Ringfahndung nach einem oder mehreren Unbekannten in unbekannten Fahrzeugen war erwartungsgemäß erfolglos verlaufen. Tarzan parkte den Geländewagen auf der gegenüberliegenden Straßenseite, bemerkte mit einem Seitenblick, wie sich in dem Haus der Vorhang bewegte und nun zwei statt einem Paar Augen jede ihrer Bewegungen registrierte. Er konnte es förmlich hören: »Das ist sie! Ja, die Lange da, die Tochter vom Solomon, und der Kleine ist ihr Freund. Typisch: Vater tot und noch nicht einmal schwarz angezogen, zischel, zischel, zischel ...«

Der Lift war mit Polizeiband abgesperrt. Am Ende der Treppe stand ein uniformierter Polizist Wache, dessen Gesicht auf äußerste Ablehnung programmiert war.

»Gehen Sie bitte weiter, junge Frau, der Herr. Hier ...«

»... ist gar nichts passiert!«, schnauzte Solo den armen Ordnungshüter völlig ohne Warnung zusammen, »hier ist nur mein Vater erschossen worden, absolut uninteressant. Es gibt nichts zu sehen. Die Show ist vorbei!«

Der Polizist rang um seine Fassung, lief puterrot an, überlegte, ob es nun angebracht schien, amtmännisch zu poltern oder sich besser zu entschuldigen, entschied sich schließlich für Schwitzen und Schnaufen und wurde von einem jungen Mann in einem weißen Papieroverall erlöst, der just in diesem Moment aus der Wohnung kam.

»Sie sind die Tochter? Bertha Solomon? Mein Name ist Frank Furtwängler, ich bin Lukes, äh, Frau Lukassows Mitarbeiter«, sagte er freundlich, reichte Solo die Hand, riss sich gerade noch rechtzeitig den Gummihandschuh von den Fingern und begrüßte auch Tarzan.

»Ich muss leider Ihre Ausweise sehen, entschuldigen Sie, aber die Reporter schrecken heutzutage vor nichts zurück.«

Solo kramte in ihrer Tasche, Tarzan klappte seine Geldbörse auf. So professionell wie beim Rottweiler klappte das noch nicht. Bestimmt gibt es da Lehrgänge, dachte er, erkannte schuldbewusst, dass er mit solch kindischen Gedanken seine eigene Unsicherheit im Zaum halten wollte.

»Gut. Ich darf Sie noch um ein paar Minuten Geduld bitten, die Spurensicherung packt bereits zusammen. Wollen Sie denn wirklich ...?« Solos Blick ließ ihn augenblicklich verstummen. Sie traten auf den oberen Absatz des Treppenaufgangs. Furtwängler zündete sich eine Zigarette an, bot den beiden auch eine an.

Solo schüttelte abwehrend den Kopf.

»Ich bin Pfeifenraucher, vielen Dank«, sagte Tarzan abwesend, wobei ihm Furtwänglers verstehendes Nicken und dessen dünnes Lächeln entgingen.

»Wann genau ist es passiert?«, fragte Solo mit erstaunlich fester Stimme den Kriminalbeamten.

»Nun, der Arzt meint, der Todeszeitpunkt liegt ungefähr zwischen 1.00 und 3.00 Uhr am frühen Morgen. Gefunden wurde er von seinem Fahrer, einem gewissen ...«, Furtwängler kramte nach seinem Notizbuch.

Solo ergänzte: »Alois Kopp, er war früher Fernfahrer bei uns. Er verdient sich zu seiner Rente ein bisschen was dazu. Er ist, er war, das Faktotum für meinen Vater. Hat sich um das Auto gekümmert, den Golfwagen gefahren. Er wollte Vater zum Flughafen bringen.«

»Richtig, wir haben das Ticket gefunden. Frankfurt-Orlando mit Lufthansa. Business-Class. Hatte Ihr Vater dort geschäftlich zu tun?«

»Wir besitzen in Lehigh Acres, ganz in der Nähe von Fort Myers, ein Haus. Er wollte sich dort zur Ruhe setzen. Golf spielen, angeln ...« Sie brach ab, wandte sich um. Tarzan legte den Arm um sie.

»Tut mir leid ...«, stammelte Furtwängler. »Ich denke, wir können jetzt rein«, sagte er, als eine Reihe Männer und Frauen in weißen Papieranzügen aus der Wohnung kamen, schwere Metallkoffer und Kunststoffboxen mit sich führend.

»Ist er ...?«, fragte Solo leise.

Furtwängler schüttelte den Kopf. »Sie haben die L... ihn schon vor einiger Zeit weggebracht. Es ist trotzdem kein besonders schöner Anblick.«

Aber Solo hob energisch das Kinn, straffte die Schultern und betrat rasch das Apartment ihres Vaters. Tarzan folgte ihr weitaus zögerlicher. Immer noch waren zwei Personen, ein Mann und eine erstaunlich junge Frau, damit beschäftigt, Instrumente zu verpacken. Stative wurden zusammengeschoben, Plastiktüten aufgesammelt. Alles mit einer Routine und Professionalität ausstrahlenden Effizienz und Ruhe. Solo stand am Fenster, fast genau an derselben Stelle, an der sie in der vergangenen Nacht auch gestanden hatte, und starrte auf das riesige, mit Messingnägeln verzierte Ledersofa. Ein großer, dunkler Fleck hatte fast ein ganzes Drittel des Möbelstücks durchtränkt. Tarzan stand dicht neben ihr.

»Da habe ich vor wenigen Stunden selbst gesessen ...«, murmelte er halblaut.

»Und Stanwell-Vanilla geraucht, Herr Zahn!« Elke Lukassows schneidende Stimme zischte wie ein Laserstrahl durch das Zimmer. Wie aus dem Boden gewachsen stand sie nur drei Schritte neben Solo und ihrem Freund. Erstaunlich, wie eine solch schwere Frau sich so geräuschlos bewegen konnte. Sie stand da wie ein Racheengel aus einer klischeeüberladenen Nibelungen-Klamotte, schwenkte ein Plastiktütchen mit bröseligen Ascheresten vor Tarzans Augen wie ein Hypnotiseur sein Pendel.

»Die gleiche Sorte bewahren Sie auch in ihrem wunderschönen geschnitzten Pfeifenschrank auf: goldfarbene Dose mit weinrotem Motiv. 200 Gramm, für 18,90 DM im Handel zu haben. Ich brauchte noch nicht einmal den Laborbefund, mein Schwager qualmt das gleiche Zeug.«

»Und?«, grunzte Tarzan besonders geistreich.

»Und?« Aus den kleinen mandelförmigen Schweinsäuglein der Kommissarin wurden kleine runde Schweinsäuglein, als sie fortfuhr: »Wann genau waren Sie zum letzten Mal in dieser Wohnung, Herr Zahn?«

»Gestern Abend erst, so um kurz nach zwölf sind wir gegangen, Solo und ich ...«, stotterte Tarzan, der sich unter den stechenden Blicken von Frau Rottweiler wand wie ein Wurm.

»Interessant!«, trompetete die Lukassow. »Und warum sagen Sie das erst jetzt?«

»Es hat ihn niemand gefragt, Frau Hauptkommissarin Lukassow!« In Solos Augen spiegelte sich die blanke Wut. »Eine charmante Dame hat uns aus dem Bett geklingelt und uns mit dem Tod meines Vaters konfrontiert. Verzeihen Sie bitte, wenn wir da nicht jeden einzelnen Aspekt kriminalpolizeilicher Ermittlungsarbeit beachtet haben sollten, Frau Hauptkommissarin Lukassow! Es ist ja wohl die vordringlichste Aufgabe des Ermittlungsleiters, etwaige Zeugen, insbesondere nähere Angehörige des Opfers, nach ihrem Aufenthaltsort während der Tatzeit zu befragen. Korrigieren Sie mich, wenn ich mich irre, Frau Hauptkommissarin Lukassow.«

Solos Augen hatten sich zu Schlitzen verengt, während sie die Worte hervorstieß, als kämen sie aus dem Magazin einer Maschinenpistole. Einer Maschinenpistole auf Dauerfeuer, mitten ins Gesicht der mittlerweile puterrot angelaufenen Rottweilerpolizistin, deren winzige Augen jetzt bedenklich hervortraten.

»Lukassow, nennen Sie mich einfach Frau Lukassow, das genügt völlig, Frau Solomon«, keuchte die korpulente Frau und schluckte schwer. Im Hintergrund bemerkte Tarzan, wie sich Frank Furtwängler fast die Lippe in Fetzen biss, um nicht schadenfroh loszuprusten.

»Sie haben recht.« Jede Aggressivität war nun aus der Stimme der Ermittlerin verschwunden. »Natürlich hätte ich Sie fragen müssen, wo Sie zur ungefähren Tatzeit waren. Ich hatte aber meine eigene Theorie. Ich wollte Sie an der langen Leine laufen lassen. Ich bin Ihnen nachgefahren. Ich habe Sie observiert, ich ...«

»Sie dachten, ich ... wir hätten etwas mit dem Mord ... wir hätten Vater womöglich selbst ... Das ist ja absurd! Das ist ja ...« Solo sah aus, als wolle sie sich gleich auf die Lukassow stürzen. Tarzan nahm ihren Arm, zog sie weg von Fenster, Couch und Kommissarin.

»Solomaus, hör mir zu. Das ist doch das Erste, was sie überprüfen muss. Das ist Polizeiarbeit. Sie muss uns verdächtigen. Sie ist dazu verpflichtet. Wir waren womöglich die Letzten, die deinen Vater lebend gesehen haben«, er machte eine kleine Pause, »außer seinem Mörder natürlich.«

Solo machte sich ruckartig los, drehte sich zur Fensterfront. Dicke Tränen rannen ihr übers Gesicht, ihre Hände rangen miteinander wie selbstständige kleine Wesen. Dann wandte sie sich zur Kommissarin um: »Fahren wir. Ich möchte ihn sehen. Jetzt gleich.«

Die Lukassow atmete erleichtert auf. »Ich nehme Sie mit. Ich brauche auch noch Ihre Aussagen. Ich lasse Sie später wieder zu Ihrem Wagen bringen.«

Solo erhob keine Einwände, sie hatte verstanden. Die Kommissarin wollte mit ihnen ungestört reden.

Anstatt die A 5 zu benutzen, steuerte die Beamtin den schwarzen Passat über die Bundesstraße 3, vorbei an prachtvoll blühenden Obstbäumen, einem der Wahrzeichen der Bergstraße, in Richtung Heidelberg.

»Merkwürdig ...«, sinnierte Solo, die auf dem Beifahrersitz saß, »jetzt scheinen Sie uns nicht mehr zu verdächtigen. Warum?«

»Ermittlungsgeheimnis«, brummte die Lukassow und schaute konzentriert auf die Straße, als sei ein gegnerischer Rottweiler aufgetaucht. Solo musterte sie so lange und so intensiv, dass Tarzan schon befürchtete, sie würde ein Loch in den sauer riechenden Stoff des abgewetzten Lodenmantels brennen. Schließlich beendeten ein rascher Seitenblick aus Ferkelaugen und ein Seufzer, der alles Elend dieser Welt beinhaltete, das Schweigen der Polizistin.

»Wir suchen einen Mann«, kam es lapidar hinter kaum bewegten Lippen hervor. Solo bemerkte, dass auf dem Kinn der Frau zwei hellblonde Härchen sprossen.

»Tarz..., äh ... Lothar ist ein Mann«, bemerkte Solo gleichmütig.

»Unser Mann ist schlank, etwa 1,60 bis 1,65 m groß und wiegt höchstens 60 kg.«

Tarzan, der gerade auch etwas beisteuern wollte, sank beleidigt in die Polster der Rückbank zurück.

»Ein Zeuge?« Solo wirkte gespannt wie eine Feder.

»Zwei. Gegenüber. Gehören zu der Sorte Leute, die von hinten ernährt werden.«

»Wie bitte?«

Die Lukassow ließ ein kurzes, humorloses Meckern hören wie eine 100-jährige Bergziege. »Fensterhänger, nenne ich die. Hängen den ganzen Tag und den größten Teil der Nacht am Fenster und schauen, wer wo parkt, wer seinen Bürgersteig nicht fegt und wer der Briefträgerin nachschaut.«

»Hedwig und Karl-Heinz Schilkenstahl«, stellte Solo wissend fest.

»Sag ich nicht. Geht Sie auch nichts an.«

* * *

Es dauerte fast die ganze Fahrt vom pathologischen Institut bis zum Präsidium am Adenauerplatz, bis Solo wieder zu sich kam. Nicht dass sie ohnmächtig geworden wäre, als der Metalltisch mit dem Laken darüber vor sie gerollt wurde. Oder hysterisch und deshalb mit Beruhigungsmitteln vollgepumpt worden wäre. Nein, bereits vor dem Eingang des Instituts hatte sie sich in einen Kokon gehüllt. Für Tarzan war er sicht- und spürbar, als trüge sie eine zentnerschwere Ritterrüstung. Solo war ansprechbar, gab Antworten, stellte kurze Fragen, war aber nicht anwesend. Ein raffiniert programmierter Computer sprach mit ihrer Stimme und bewegte ihren Körper. Aber die Solo, die Tarzan kannte, war weit weg. Weiter als je ein Raumschiff fliegen würde. Tarzan hatte sie schon einmal so erlebt. Das war, als ihre Mutter starb. In ihren Armen, denn Erich

Solomon war gerade geschäftlich unterwegs. Eine ganze Woche war Solo nicht zurückgekehrt. Schlief nachts, saß tagsüber in ihrer Meditations-Ecke oder lag stundenlang in der Badewanne. Sogar Sex hatten sie in jener dunklen Zeit. So intensiv, so heftig, so lautlos, dass es Tarzan, der normalerweise recht dankbar jede Art weiblicher Zuwendung genoss, fast seine Manneskraft gekostet hätte.

Diesmal war es für Tarzan noch schlimmer: War er schon von Haus aus nicht erpicht darauf, das Innere von Kliniken oder gar Institutionen wie der Pathologie näher als unbedingt nötig in Augenschein zu nehmen, so raubte ihm Solos Verhalten jetzt fast den Verstand. Schaudernd blickte er zur Seite, als das Laken zurückgeschlagen wurde, hörte schwer schluckend zu, wie der Pathologe Solos Fragen beantwortete. Hörte Worte wie Schusskanal, Eintrittswunde, Austrittswunde, ließ sich über kleinkalibrige Hochgeschwindigkeitsprojektile belehren und bekam eine Gänsehaut nach der anderen. Weniger wegen des seltsam unecht wirkenden, wächsernen Leichnams auf dem Rolltisch als vielmehr wegen der scheinbar absoluten Unbeteiligtheit seiner Lebensgefährtin. Solo verströmte die Wärme eines Planeten jenseits der Neptunbahn, hielt sich bolzengerade und ihre Augen und Ohren nahmen jedes noch so kleine Detail, jede noch so beiläufige Bemerkung des jungen Pathologen in sich auf, um es für die Ewigkeit abzuspeichern. Tarzan fürchtete sich vor dem Erwachen, dem Ausbruch mühsam unter schwerem Deckel gehaltener Gefühle. Aber nichts dergleichen geschah. Als Solo in der Tiefgarage des Präsidiums die Tür des Wagens schloss, fiel mit dem dumpfen Geräusch auch gleichzeitig ihr Panzer von ihr ab. Sie war wieder völlig normal. So normal, wie man eben ist, wenn man gerade seinen Vater mit durchlöchertem Schädel in einer eiskalten Halle identifiziert hat.

Die Lukassow nahm noch ihre Aussagen zu Protokoll. Ihr Dienstzimmer war ein Ausbund an Zweckmäßigkeit: die übliche karge Polizeiausstattung, ein Schreibtisch, drei Stühle, ein Aktenschrank, ein Regal mit einer billigen Mini-Stereoanlage, die sich trotzig inmitten von wüst durcheinandergeworfenen Ordnern, Büchern und Zeitschriften behauptete. Keine Pflanzen, keine persönlichen Bilder. Das Einzige, das ihr zu gehören schien, waren zwei in die Jahre gekommene Filzpantoffeln unter dem Schreibtisch. Selbst auf der fleckigen Kaffeetasse prangte das Polizeiwappen.

Tarzan versaute seine Unterschrift unter dem Vernehmungsprotokoll, weil gerade in diesem Augenblick die Kommissarin tief Luft holte und mit der Stimme eines kastrierten Hauptfeldwebels *»Frankfurt!!«* kreischte.

Fast augenblicklich flog die Tür auf und Frank Furtwängler streckte den Kopf herein: »Sie haben an meiner Kette gerasselt?«

»Frankfurt, fahren Sie bitte Frau Solomon und Herrn Zahn nach Weinheim zurück und sparen Sie sich Ihre bemühte Witzigkeit. Anschließend treffen wir uns oben beim Chef. Halb vier! Haben Sie das, Frankfurt?«

»Ich müsste aber heute ...«

»Halb vier!«

»In Ordnung Frau Lukassow, halb vier.«

Die dunklen Wolken hatten ihre Drohung wahrgemacht und als der schwarze VW das Autobahnkreuz Heidelberg erreichte, goss es wie aus Eimern.

»Ist sie eigentlich ein guter Chef?«, fragte Solo den mürrisch dreinblickenden Furtwängler, um die angespannte Situation zu entschärfen.

»Luke ist ein Scheusal. Sie ist der fieseste, brutalste und gemeinste Chef, der noch nicht von Amnesty International aus dem Verkehr gezogen wurde. Sie ist bösartig, gehässig und gefährlich. Ich habe mich extra als ihr Mitarbeiter beworben.«

Das verwunderte Schweigen entlockte dem Kripomann dann doch noch ein rasches Lächeln.

»Sie ist die Beste«, ergänzte er. »Von ihr gesucht zu werden, bedeutet das Ende deiner Freiheit. Der Chef kuscht vor ihr, sogar die Kollegen vom Bundeskriminalamt fürchten sich vor ihr. Sie hält Lehrgänge im Ausland und hat sogar Profiler vom FBI beraten. Ich hoffe, eines Tages so zu sein wie sie.«

»So fies?«

»So gut. Aber vielleicht geht das eine ohne das andere ja nicht. Ich versuche jedenfalls, nur gut zu sein.«

»Sind Sie das?«

Ein schiefes Grinsen. »Sehe ich etwa aus wie ein Rottweiler?« Jetzt war es an Tarzan, laut loszuprusten. Solo verzog genervt das Gesicht. Männer!

Furtwängler setzte sie bei ihrem Auto ab.

»Dicker Brocken, V8?«, wandte er sich an Tarzan.

»7,6 Liter Big-Block, bestes Detroiter Gusseisen«, kam die Antwort von Solo, schneidend wie ein Rasiermesser. »Der gehört mir. Nein, ich besitze keine Tankstelle. Ja, er frisst mir die Haare vom Kopf, wie Sie sehen!«

»Tschuldigung«, Furtwängler war sichtlich erschrocken über Solos Ausbruch.

Auf der Fahrt zurück nach Lampertheim hatte Solo darauf bestanden, wieder selbst zu fahren. Das Grummeln des Motors und das Abrollgeräusch der überdimensionierten Geländereifen war bis hinter Hüttenfeld das Einzige, was im Inneren zu hören war.

Auf der Brücke über die A 67 brach Solo das Schweigen: »Er hat das Bild mitgenommen.«

»Was für ein Bild? Die Lukassow hat dich doch gefragt, ob etwas weggekommen ist. Du hast nein gesagt.«

»Ich hatte meine Gründe.« Solo starrte angestrengt durch die Frontscheibe.

»Was für ein Bild?« Tarzan versuchte, nicht genervt zu klingen, was ihm nur halbwegs gelang.

»Das von den *Glorreichen Fünf.*«

»Das immer über dem Kamin hing? Das mit den Cowboys drauf?«

»Genau das. Es wurde in den Achtzigern gemacht. Auf einer Ranch in Montana. Papa und seine besten Kumpels. Die waren alle in der gleichen Klasse: Papa, Kutschnik, Seebna, Robunowskij und der dicke Stalleff. Hielten zusammen wie Zwei-Komponenten-Kleber. In den letzten Jahren hat sich das aber ein bisschen verzettelt. Seebna und Stalleff waren arme Schlucker. Denen hat Papa auch den Fahrerjob besorgt. Der Kutschnik hatte eine kleine Druckerei, aus der mittlerweile der Kutscher-Verlag geworden ist, und was der Robunowskij macht, weißt du ja selbst.«

Tarzan nickte. Wer wusste das nicht. Robunowskij, alias Ilja Robun, war einer der bekanntesten Fernsehmoderatoren der Republik. Er moderierte seit vier Jahren das Tages-Journal, war Duz-Freund des Kanzlers und als brillanter Kenner des Nahen Ostens und Nordafrikas ein stets gefragter Gesprächspartner bei Sondersendungen und politischen Magazinen. Sein ernstes Gesicht war bereits auf dem Titel des *»Spiegels«* und sämtlicher einschlägiger Illustrierten zu sehen gewesen. Im Gegensatz zu normalen Sterblichen hatte er sich bis zu seiner derzeitigen vierten Ehefrau ständig finanziell verbessert. Das blonde Engelchen an seiner Seite war Alleinerbin der größten Möbelhauskette Deutschlands, 25 Jahre jünger und im dritten Monat schwanger.

»Warum sollte jemand so ein kindisches Bild mitnehmen? Vielleicht hat Erich es selbst eingepackt und wollte es mit nach Florida nehmen?«

»Da hängt schon eins.«

»Und warum hast du es Luke nicht gesagt? Sag jetzt nicht wieder, dass du deine Gründe hattest!«

»Schrei mich nicht an!«

»Schrei du mich nicht an!«

»Ich schreie nicht!«

Solo steuerte den schweren Wagen auf den Seitenstreifen, zeigte dem wütend hupenden Hintermann den Mittelfinger und schaute Tarzan in die Augen: »Ich weiß selbst nicht genau, warum ich es nicht gesagt habe. Vielleicht erschien es mir zu nebensächlich, vielleicht ist es mir erst hinterher aufgefallen. Entschuldige, wenn ich da nicht ganz bei mir war ...«

Ohne Vorwarnung ließ sie sich in Tarzans Arme fallen, drückte ihm fast die Luft ab und schluchzte wie ein kleines Mädchen. Eine Gruppe junger Leute in einem alten VW-Bus interpretierte die Lage falsch und fuhr lachend, pfeifend und applaudierend vorbei.

* * *

Weinheim, 23.4.1990

Es war ganz anders als im Fernsehen: Das Besprechungszimmer der Anwaltskanzlei Derrer, Derrer und Kollegen erinnerte eher an etwas aus einem Astrid-Lindgren-Buch. Geblümte, altmodische Sofas gruppierten sich um einen Tisch mit Kiefernplatte, an den Wänden hingen, ebenfalls in Kiefer gefasst, braungelbe Bilder von schnauzbärtigen Herren, die womöglich prähistorische Derrers darstellten, und vor dem Fenster stand ein wunderschönes Stehpult, an welchem sicherlich noch einer der Schnauzbärte mit der Gänsefeder kaiserliche Erlasse abgeschrieben hatte. Nun stand dort Alfons Derrer III., trotz seines Namens höchstens Anfang dreißig, mit wallender Dürer-Mähne und, wohl als Reminiszenz an die Schnauzbärte, einer John-Lennon-Brille auf der Nase. Der Anwalt und Notar trug »Lehreruniform«, was hieß: hellbrauner Cordanzug mit Lederflecken an den Ellbogen sowie Wildlederschuhe mit Kreppsohlen, die auf den gebohnerten Gängen der Paukanstalten so herrlich quietschen.

»Bestimmt quietschen die auf den Fluren der Gerichte genauso«, dachte Solo, die Cordanzüge mit Lederflecken verabscheute. Sie trug, dem Anlass Rechnung tragend, eine schwarze Lederhose, eine weiße, mit Indianermotiven bestickte Bluse und darüber eine taillierte, schwarze Wildlederjacke mit Gürtel. Ihre Füße steckten in schwarzen *Nikes*, da sie mit Rücksicht auf Tarzans bescheidene Körpergröße niemals hochhackige Schuhe trug.

Tarzan trug seine ausgebeulten schwarzen Jeans, seine geliebte schwarze Bomberjacke und ein schwarzes T-Shirt, dessen pietätloser Aufdruck »Live to ride, ride to die« sich glücklicherweise auf dem Rücken befand. Außer ihnen und dem Dürer-Lennon-Notar befand sich noch ein äußerst indigniert wirkender, klapperdürrer Glatzkopf unbestimmbaren Alters auf dem am weitesten von Solo und Tarzan entfernten Sofa. Der magersüchtige »Meister Proper« trug einen dreiteiligen Nadelstreifenanzug, der an den Ellbogen und an den Rückseiten der Beine bereits etwas glänzte, eine dunkelblaue Krawatte, deren Knoten jeden Notarzt sofort zu einem Luftröhrenschnitt animieren würde, und ein merkwürdig klerikal aussehendes lila Einstecktuch. Seine knotigen, dürren Spinnenfinger umklammerten eine abgeschabte alte Aktentasche auf seinen Knien.

»So Typen wie der haben aufblasbare Sexpuppen in ihren Aktentaschen«, flüsterte Tarzan Solo ins Ohr. Als sie nicht reagierte, schämte er sich für seinen losen Spruch, war man doch hier zusammengekommen, um der Testamentseröffnung des alten Solomon beizuwohnen.

Alfons Derrer III. schüttelte seine Mähne wie ein Islandpony, rückte die Brille zurecht und begann mit der Verlesung des letzten Willens von Erich Solomon, Speditionskaufmann und bis vor Kurzem noch Inhaber der Firma Solomon Int. Transporte.

Solo schloss die Augen und dachte an ihren Vater, der das Opfer eines ominösen schlanken und höchstens 60 kg wiegenden Mörders geworden war. Eines Mörders, der es geschafft hatte, mit nur einer einzigen 22er-Kugel diesen schweren Mann ins Jenseits zu befördern.

»Es haben schon welche mit einem halben Dutzend von den Kügelchen im Bauch wild um sich geschossen«, hatte Furtwängler vor zehn Tagen noch zu ihr gesagt. Damals, auf der verregneten Fahrt vom Präsidium nach Weinheim. Solo verdrängte diese Gedanken, schlug die Augen wieder auf und konzentrierte sich auf den Notar und dessen Worte.

»Das gesamte Barvermögen, die nach der Überschreibung an die Firma Mellard Logistics noch im Besitz befindlichen Immobilien sowie der private Waldbesitz, sämtliche Wertpapiere und der Inhalt meiner Bankschließfächer gehen an die Organisation Kinderflüchtlingshilfe der Herz-Jesu-Gemeinde in Bruchsal, deren Vertreter Herr Volker Kruss hier anwesend ist.«

Solo straffte sich und Tarzans Kinnlade begab sich auf den Weg in Richtung Knie. Derrer blickte sie fast entschuldigend an, dann fuhr er fort:

»Das Wohnmobil Winnebago Sunriser, den LKW SCANIA mit dem Kennzeichen HD-BS 5555 sowie die Auszahlungssumme meiner Lebensversicherung vermache ich meiner Tochter Bertha Solomon und ihrem Lebensgefährten Lothar Zahn zu gleichen Teilen.«

Unterschriften wurden geleistet, Hände geschüttelt, ein Abschiedsdrink wurde gereicht. Der Kirchenmann musterte Solo und Tarzan kühl. Solo glaubte, einen winzigen Funken von Triumph in den wässrigen Augen des Mannes zu erkennen, war aber immer noch zu verwundert, um einigermaßen klar denken zu können. Tarzan trottete hinter ihr her wie ein guter Hund. Er wusste, jetzt war weder die Zeit für flapsige Sprüche noch für plumpe Tröstungen.

* * *

»Der Alte hat noch nie was mit der Kirche am Hut gehabt!« Ratlos wanderte Solo durch das Schiff. Tarzan hatte sich eine schneeweiße Meerschaumpfeife gestopft und bemühte sich, das edle Stück nur mit den Fingerspitzen zu berühren, was bei ihm ungeheuer affig wirkte.

»Die Zeit der Trauer war aber kurz«, bemerkte er nach den ersten tiefen Zügen, »ist er jetzt wieder der ›Alte‹? Ich dachte schon, ich müsste mich umstellen.«

»Du bist ein Ekel, weißt du das?«, zornige Blicke trafen den völlig entspannt im Sessel sitzenden Tarzan.

»Natürlich weiß ich das, ich bekomme es ja oft genug gesagt. Entschuldige, wenn ich dich verletzt habe. Das mit den Kuttenträgern will mir aber auch nicht in den Kopf. Dein Vater war doch der personifizierte Antichrist. Pfarrer Engsteler hat bei der Beerdigung noch diesen Spruch losgelassen, dass der liebe Gott auch die zu sich nähme, die nix mit ihm an der Kappe hätten oder so ähnlich. Der würde sich bestimmt schön ärgern, wenn er wüsste, dass Erich den Bruchsalern die ganze Chose vermacht hat. Auch noch Katholiken! Ich fass es nicht.« Er kramte auf dem Beistelltisch in dem Stapel Papier.

»Hier, die Lebensversicherung vom Alten: über 250.000 Mäuse, dazu das Wohnmobil und dein heiß geliebter Sattelschlepper. Wenn du mich fragst, sollen die Klostermöpse ruhig die dicke Kohle kriegen. Mir langt, was wir haben.«

Solo hatte ihre Wanderung beendet und ließ sich schwer auf das Sofa fallen. »Ich will gar nichts haben. Ich will Papa wiederhaben. Es stinkt mir, dass ich in der letzten Zeit manchmal so fies zu ihm war.«

Sie stützte die Unterarme auf die Oberschenkel, ließ den Kopf hängen und schaute Tarzan an. Die selbstbewusste junge Frau mit dem losen Mundwerk und dem strengen Habitus war verschwunden. Tarzan sah ein verletzliches, kleines Mädchen vor sich, das ihn um Hilfe bat. Da er nichts so sehr hasste wie Frauentränen, stürzte er augenblicklich zu ihr, nahm sie in die Arme und strich ihr über die kurzen Haare. So saßen sie eine ganze Weile still beieinander. Über das Wasser des Lampertheimer Altrheins schallten die Kommandos des WSV-Trainers, der ein Häuflein unerschrockener Paddler durch den kühlen Abend scheuchte. Die Enten und Gänse bettelten die letzten Spaziergänger lautstark um Futter an und ein einsamer Jogger mit einem Golden Retriever tat etwas für seine Wadenmuskulatur.

* * *

Am nächsten Morgen schien zwar die Sonne, aber ein empfindlich kalter Nord-Ost-Wind ließ die Wimpel und Flaggen der *Lady Jane* flattern.

»Warum erschießt einer meinen Vater und nimmt dann ein Bild mit, auf dem er mit seinen besten Freunden drauf ist?« Solo schob angewidert die Tüte mit den Brötchen weg, die Tarzan von seinem morgendlichen Lauf mitgebracht hatte.

»Die Wohnung ist vollgestopft mit wertvollem Plunder und Papa hatte immer viel Bares zuhause. Das verstehe ich nicht!«

Tarzan rührte sein Müsli an, nahm einen Schluck Kaffee und sagte: »Wir sollten uns die Cowboys einmal vorknöpfen. Die können uns vielleicht helfen.«

»Machen wir jetzt einen auf Privatdetektiv oder was?«, fragte Solo gereizt.

»Deine Idee, das mit dem Bild nicht der Polizei zu sagen, erinnerst du dich?«

Genervt griff sich Solo doch eines der Brötchen, schnitt es auf und begann das Innere herauszupulen.

»Die *Glorreichen Fünf*«, nuschelte sie mit vollem Mund.

»Die *Glorreichen Fünf*«, stimmte ihr Tarzan zu und tippte mit dem Finger auf das Foto, das neben seiner kalten Pfeife lag. »Hier, der dicke Stalleff, der dich schon als kleines Mädchen immer nur ›Chefin‹ nannte und der dich immer auf den Kurztouren mitgenommen hat. Voriges Jahr gestorben. Schlaganfall. Wir waren alle beim Begräbnis dabei. Aber die anderen leben noch ...«

Peinlich berührt widmete er sich konzentriert dem Inhalt seiner Müslischüssel.

»Bis auf Papa ...«, flüsterte Solo, aber der befürchtete Ausbruch blieb aus.

Tarzan bestrich eine Brötchenhälfte mit Erdnussbutter, leckte das Messer ab, was Solo glücklicherweise ignorierte, und deutete auf einen der Männer auf dem Foto: »Fangen wir bei Dieter Seebna an. Ich weiß, wo der wohnt. Fahren wir nach Hemsbach und unterhalten uns mit ihm. Der ist zwar schon seit drei Jahren in Frührente, aber bei Erichs Beerdigung habe ich ihn gesehen.«

Solo nickte. »Aber wenn wir mit dem gequatscht haben, rufen wir Luke an. Mit dieser Sache will ich nichts zu tun haben!«

2

Sie lief an den schmucken Häusern vorbei, folgte immer weiter dem Mühlweg, der steil den Berg hinaufführte. An der Förster-Braun-Hütte wandte sie sich nach links, um in einem weiten Bogen den Gipfel zu erreichen. Ihr Atem ging leicht und gleichmäßig. Kurz vor der Wallfahrtsstätte auf dem Kreuzberg nahm sie einen tiefen Zug aus der Trinkflasche, die sie in einem Holster auf dem Rücken trug. Verächtlich musterte sie kurz die Kreuze, Tafeln und die Figur des Erlösers. Symbole des Christentums. Götzenbilder der verhassten Kreuzzügler. Sie spuckte aus, steckte die Flasche zurück und verfiel wieder in einen gleichmäßigen, ökonomischen, aber trotzdem recht schnellen Laufstil. Sie nahm den direkten Weg über den Hirschkopf. Der graue Himmel ließ nur gedämpftes Licht durch das Blätterdach des Buchenwaldes. Es regnete. Sie begegnete keinem Menschen. Als sie an einem Aussichtspunkt vorbeikam, lag unter ihr Weinheim mit seinen nass glänzenden Ziegeldächern und Industrieanlagen. Der Klang eines Martinshorns drang schwach zu ihr herauf. Es schien sich in Richtung Norden zu entfernen. Sie lächelte. Eine große Wärme breitete sich in ihr aus. Wieder nahm sie einen Schluck aus ihrer Flasche, warf einen Blick auf den Pulsmesser am Handgelenk: 128. Zeit, etwas mehr Tempo zu machen. Wie der Wind flog sie durch den nassen Wald, spritzte achtlos durch Pfützen, knirschte über feinen Schotter und genoss die wenigen Passagen mit federndem Waldboden. Ihr Herz hämmerte, ihre Beine arbeiteten wie ein Motor, ihre Lungen füllten sich mit der würzigen Luft des Odenwaldes. Was für ein herrliches Land. Welch ein Überfluss an Wasser. Doch sie selbst würde niemals für immer hier leben wollen. Ein schönes Land. Doch voller Teufel ...

* * *

Tarzan belegte zwei Parkflächen auf einem kleinen Parkplatz mitten in Hemsbach, einem beschaulichen, kleinen Weinort an der B 3, der *Ferienstraße Bergstraße*. Um die Ecke, in der Bachgasse, schräg gegenüber einer kleinen Buchhandlung, stand Dieter Seebnas Haus. Es handelte sich um ein kleines, liebevoll restauriertes Fachwerkhaus, dessen Dach erst kürzlich neu eingedeckt worden war. Das hölzerne Hoftor war offen. Im Hof stand ein älterer, aber gepflegt wirkender VW-Campingbus. Die Haustür war nur angelehnt. Tarzan klingelte trotzdem. Ein melodischer Gong ertönte. Niemand erschien, keine Tür klappte, keine Schritte auf der Treppe. Solo schaute hinter dem Haus in den winzigen Garten. Aber auch dort war niemand. Tarzan klingelte erneut. Der Gong war offensichtlich im ganzen Haus zu hören. Schließlich zuckte er resigniert die Schultern, während Solo ihre Augen mit der Hand beschattete und versuchte, in den Campingbus zu schauen.

»Dieter?«, rief Tarzan halblaut und klopfte mit dem Knöchel gegen die Tür. Anscheinend hervorragend geschmiert, schwang die helle Holztür mit dem Butzenglaseinsatz lautlos auf und gab den Blick auf eine kleine Diele frei, die von einer Porzellankatze bewacht wurde.

»Dieter!«, wiederholte Tarzan nun etwas lauter.

»Es wird gekocht«, sagte Solo und schnupperte.

»Gekocht ...« Tarzan zog die Nase kraus und schaute Solo misstrauisch an.

»Aber nach Schweinebraten riecht es hier nicht, eher nach ...«

Ein trockenes Knacken, gefolgt von einem leisen Zischen und Blubbern, war plötzlich zu hören. Es kam aus einem der Räume, die sich an die Diele anschlossen. Tarzan vermutete die Küche und steckte den Kopf durch die halb offene Tür.

Tarzan wusste selbst nicht, was er erwartet hatte. Die offene Haustür, die Geräusche aus der Küche, der Geruch ... Doch was seine Augen nun erblickten, weigerte sich sein Gehirn zu verarbeiten. Der Anblick war grotesk, und in einem drittklassigen Horrorfilm wäre er wohl Auslöser für allgemeine Heiterkeit gewesen. Aber dies hier war kein Film. Der Regisseur, der diese Szene arrangiert hatte, würde wohl niemals einen Oskar gewinnen. Trotzdem hatte er ganze Arbeit geleistet. Tarzan stand in der Tür und starrte in die Küche. Es kam ihm vor wie eine Ewigkeit. Der Anblick brannte sich in seinen Kopf hinein, nistete sich in Magen und Eingeweide und stieg sauer die Kehle hinauf. Sekunden später kniete Tarzan hinter dem Campingbus auf dem buckligen Hofpflaster aus Blaubasalt und erbrach sich heftig. Solo, die von ihrem aus dem Haus stürmenden Partner beinahe umgerannt worden wäre, kämpfte heftig gegen das Verlangen, ebenfalls den Raum zu betreten. Die Sorge um Tarzan trieb sie jedoch zurück in den Hof.

»Nicht!«, stieß Tarzan atemlos hervor. »Bleib bloß da weg!«, dann schüttelte ihn wieder das Grauen und der Ekel. Schließlich siegte weibliche Neugierde vor dem Mutterinstinkt Tarzan gegenüber. Solo betrat fast auf Zehenspitzen das Haus. Alle Sinne bis zum Zerreißen gespannt, das Fürchterliche erwartend, das Unfassbare befürchtend, das Schlimmste vor Augen. Starr vor Entsetzen stand sie im niedrigen Türrahmen und versuchte das Bild, welches sich ihren Augen bot, zu verarbeiten.

Alles – der Anblick, der Geruch, die Geräusche – schien der grausigen Fantasie eines Hieronymus Bosch entsprungen zu sein. Solos erster Impuls, sofort das Fenster zu öffnen, wurde gerade noch gestoppt von einem Rest rationalen Denkens, der sie schnell einen Schritt zurücktreten ließ. Dies war nicht das Mittelalter, und Bosch nur ein Meister apokalyptischer Gemälde. Dies hier war Hemsbach an der Bergstraße, die Wohnung von Dieter Seebna und ein Tatort. Hier war ein Mord geschehen. Ein Mensch war auf eine Art und Weise vom Leben zum Tod befördert worden, die sich nur eine sadistische Bestie ausgedacht haben konnte. Eine Bestie mit Fantasie. Ausschweifender, überbordender, perverser Fantasie.

»Komm mit nach draußen. Komm weg da«, Tarzan, der sich wieder einigermaßen gefangen hatte, zog sie mit sanfter Gewalt von der Tür weg. Das Bild, das sich ihr geboten hatte, stand weiterhin wie eine Plakatwand vor ihrem inneren Auge: die gemütliche Wohnküche mit der rot-weiß-karierten Tischdecke. Die Weichholzmöbel, die Bistro-Vorhänge an den kleinen Fenstern, der für eine Person gedeckte Tisch mit der Kaffeetasse und dem Teller mit einem halb aufgegessenen Stück Kuchen darauf. Ein Stück Gugelhupf, marmoriert. So wie ihn ihre Mutter früher immer gern gemacht hatte. Vor dem Elektroherd standen zwei Küchenstühle nebeneinander. Die Klappe des Backofens war geöffnet. Von dem Mann, der gefesselt auf den Küchenstühlen lag, waren nur Arme, Beine und ein Teil des Oberkörpers sichtbar. Der Kopf steckte im Garraum des Backofens. Der Umluftventilator surrte leise und verbreitete den Geruch verbrannter Haare und verschmorten Fleisches gleichmäßig im Raum. Eine undefinierbare schwarzbraune Brühe troff aus dem Herd und bildete eine übelriechende Pfütze auf dem kürzlich erst frisch abgeschliffenen Boden aus Dielenbrettern.

Wenig später wurde die Hemsbacher Bachgasse zu einer Sackgasse. Die Ersten am Tatort waren zwei Streifenwagen der Weinheimer Polizei. Nachdem die vier Beamten vorsichtig den Tatort sondiert und Tarzan und Solo einer ersten Anhörung unterzogen hatten, verständigten sie augenblicklich die zuständige Kripo Weinheim, die ihrerseits die Kriminaltechniker des Dezernats 43 aus Heidelberg zur Tatortbefundaufnahme nach Hemsbach beorderte. Aus Weinheim erschienen ein Kriminalhauptkommissar und eine Kriminalkommissarin, die nach erster Einschätzung der Lage das Dezernat Kapitalverbrechen der Kripo Heidelberg informierte. Eine Stunde nachdem Tarzans Anruf bei der 110-Leitstelle in Heidelberg einging, gesellte sich auch ein schwarzer VW-Passat zu der Ansammlung aus Streifenwagen, Pkws, Transportern, dem Notarztwagen und dem etwas abseits geparkten, silbergrauen Bestattungsfahrzeug. Ein wohlbekanntes, mürrisches Rottweilergesicht bahnte sich verstimmt einen Weg durch die zahlreichen Schaulustigen, die sogar die Treppe der gegenüberliegenden Buchhandlung als Tribüne nutzten.

»Mögen Sie Tote?« Elke Lukassow streifte sich die Handschuhe ab, als sie aus dem Haus kam und fixierte abwechselnd Solo und Tarzan. Solo holte gerade Luft, um ihr zu sagen, was sie mochte, vielmehr was sie absolut nicht mochte: Zynische Polizistinnen rangierten auf dieser Beliebtheitsskala auf dem Grund des Ozeans. Doch die Lukassow wartete Solos Antwort gar nicht erst ab. »Es drängt sich auf. Entschuldigen Sie meine Taktlosigkeit, aber dies ist der Schauplatz eines Mordes und wen treffe ich? So ein Zufall!«

»Dieter Seebna war einer unserer Fahrer. Ich wollte mit ihm über Vater reden.« Solo presste die Lippen zusammen.

»Ist dies hier Seebnas Haus?«

»Ja«

»Haben Sie Dieter Seebna angetroffen?«

»Ich verstehe nicht. Er ist doch, er ist doch ...«

»Wollen Sie mir damit sagen, Sie haben die Leiche da drin bereits identifiziert? Interessant. Das spart uns natürlich eine Menge Arbeit!«

Solo schwieg betroffen. In der Küche von Seebnas Haus lag ein Mensch, dessen Kopf in einem Backofen steckte. Sie hatten beide angenommen, es handelte sich um den Bewohner.

»Glauben Sie mir, selbst wenn Sie sein Gesicht sehen könnten, würde Ihnen das nichts nützen. Einer der Techniker meint, dass der Mann bereits seit mindestens vier Stunden da drin steckt. Er kennt sich mit so was aus. Er ist gelernter Koch.«

Tarzan spürte wieder, wie es in seinen Innereien rumorte und schluckte krampfhaft.

»Gehen wir zunächst einmal wegen fehlender Einbruchsspuren davon aus, dass es sich bei dem Toten um Dieter Seebna handelt. Kannten Sie ihn gut?« Etwas Lauerndes lag in den Augen der Kommissarin.

»Kennen ist vielleicht ein bisschen zu viel gesagt ...«, antwortete Solo leise.

»Haben Sie ihn oft besucht?«

Das war eindeutig ein Verhör.

»Eher nicht.«

»Wie oft im letzten Monat?«

»Überhaupt nicht.«

»Im letzten halben Jahr?«

Solo schüttelte stumm den Kopf. Sie hatte kapituliert.

Elke Lukassow machte eine bedeutungsvolle Pause, bevor sie die nächste Frage stellte: »Frau Solomon, Herr Zahn, warum sind Sie hier?«

Solo verständigte sich mit Tarzan durch einen raschen Blick. »Frau Lukassow, ich muss Ihnen etwas sagen.«

Die Lukassow senkte den Kopf und sah die beiden an wie ein trauriger Mops. Sie schien für jeden Wochentag ein Kinn zu besitzen. »Davon bin ich überzeugt.«

Solo zog das zusammengefaltete Gruppenfoto aus ihrer Tasche und reichte es der Ermittlerin. »Ich hätte es Ihnen bereits früher übergeben sollen, entschuldigen Sie, aber wir wollten erst einmal selbst mit ihm ...« Sie blickte schaudernd zu Seebnas Haus, bevor sie weitersprach: »Es war das Einzige, das der Mörder gestohlen hat. Ich habe auch einen Abzug davon. Vater war sehr stolz darauf. Jeder von ihnen hat eines.«

Lukes kleine, fette Hand griff danach. Sie faltete das Bild auseinander und pfiff durch die Zähne. »Wer ist das denn? Die Leute von der Shiloh-Ranch?« Tarzan, der langsam wieder Farbe im Gesicht hatte, gluckste belustigt, was ihm einen bösen Blick von Solo einbrachte.

»Das sind die *Glorreichen Fünf*«, erklärte Solo. »Mein Vater, Thomas Stalleff, Dieter Seebna, Hanns-Gert Kutschnik und Ilja Robunowskij. Das Foto wurde vor über zwanzig Jahren gemacht. Der hier«, sie deutete auf einen korpulenten Mann mit Hoss-Cartwright-Hut, »ist ..., war Thomas Stalleff. Er ist auch tot.«

Elke Lukassow passierte etwas, das ihr nur einmal in zehn Jahren passierte: Sie hatte keine Worte. Sie klappte einige Male den Mund auf und zu, bevor sie, wie unter großer Anstrengung, die Worte hervorbrachte: »Er ... ist ... tot?«

»Schon lange. Schlaganfall«, erklärte Tarzan, der Angst hatte, die Beamtin würde dieses Schicksal augenblicklich teilen.

Doch sie hatte sich rasch wieder gefangen und fand sofort wieder zu ihrer gewohnten, zynischen Art zurück.

»Eine Spur des Todes, die Sie da hinterlassen, Herr Zahn. Wir setzen uns jetzt alle in diesen VW-Bus. Sie erzählen mir alles über die überlebenden zwei Kuhjungen auf dem Bild. Adressen, Beruf, Hobbys. Alles!«

Sie scheuchte einen jungen Streifenpolizisten aus dem VW-Bus, der einen Becher Kaffee auf dem Klapptisch stehen hatte: »Lukassow, Kripo Heidelberg. Raus hier, Zeugenvernehmung. Den Kaffee können Sie hier lassen!« Sie stellte ein kleines Diktiergerät auf den Tisch, bedeutete Solo und Tarzan Platz zu nehmen und ließ sich ihnen gegenüber schwer nieder. Sie nippte an dem Kaffee und verzog angewidert das Gesicht. »Viel zu viel Zucker, der reinste Muckefuck. Also: Schießen Sie los.«

Solo deutete auf das Foto. »Der ganz links ist Ilja Robunowskij, alias Ilja Robun, den kennen Sie sicher auch.«

Luke nickte bestätigend. »Da war er noch ein bisschen jünger, aber ich erkenne ihn wieder. Krawattenmann des Jahres 1988, Mr. Tages-Journal, bekanntestes Mediengesicht in Deutschland. *Der* war aber auch schon im Fernsehen.« Sie deutete auf einen großen, dürren Mann, dessen Gesicht unter seinem Cowboyhut fast verschwand.

»Hanns-Gert Kutschnik, damals noch Besitzer einer kleinen Hinterhofdruckerei, mittlerweile Boss der Kutscher-Verlagsgruppe und Medien GmbH. Manager des Jahres 1985 und Stifter des Kutscher-Kleinkunstpreises. Engagiert sich sehr für Kunst und Kultur und ist Mitbegründer der Rhein-Neckar-Literaturtage in Mannheim«, rezitierte Solo wie ein Laudator.

Die Lukassow verzog anerkennend ihr Hundegesicht und nahm wieder einen Schluck Kaffee. »Zusammen mit Ihrem Vater, der eine der größten Speditionen des Landes aus dem Nichts aufgebaut hat, eine illustre Gesellschaft. Wie passen da die Herrschaften Seebna und Stalleff dazu? Das waren doch bloß armselige Fuhrknechte?«

Tarzan lief puterrot an und wollte schon die Ehre seines Berufsstandes glühend verteidigen, als die Lukassow auch schon abschwächte: »Im Vergleich zu den anderen Zierden unserer Gesellschaft meinte ich, Herr Zahn. Ich wollte Ihnen nicht zu nahetreten. Ich weiß auch, dass der Salat nicht im Supermarkt wächst und dieses Land dem Untergang geweiht wäre ohne die aufopferungsvolle Tätigkeit der ehrenwerten Herren Kraftfahrer.«

Tarzan sank wieder auf die Sitzbank zurück, argwöhnte aber, dass nicht alles, was die Kommissarin da gesagt hatte, aus dem Herzen kam.

»Es sind alles Schulkameraden«, erklärte Solo, »mein Vater hat Seebna und Stalleff eingestellt, als es ihnen nicht so gut ging. Sie sind ... sie waren schon immer unzertrennlich. Wie große Jungs eben. Einmal im Jahr gingen sie auf große Tour: Angeln in Schottland, Cowboyspielen in Montana, Golfen in Florida. Papa hat gezahlt. Da ließ er sich nicht lumpen.«

Die Lukassow schaute Solo lange an. Als das Schweigen unbehaglich wurde, runzelte sie die Stirn und verkündete im Tonfall einer Strafrichterin: »Die Detektei Solomon & Zahn ist ab sofort geschlossen. Sie halten sich aus den polizeilichen Ermittlungen heraus, andernfalls erwirke ich gegen Sie beide einen Haftbefehl wegen Behinderungen der Ermittlungen in einem Mordfall, Beweisunterschlagung und Falschaussage. Ich ...«

»Sie können doch nicht ...!«, explodierte Solo. Ihre Gesichtsfarbe kommunizierte ausgezeichnet mit ihrem feuerroten Haar.

»Doch! Ich kann!« Aus dem pummeligen Frauchen war wieder ein Rottweiler geworden. Ein schlecht gelaunter, angriffslustiger. Tarzan, der Solos aggressive Art nur zu gut kannte, befürchtete schon das Schlimmste. Doch die Kommissarin schlug überraschend wieder einen versöhnlicheren Ton an: »Ich kann, wenn ich will. Im Augenblick will ich noch nicht. Noch nicht! Das Bild behalte ich.«

»Was werden Sie jetzt tun?«, fragte Solo, die Schwert und Streitaxt ebenfalls aus ihrer Stimme verbannte.

»Das geht Sie nichts an!«, schnarrte die Lukassow. »Ich sag's Ihnen aber trotzdem. Alleine schon deshalb, damit Sie genau wissen, wo Sie sich auf keinen Fall blicken lassen dürfen.« Ihre Stimme wurde zu einem bösartigen Gezisch:

»Wir überprüfen Robun und Kutschnik, und wenn ich Ihre hübsche Nase und Ihren ...«, sie warf Tarzan einen abschätzigen Blick zu, »... Schönheitsbauch auch nur in der weiteren Umgebung sehe, dann gnade Ihnen Gott! FRANKFURT!«, kreischte sie ohne jede Vorwarnung. Solo und Tarzan klingelten noch die Ohren, als der dürre Oberkommissar auch schon herbeieilte.

»Sie überprüfen diesen Mann. Hier ist die Adresse.« Sie riss eine Seite aus ihrem Notizblock und reichte sie Furtwängler. Der las den Namen, bekam große Augen und stammelte: »Das ist doch der ... der ...«

»Genau der. Seien Sie höflich, wir vernehmen ihn als Zeugen. Kaufen sie sich nen Kaugummi, das ist ne feine Adresse. Sie stinken nach griechischem Essen.«

»Türkisch, es war türkisch ...«, wandte Furtwängler ein, aber die Kommissarin war bereits unterwegs.

»Döner mit alles, was?«, fragte Solo mit gespielter Anteilnahme.

»Lamacun, aber auch mit alles«, berichtigte Furtwängler und grinste verlegen, bevor er sich auf den Weg zu seinem Dienstwagen machte.

»Und nun?«, fragte Tarzan. »Ich glaube, ich brauche jetzt erst einmal einen Tapetenwechsel.«

»Na, dann lass uns fahren«, sagte Solo, bückte sich unter der Absperrung aus Polizeiband hindurch und ging zu ihrem Ford Bronco.

»Nach Hause?«, fragte Tarzan, während er den Gurt anlegte.

»Du hast doch gehört, was auf dem Programm steht.«

»Aber ...« Tarzan schluckte. »Die Lukassow sperrt uns ein!«

»Ja ja, im Kohlenkeller, beim schwarzen Mann. Du Hasenherz! Aber wenn du willst, fahr ich dich vorher heim.« Sie legte krachend den Gang ein und der schwere Wagen machte einen Satz rückwärts. Solo steuerte das klobige Gefährt routiniert zurück auf die Grabenstraße.

Sie schaute Tarzan mit einem spöttischen Grinsen an. »Hast du wirklich geglaubt, ich lass mich von so einem lodengrünen Halmamännchen herumkommandieren? Da müssen schon Bäcker kommen und keine Brezel!« Tarzan schwieg. Jede andere Reaktion hätte eine Ausweitung von Solos Zorn auf seine Person bewirkt. Als Solo die Anschlussstelle der A 5 passierte, fuhr sie weiter geradeaus nach Westen. Die Straße führte in weiten Kurven zwischen Feldern und Weiden hindurch. Der Turm des Hüttenfelder Schlosses kam in Sicht. Das Gebäude beherbergte das einzige litauische Gymnasium außerhalb Litauens. Hüttenfeld war ein Stadtteil von Lampertheim und wurde von den Einwohnern nur kurz »die Hitt« genannt. Solo kurbelte ihren »Panzer« durch die gewundene Ortsstraße.

»Du musst mich nicht nach Hause fahren. Ich komme mit. Ich wollte dich nur gewarnt haben«, sagte Tarzan.

Solo grinste kurz. »Keine Angst, Bubi. Mama nimmt dich mit, wenn du brav bist. Wir fahren zuerst nach Lampertheim, den Laster holen. Diese Kiste hier kennen die Bullen jetzt.«

Immer wieder reckte Solo den Hals und schaute angestrengt in den Innenspiegel.

»Werden wir verfolgt?«, fragte Tarzan.

»Quatsch, ich schau mir meine Nase an. Ist sie wirklich hübsch?«

»Hä?«

»Luke hat gesagt, sie möchte meine hübsche Nase nicht mehr sehen. Eine Hauptkommissarin lügt doch nicht, oder?«

»Sie lügt«, sagte Tarzan im Brustton der Überzeugung.

»Hallo?« Ein gefährlicher Unterton lag in diesem Wort.

»Sie hat auch was über meinen angeblichen Bauch gesagt. Wer bitte hat hier einen Bauch?«

»Die Lukassow hat selbst ne Wampe.«

»Das gibt ihr aber noch lange nicht das Recht zu behaupten, ich hätte einen, einen ...«

»Schönheitsbauch!«, gackerte Solo los, »Schönheitsbauch hat sie gesagt! Ich schmeiß mich weg!« Solo lachte, bis ihr die Tränen kamen, ein mehr als willkommenes Ventil für das, was sie in der Bachgasse gesehen hatte. Tarzan schwieg beleidigt. Solo fuhr wie üblich zu schnell durch die Lampertheimer Römerstraße, schnitt beim Linksabbiegen am Hotel Darmstädter Hof den Gegenverkehr und bog bei der nächsten Ampel rechts ab. Sie parkte den Ford Bronco auf dem Parkplatz des Lampertheimer Hallenbades.

Dort stand auch der blaue Sattelzug mit der Scania-Zugmaschine und dem dreiachsigen Planenauflieger. SOLOTRANS stand in großen gelben Buchstaben auf der Seitenfläche. Auf der Rückseite prangte, etwas verblichen, das stilisierte »S« mit Autobahnmittelstreifen, dessen Bögen in zwei Pfeile mündeten.

»Los, absatteln!« Solo, die bereits die Fahrertür geöffnet hatte, warf Tarzan ein paar verdreckte Arbeitshandschuhe zu. Murrend kurbelte er die Aufliegerstützen herunter, trennte die Druckluft- und Elektroverbindung und entriegelte die Sattelkupplung. Er gab Solo das Zeichen zum Vorziehen, die Druckluftbremsen zischten und grollend setzte sich der Scania in Bewegung. Einige Meter weiter stoppte Solo und wartete, bis Tarzan auf dem Beifahrersitz saß.

»Mit der Kiste fallen wir beim Robun auf wie ein Panzer«, bemerkte er sorgenvoll.

»Blödsinn«, erwiderte Solo, während sie die Zugmaschine am Stadion vorbei zur B 44 steuerte, »zwei Blocks vom Robun seiner Burg entfernt hat sich in so nem Schickimicki-Bunker eine weißrussische Frachtagentur eingemietet. Die ganze Straße steht da ständig voller Laster.«

»Das wird den Schickimickis aber nicht gefallen.«

»Logo. Die Bullen kommen jeden Tag, beenden die Lagerfeuerromantik und jagen die Iwans weg. Die Russen packen zusammen, fahren einmal um den Block und stellen sich wieder hin. Manchmal steht so ein armer Hund wochenlang herum, bis sein Boss ne Fracht für ihn auftreibt.« Solo trieb den Scania, der ohne Auflieger die Fahrleistungen eines Pkws besaß, über die B 44 in Richtung Mannheim. Bei Sandhofen wechselte sie auf die A 6, um über das Viernheimer Dreieck und die A 67 zum Mannheimer Kreuz und von dort wieder zur Innenstadt zu gelangen. Vom Autobahnende am Friedensplatz mit der Pyramide des Planetariums waren es nur noch wenige hundert Meter. »Am Oberen Luisenpark« hieß die Straße. Eindrucksvolle klassizistische Häuser wechselten sich mit Beispielen moderner Architekten-Neurosen ab. Säulenportale, schmiedeeiserne Zäune und kamerabewehrte Eingänge signalisierten dem Betrachter, dass der soziale Wohnungsbau auf andere

Stadtteile beschränkt war. Praxen, Kanzleien und Institute hatten viele der mondänen Gebäude als Adresse gewählt. Dazwischen aber auch genügend unbeschriftete Klingelschilder und hinter Sichtbeton oder hohen Hecken verborgene Privatvillen. Solo hatte recht gehabt: Zwischen den geparkten Pkws standen vereinzelt Zugmaschinen und sogar komplette Lastzüge mit kyrillischen Schriftzeichen auf den Planen. Die Fahrer hockten auf Klappstühlen vor den geöffneten Proviantkisten, kochten Tee und Kaffee und aßen aus ALDI-Konserven. Solo parkte den Scania in einer Bushaltestelle unweit einer prachtvoll verzierten Sandsteinvilla.

»Das ist es. Das Braun'sche Haus.« Sie deutete mit dem Kinn darauf.

»Haus? Das sieht mir eher wie Schloss Windsor aus, und wieso Braun, ich denke der Kerl heißt Robun?«

»Hat dir schon mal jemand gesagt, dass du ein ungebildeter Prolet bist?«

»Ständig. So ne lange Rote mit ner langen Nase. Autsch!« Die Fliegenklatsche aus der Türablage verfehlte nur knapp Tarzans Wange.

»Er kommt raus!«, beendete Tarzan die brisante Situation. Solos Kopf ruckte herum. Sie sah gerade noch Frank Furtwängler in den VW-Golf mit dem Heidelberger Kennzeichen steigen. Sie warteten, bis der Golf verschwunden war.

»Auf geht's!« Solo öffnete die Tür und sprang federnd aus dem Fahrerhaus. Tarzan kletterte vorsichtig hinterher und folgte seiner Partnerin, die mit langen Schritten der hölzernen Tür in der über drei Meter hohen Mauer zustrebte. Überraschenderweise ertönte bereits nach dem ersten Klingeln der Türsummer. Solo und Tarzan fanden sich in einem winzigen Raum wieder. Die vermeintliche Holztür, die in Wirklichkeit aus massivem Stahl bestand, fiel klickend ins Schloss. Gegenüber befand sich eine ebenso widerstandsfähig aussehende Tür ohne Klinke. In der linken oberen Ecke blinkte das Rotlicht an einer Videokamera. Die rechte Seite der Kammer nahm ein Schalter aus grünschimmerndem Panzerglas ein. Hinter der Glasscheibe saß ein dunkelhäutiger Mann in einer schwarzen Uniform, der sie freundlich anlächelte. Auf den Monitoren hinter ihm war fast die gesamte Straße zu sehen. Einer der Bildschirme zeigte die Front ihres Scania inklusive einer fleißig schreibenden Politesse.

»Sie wünschen?«, fragte der Wachmann im Tonfall einer Zuckerwatteverkäuferin.

»Wir würden gerne das Oval Office besichtigen«, scherzte Lothar. Gleichzeitig bemerkte er, dass der Mann ihm wohl mit dem gleichen Lächeln und seinem 38er Colt Special, den er an der Hüfte trug, das Lebenslicht ausblasen würde, wenn er das für angemessen hielte.

»Wir würden gerne einmal mit Herrn Robunowskij sprechen«, sagte Solo.

»Dann darf ich zunächst um Ihre Ausweise bitten.« Das Lächeln blieb konstant wie auf einer Fotografie. Tarzan fragte sich, ob der bedauernswerte Mann wohl unter einer Gesichtslähmung litt. Sie legten ihre Ausweise in eine Schublade unter der Sprechöffnung. Der Wachmann verglich sorgfältig die Fotos mit den vor ihm stehenden Personen. Wieder das Lächeln.

»Was ist der Grund Ihres Besuches?«

»Das möchten wir Herrn Robunowskij lieber selbst sagen«, antwortete Solo förmlich. Endlich verschwand das Grinsen des Mannes, wich einer resignierten Miene.

»Bedauere, unter diesen Umständen ist es mir nicht möglich ...«

»Sehen Sie sich bitte meinen Ausweis noch einmal an. Ich bin Bertha Solomon. Erich Solomons Tochter. Mein Vater und Ilja Robunowskij waren gute Freunde. Erich Solomon ist tot. Er wurde ermordet. Bitte lassen Sie uns zu Herrn Robunowskij.«

»Das geht leider nicht. Außerdem ist Herr Robunowskij zurzeit nicht im Hause. Bitte gehen Sie jetzt.« Die Schublade mit den Ausweisen glitt unter der Glasscheibe hindurch.

»Dann möchten wir seine Frau sprechen. Es ist sehr wichtig!«

»Alles ist wichtig«, erwiderte der Wächter ungerührt. Die Außentür schwang lautlos auf, eine eindeutige Aufforderung. Das Telefon in der Kabine des Wachmannes klingelte. Er hob ab, sagte mehrmals »ja« und sandte finstere Blicke auf die beiden störrischen Besucher.

»Frau Begstein möchte Sie sehen. Folgen Sie bitte den Anweisungen meines Kollegen.« Die Außentür fiel ins Schloss, die gegenüberliegende Tür glitt zur Seite.

»Legen Sie bitte alle Metallgegenstände in die Schale und treten Sie einzeln durch den Rahmen!« Ein durchtrainiert aussehender junger Mann mit blonder Bürstenfrisur empfing Solo und Tarzan.

»Hi, Mr. Lundgren«, flachste Tarzan. Der Scherz prallte an dem Muskelpaket ab wie eine Luftgewehrkugel an einem Nilkrokodil.

Nachdem sie Gürtel, Schlüssel und Geldbörse wieder erhalten hatten, folgten sie dem Wachmann durch den parkähnlichen Garten zum Haus. Auch hier überall Kameras, getarnte Stahltüren und Panzerglas.

»Da hat aber einer richtig Muffe«, sinnierte Tarzan.

»Vergiss nicht: Robun ist ein berühmter Mann, täglich im Fernsehen. So einer hat nicht nur Freunde«, gab Solo zu bedenken.

Die Frau, die sie in der überraschend nüchtern gehaltenen Eingangshalle erwartete, war sehr jung, sehr schön und sehr blond. Tarzan schätzte sie auf maximal 25. Sie trug das Millionärspendant zum Jogginganzug des Normalbürgers, grazile Ballettschläppchen an ihren winzigen Füßen und das Haar zu einem auf den hundertsel Millimeter getrimmten Pagenkopf frisiert. Solo dachte kurz an ihren elektrischen Haarschneider von Tchibo und schätzte die monatlichen Friseurkosten dieses Püppchens auf eine vierstellige Summe.

»Guten Tag, ich bin Karin Begstein. Entschuldigen Sie die Unannehmlichkeiten.« Ihre Stimme war fest, für ihre zierliche Figur einen Tick zu dunkel und wohlmoduliert. Solo reichte ihr die Hand, stellte sich und Lothar vor und folgte der Blondine durch eine zweiflügelige Tür in ein modernes Büro, das auch in die Chefetage einer Frankfurter Großbank gepasst hätte. Karin Begstein und ihre Gäste nahmen in der Besprechungsecke Platz. Sie bot Solo und Tarzan von den bereitstehenden Getränken an. Ein Korb Obst und eine Schale mit Süßigkeiten standen ebenfalls auf dem runden Metalltisch. Eine Wand des Büros wurde von vier Großbildfernsehern beherrscht, auf denen stumm verschiedene Programme flimmerten. Die bis auf den Boden reichenden Fenster erlaubten den Blick auf einen in japanischem Stil angelegten Garten. Jenseits einer von Bewegungsmeldern und Kameras gekrönten Natursteinmauer erstreckte sich das weitläufige Gelände des Luisenparks, Mannheims grüne Lunge und eine der schönsten Parkanlagen Europas. Solo registrierte den penibel aufgeräumten Schreibtisch, die Sammlung afrikanischer Volkskunst, eine goldene Kamera und weitere Medienpreise. Zwischen einem Cézanne und einem ihr unbekannten Gemälde hing das Foto der *Glorreichen Fünf* in einem antikisierten Schmuckrahmen. Darunter, in einem schlichteren Rahmen, ein Bild Robunowskijs mit der Startnummer des New-York-City-Marathons. Tarzan machte sich über die Süßigkeiten her.

Solo straffte sich und blickte der Begstein in die graublauen Augen. Kurz glaubte sie, einen Schimmer von Angst und Unsicherheit darin zu sehen. »Eigentlich wollten wir mit Herrn Robunowskij oder mit seiner Frau sprechen«, begann sie, und um die Mundwinkel der blonden Frau bildeten sich missbilligende Falten.

»Ich bin Ilja Robunowskijs Frau, ich habe es vorgezogen, meinen Mädchennamen zu behalten ...«

»Mmmh!« Tarzan grunzte unwillig, spuckte ein angekautes Bonbon in ein Papiertaschentuch und verstaute es in seiner Hosentasche. »Krokant«, nuschelte er entschuldigend in die Runde blickend, »kann ich nicht essen. Plombenzieher.«

»Ich lasse Ihnen sofort etwas anderes bringen, Herr Zahn«, bot Karin Begstein mit hochgezogenen Augenbrauen an. Aber Tarzan winkte nur ab und schob die Schale von sich.

»Danke, nicht nötig. Ich muss auf meine Figur achten, vielen Dank.«

Solo schloss kurz die Augen, wünschte ihren Partner auf einen Planeten jenseits aller bekannten Galaxien und wandte sich mühsam beherrscht wieder ihrer Gastgeberin zu: »Herr Robunowskij ist wohl nicht im Haus?« Sie vermied es, Tarzan anzusehen, der mit einem Finger schon wieder die Schale durchstöberte wie ein hungriger Wellensittich seinen Napf nach Jod-S-11-Körnchen.

»Nein«, die Stimme von Karin Begstein klang plötzlich heiser. Sie räusperte sich kurz. »Er ist nicht im Haus. Er ist ...« Das Puppengesicht unter dem akkuraten Pony verzerrte sich, ihre filigranen Hände verkrampften sich in die Lehnen des Bürosessels und eine einzelne Träne fand den Weg durch die bröckelnde Mauer mühsamer Beherrschung. Solo holte tief Luft. Lothars ständige Kaubewegungen endeten abrupt. Auch er fixierte die zierliche Frau. Es dauerte nur wenige Sekunden, dann hatte sie sich wieder gefangen.

»Er ist nicht hier. Er ist auch nicht im Studio. Seit zwei Tagen nicht. Ilja ist verschwunden.« Feuchtschimmernde Augen, groß und rund wie die eines verängstigten Nachttieres. Aus dem kühlen Luxusgeschöpf war ein unsicheres junges Mädchen geworden. Solo bekam eine Gänsehaut. Ihre Augen wanderten zu dem Bild mit den *Glorreichen Fünf*. Da war es nur noch eins ..., fiel ihr der Refrain eines grausamen Kinderliedes wieder ein, dass sie schon immer gehasst hatte.

»Sie wissen also nicht, wo Ihr Mann jetzt ist?«, fragte sie.

Karin Begstein schüttelte stumm den Kopf. »Ich dachte eigentlich, dass Sie mir sagen könnten, wo er ist. Wo Sie doch Erich Solomons Tochter sind ...«

»Wie kommen Sie denn darauf?«

Die Begstein zuckte die Schultern. »Die hingen doch immer zusammen wie die Schuljungen. Ilja in letzter Zeit nicht mehr so oft wegen seiner Arbeit. Aber das war doch eine verschworene Clique.« Solos Blick verschleierte sich.

»Entschuldigen Sie« Karin Begstein hob beschwichtigend die Hände. »Tut mir leid. Sie haben Schlimmeres durchgemacht als ich.«

»Abwarten, Süße«, dachte Tarzan, dem finstere Ahnungen im Kopf herumgingen.

»Vielleicht ist er ja auch geschäftlich unterwegs«, mutmaßte Solo. »Oder er hat einfach eine Auszeit genommen. Jagen, Angeln oder so.«

»Das hat mich der Polizist auch gefragt. Ilja würde so etwas nie ohne Absprache machen. Sein Handy ist ausgeschaltet. Im Büro ist er nicht und der Sender ruft auch andauernd an. Die Polizei will mit einem Spezialteam wiederkommen. Sie glauben, Ilja wurde entführt …« Wieder kämpfte die junge Frau mit den Tränen. Solo hatte es plötzlich sehr eilig. Rasch verabschiedeten sie sich und der Wächter erschien in der Tür. Tarzan verstaute schnell noch ein paar Süßigkeiten in seinen Taschen.

»Knapp!«, schnaufte Tarzan, als er sich in den Beifahrersitz des Lastwagens fallen ließ. »Sehr knapp!«

Solo nickte nur. Sie beobachtete, wie das große Tor der Einfahrt langsam zur Seite rollte und ein grauer Transporter sowie ein wohlbekannter schwarzer Passat auf das Grundstück fuhren. Solo startete den schweren Dieselmotor, registrierte schadenfroh, dass die fette Rußwolke, die aus dem ofenrohrdicken Auspuff quoll, mitten durch ein Mercedes-Cabrio waberte, welches gerade den Lastwagen passierte, und fuhr über die Otto-Beck-Straße wieder in Richtung Autobahn.

3

Er hatte es mit angesehen. Hatte in die weit aufgerissenen Augen geschaut. Hatte den nicht enden wollenden Schrei gehört. Hatte den Luftzug gespürt, der nach Tod und Verderben roch. Hatte den Schweiß gerochen. Den Schweiß, der so widerwärtig nach Angst stank, dass es sogar ihr beinahe den Magen umgedreht hätte. Er hatte das Treffen am Fuß des Berges organisiert. Er hatte den großen Mann im Laderaum seines eigenen Geländewagens gefesselt, während sie das Opfer mit einer Pistole in Schach hielt. Dann waren sie hinauf zu dem fast 30 m hohen Betonturm gefahren, der das Ende eines 200 m tiefen Schachtes markierte, welcher ins Innere des Berges führte.

Dieser riesige Mann mit den breiten Schultern. Auch er war reich gewesen. Unvorstellbar reich. Er hatte so viel Geld, und er hatte es mit Blut verdient. Ihrem Blut.

Jetzt stand sie an der Brüstung, im Inneren des Turmes. Sie breitete die Arme aus und atmete den hallenden Schrei tief ein, wie ein Erstickender, dem man im letzten Moment den Knebel entfernt. Ihre Augen leuchteten. Sie war schmal und zierlich. Trotzdem hatte der große Mann in jenem Augenblick, hier oben auf dem Berg, vor diesem monumentalen, seelenlosen, kalten Turm, Angst vor ihr. Sie lachte, stieß ihren blassen und zitternden Partner an und lief durch die Dunkelheit. Er folgte ihr. Erst langsam, dann passte er sich ihrem Tempo an. Mit jedem Meter, den er zwischen sich und den Turm brachte, wurde er ruhiger. Es war fast wie Fliegen. Kaum, dass sie ihre Füße sahen. Doch mit traumwandlerischer Sicherheit trugen ihre Beine sie durch den Wald, vorbei an Feldern bis dort hinunter, wo Straßen und Autos den Zauber verjagten. Atemlos hielten sie an. Sie fühlte Befriedigung in ihrem Inneren. Befriedigung und Stolz. Stolz und Bewunderung für das kleine Mädchen. Das kleine Mädchen, das gerade einen Menschen auf grausame Art getötet hatte. Sie umarmte ihren Partner, spürte die Waffe, die er in seiner Hüfttasche bei sich trug. Sie waren verschwitzt vom Laufen und vom Töten ... Sie küssten sich und versanken für wenige Augenblicke in einer anderen Welt. Einer Welt voller Licht und Wärme und voller Menschen, die sie liebten.

* * *

»FRANKFURT!« Hauptkommissarin Elke Lukassow war schlecht gelaunt. Es war Montagmorgen kurz vor zehn und das Dezernat Kapitalverbrechen in der Heidelberger Römerstraße glich einem Bienenstock. Kriminaloberrat Dr. Hassinger hatte zur Besprechung geladen. Der Grund: Einsetzung der SOKO Bergstraße. Beamte der Weinheimer Kripo, Spezialisten aus Mannheim und der weiteren Umgebung sowie Heidelberger Kollegen bildeten die 50 Mann starke Gruppe, die mit Hochdruck die Aufklärung der beiden aktuellen Morde und die Fahndung nach Ilja Robun vorantreiben sollten. Die Presse war bereits am Sonntagvormittag informiert worden. Man hoffte auf Hinweise aus der Bevölkerung, gerade, was das rätselhafte Verschwinden von Ilja Robun anging. Niemand bei der Kripo glaubte noch an eine Entführung. Die Kriminaltechniker waren aus der Villa wieder abgezogen worden, nachdem auch nach 24 Stunden noch keine Lösegeldforderung eingegangen war. Man befürchtete das Schlimmste. An Zufall glaubte im gesamten Präsidium niemand mehr. Auch nicht an Raubmord. Jemand brachte systematisch die *Glorreichen Fünf* um. Elke Lukassow war schlecht gelaunt. Und weil sie schlecht gelaunt war, schrie sie noch lauter als sonst nach ihrem Kollegen Furtwängler. Schnaufend watschelte sie durch die Gänge des alten Gebäudes.

»FRANKFURT!«, schrillte sie markerschütternd und wäre fast mit einem Herrn im dunklen Anzug und wallender Silbermähne zusammengeprallt, der gerade aus einem der Dienstzimmer kam.

»Versuchen Sie es doch mal mit dem Telefon, Frau Kollegin, es sind immerhin fast 80 Kilometer bis nach Frankfurt«, empfahl ihr der Herr freundlich lächelnd. Die Lukassow lief dunkelrot an, schnappte nach Luft und rollte mit den Augen.

»Oh, Herr Dr. Hassinger, ich, äh, ich suche meinen Kollegen Furtwängler. Entschuldigen Sie mein Geschrei, ich ...«

Der Kriminaloberrat zuckte die Schultern. »Ich denke nicht, dass er sich im Umkreis von fünf Kilometern aufhält, sonst hätte er Sie mit Sicherheit gehört. Kommen Sie, ich begleite Sie zur Besprechung.«

Das war eine deutliche Aufforderung. Man tat gut daran, den leise und freundlich ausgesprochenen Wünschen Herrn Hassingers augenblicklich Folge zu leisten. Sie hatten die Unmittelbarkeit eines militärischen Befehls.

Der große Raum mit den hohen Decken, dem knarrenden Dielenboden und den fleckigen Vorhängen an den Sprossenfenstern im ersten OG der Dienststelle war brechend voll. Zwar würde die SOKO Bergstraße nur aus ca. 50 Personen bestehen, zur ersten Besprechung waren jedoch alle erschienen, die nicht gerade anderweitig dringend beschäftigt waren. Zu ungewöhnlich waren die Umstände: zwei Kapitalverbrechen innerhalb kürzester Zeit, dazu noch das mysteriöse Verschwinden eines der bekanntesten Medienstars des Landes. Lediglich Hanns-Gert Kutschniks Verbleib war weder mystisch noch Besorgnis erregend: Der Verleger und Kunstmäzen weilte im Norden Schottlands und wurde erst Ende der Woche zurückerwartet. Die Ermittlungsgruppe hatte bereits Kontakt mit den dortigen Behörden aufgenommen und wartete auf die Rückmeldung.

Dr. Hassinger trat vor die Stellwand, auf der die wenigen, bis jetzt feststehenden Tatbestände und Ermittlungsergebnisse befestigt waren. Augenblicklich erstarb das Gesumm der vielen Unterhaltungen. Zeitungen wurden raschelnd weggesteckt, Füße scharrten,

Stühle wurden gerückt. Hassinger holte gerade Luft, um die Anwesenden zu begrüßen, da öffnete sich noch einmal die Tür. Frank Furtwängler, fahrig und aufgeregt, suchte in der Menge nach Elke Lukassow, erkannte sie und huschte mit eingezogenem Kopf zu ihr. Unter dem eisigen Blick des Chefs flüsterte er kurz mit ihr. Ein missbilligendes Murmeln begleitete die beiden, als sie rasch den Raum verließen.

»Was soll das heißen, Kutschnik ist nicht in Schottland?«, giftete Luke ihren Kollegen an. »Sie müssen schon bessere Gründe haben, um mich aus der ersten Besprechung herauszuholen. Der Chef ist stinksauer!«

Furtwängler öffnete eines der Fenster auf dem Gang und zündete sich eine Zigarette an. »Kutschnik ist nie in Schottland angekommen. Die Kollegen haben die dortige Adresse überprüft.«

Er zog heftig an der Zigarette. »Radmacher von der Weinheimer Dienststelle hat mich soeben informiert. Man hat Kutschniks Leiche vor einer Stunde gefunden.« Er machte eine bedeutungsvolle Pause: »Und jetzt raten Sie mal, wo?«

* * *

Machauer hatte die Schnauze voll. Die lieben Kollegen hatten ihn zu seinem Geburtstag in den Club 8 eingeladen. Der Club 8, bis zu Beginn der Bauarbeiten am Saukopftunnel ein etwas heruntergekommener Pärchentreff in einem stillen Seitental der Weschnitz, hatte sich durch die hochwillkommene Kundschaft aus den Reihen der Tunnelbauer zu einem richtig feinen Edelpuff gemausert. Das Etablissement in dem kleinen 300-Seelen-Dorf Niederbrombach befand sich in einem nach außen hin völlig unauffälligen Mehrfamilienhaus. Kein Schild und schon gar keine rote Laterne wiesen auf das dort betriebene Gewerbe hin. Trotzdem war der Club 8 mittlerweile ein Geheimtipp. Bereits ab 11 Uhr waren die ersten »Damen« bei der »Arbeit«. Erst am frühen Morgen verließen die letzten Autos verstohlen den hinter hohen Hecken verborgenen »Kundenparkplatz«. An jenem Abend stand zwischen Nobelkarossen und Sportwagen auch ein verbeulter VW-Bus mit der Aufschrift »Niederösterreichische Verkehrswegebau AG« hinter dem Haus mit der Nummer 8. Franz Machauer, der ständig mit seinen sexuellen Abenteuern prahlte, hatte an diesem Abend alles frei: die Getränke, das Essen, das Spiegelzimmer und Olga. Olga kam aus Russland, war platinblond, 1,90 groß mit Traumfigur und neu im Club 8. Machauer folgte mit hängender Zunge dem hüftwackelnden Engel über die enge Stiege in den ersten Stock. Seine Kollegen vertrieben sich die Zeit bei Bier und Pornofilmen, schäkerten mit den Mädchen und malten sich in absolut jugendgefährdenden Bildern aus, was ihr Kollege mit dem sibirischen Edelgewächs wohl anstellen würde. Lange mussten sie sich nicht gedulden. Bereits nach einer halben Stunde stürzte Machauer splitternackt und schreiend in die Arme seiner grölenden Kollegen. Der Grund: Olga hieß eigentlich Klaus, kam aus Wanne-Eickel und war die Attraktion einer zurzeit in Heidelberg gastierenden Travestie-Show. Was sich in den immerhin fast dreißig Minuten im Spiegelzimmer getan hatte, bevor Machauer wohl endlich zum Zuge kommen wollte, sagte dieser nicht. Dafür ergingen sich seine Kollegen in höchst farbigen und detaillierten Schilderungen diverser Praktiken.

Am nächsten Morgen, als die Arbeiter wieder an der Tunnelbaustelle eintrafen, hatte nicht nur Machauer einen schweren Schädel. Als sich die Männer, die in der Nähe des Lüfterbauwerks in der Tunnelmitte arbeiteten, zur Frühstückspause versammelten, zog es Franz Machauer vor, alleine zu speisen. Sein Bedarf an spöttischen Bemerkungen war gedeckt. Er schnappte sich seine Tasche und verließ die Baubude in Richtung Luftschacht. Der über 200 m hohe zentrale Luftschacht des Saukopftunnels würde später für den Luftaustausch im Tunnel sorgen. Genau in der Mitte der Tunnelstrecke führte ein Seitenstollen 40 m in den Berg. An seinem Ende stieß der eigentliche Luftschacht mit einem Durchmesser von sieben Metern wie ein Fabrikschornstein senkrecht durch den Berg 203 m nach oben. Auf dem Gipfel des Saukopfs ragte das sogenannte Schachtkopfbauwerk noch weitere 30 m in die Höhe. Der Luftschacht war im Rohbau bereits fertiggestellt. In der kommenden Woche sollte die Installation der gewaltigen Ventilatoren beginnen. Die Mündung des Schachtes war vom Rest der Tunnelbaustelle durch provisorische Trennwände aus Bauplatten getrennt. Eine einfache Holztür führte in den Schachtraum. Hier bewahrten einige Schlauberger ihre illegalen Alkoholvorräte auf. Für Leute wie Franz Machauer war es ein willkommener Rückzugsraum. Er betätigte den Lichtschalter, und zwei einfache Leuchten in Drahtkörben spendeten dürftig Licht. Werkzeugkisten, Schalungsmaterial, Bretterstapel und leere Metallfässer bedeckten den unebenen Boden. Wegen der Kaminwirkung war das obere Ende des Lüfterbauwerkes abgedeckt worden, jedoch war trotzdem noch ein leichter Zug vorhanden, als wäre irgendwo ein Fenster offen. Machauer stellte seine Tasche ab, hockte sich auf einen der beiden merkwürdig deplatziert wirkenden Kunststoffgartenstühle und rümpfte die Nase. Ein widerlicher, süßlicher Geruch hing in dem kreisrunden Raum. Machauer biss herzhaft in sein Salamibrötchen. Einem niederösterreichischen Tunnelbauer graust vor nix. Das erinnerte ihn wieder an die vergangene Nacht und er korrigierte sich: »Vor fast nix!« Düstere Rachegedanken formten sich in seinem Kopf. »Feine Kollegen waren das. Pfui Deibel!« Trübselig wanderten seine Augen durch den Raum. Die zwei Funzeln schufen tiefe Schatten zwischen all dem Gerümpel. Etwas glitzerte wie eine Pfütze. Machauer sah genauer hin. Tatsächlich: Zwischen zwei massiven Holzkisten hatte sich ein kleiner, schwarzer See gebildet. Tunnelbauer haben einen großen Respekt vor Wasser. Wasser ist der größte Feind aller Untertagearbeiter. Franz Machauer legte das Brötchen auf sein Brotzeittuch und erhob sich, um den Ursprung der Pfütze zu erforschen. Er ging in Richtung Schachtmündung, bis er hinter die eine der beiden Kisten blicken konnte: Vor ihm lag in fürchterlichen Verrenkungen der zerschmetterte Körper eines Menschen. Weit aufgerissene Augen starrten ihn an. Das Gesicht sah noch einigermaßen intakt aus, der Rest des Kopfes war allerdings beim Aufprall zerplatzt wie eine überreife Melone. Machauer wandte sich ab, sein linker Fuß hob sich schmatzend aus dem See von halb geronnenem Blut, dann stützte er sich schwer auf eine der Kisten und erbrach sich.

Das Salamibrötchen lag noch immer unschuldig auf seinem rotweiß-karierten Tuch, als Stefan Radmacher von der Kripo Weinheim das Aufstellen der starken Halogenbrenner überwachte, die jedes noch so kleine Detail aus der gnädigen Dunkelheit rissen.

* * *

Die Besprechung war geplatzt. Wie eine Bombe war die Nachricht vom Auffinden der Leiche Hanns-Gert Kutschniks eingeschlagen.

Letztendlich siegte die antrainierte Professionalität der Ermittlungsbeamten. Rasch wurden Teams bestimmt, Aufgaben verteilt und Zuständigkeiten geregelt. Für den morgigen Tag wurde eine Pressekonferenz anberaumt.

* * *

Auf dem 348 m hohen Saukopf war es empfindlich kalt. Ein kräftiger Westwind pfiff über den Odenwaldhauptkamm und ließ die Baumkronen der alten Buchen rascheln. Das 30 m hohe obere Ende des Luftschachts passte hierher wie ein gestrandetes Raumschiff. Hinter den Absperrbändern waren die Kriminaltechniker am Werk. Drei Streifenwagen, mehrere Zivilfahrzeuge und Transporter standen auf dem schmalen Forstweg. Elke Lukassow bewegte sich vorsichtig über den mit Zahlentafeln und Fähnchen gespickten Trampelpfad zu der primitiven Holztür, mit welcher der Zugang zur Schachtbaustelle provisorisch gesichert war. Die Tür stand offen. Dahinter verlief eine umlaufende Balustrade, die mit einem roh zusammengezimmerten Geländer umgeben war. Genau gegenüber der Tür klaffte in dem Geländer eine Lücke. Der Polizeifotograf trat zur Seite, als er die Kommissarin bemerkte.

»Ich bin hier fertig, Frau Lukassow. Gehen Sie nicht zu dicht dran, da geht's verdammt tief runter.«

»Was Sie nicht sagen«, brummte die Lukassow übellaunig. Sie streckte den Kopf vor wie ein neugieriges Reptil und blickte hinab in den dunklen Schlund. Ein stetiger Luftstrom, der nach Zement und brackigem Wasser roch, wehte ihr ins Gesicht. Sie schauderte. Kein angenehmer Tod, wenn man hier hinunterfiel. Oder hinuntergestoßen wurde ... Erleichtert wandte sie sich ab, als sie Frank Furtwänglers Rufen hörte: »Feuchter Boden, Frau Lukassow. Ideal für Spuren. Im unmittelbaren Umkreis des Turmes wurden sie jedoch sorgfältig verwischt.«

»Und weiter weg?«

Furtwängler macht eine hilflose Grimasse. »Viel zu viele. Das ist hier ein Hauptwanderweg des Odenwaldklubs und eine beliebte Laufstrecke für die Weinheimer Jogger und Mountainbiker. Hier geht es zu wie im Hauptbahnhof.«

»Nur das der Zug für Kutschnik schon abgefahren ist. Geradewegs zur Hölle«, antwortete die Kommissarin zynisch. »Was ist mit dem Panzer da drüben?« Sie wies mit dem Kopf auf einen in der Nähe geparkten dunkelgrünen Landrover, an dem Techniker in weißen Overalls arbeiteten. Die Männer und Frauen erinnerten Elke Lukassow an Maden, die über einen Kadaver herfielen.

»Kutschniks Wagen«, erklärte Furtwängler. »Keine sonstigen Reifenspuren neueren Datums. Entweder ist Kutschnik gemeinsam mit seinem Mörder in dem Auto hier heraufgefahren oder er hat ihn hier getroffen.«

»Wenn der Mörder ihn hier erwartet hat, wie ist der dann hierhergekommen?«

Der Oberkommissar zuckte die Achseln. »Zu Fuß oder mit dem Rad oder so.«

»Oder so«, äffte die Lukassow ihren Kollegen nach. Sie konnte sich schwer vorstellen, wie jemand ohne ein Fahrzeug freiwillig auf den Gipfel des Saukopfes kommen sollte.

»Jetzt rennen die bekloppten Jogger schon mit Kanonen im Wald rum«, schnaubte sie verärgert.

»Wieso?«, fragte Furtwängler nicht sehr geistreich. »Wieso? Glauben Sie vielleicht, der Mörder hat sein Opfer freundlich gebeten, da runterzuhopsen? Da muss einer schon massiv bedroht werden, um hier den Flieger zu machen.«

»Oder er war bereits tot ...«, sinnierte Frankfurt.

Die Hauptkommissarin sah ihren jungen Kollegen lange an. Ihre Züge glätteten sich, soweit das bei ihr möglich war, und sie unterdrückte ein anerkennendes Grinsen: »Frankfurt, Sie werden mal einen verdammt guten Kripozisten abgeben.«

Abrupt wandte sie sich ab. Frank Furtwängler stand da wie vom

Donner gerührt. Hatte Luke ihn soeben gelobt? Träumte er? Eine Anerkennung von der bärbeißigen Lukassow, das war so selten wie Spaghetti-Eis beim Weight-Watchers-Treff.

Elke Lukassow stellte den speckigen Kragen ihres Lodenmantels hoch und stapfte zu dem Geländewagen. Sämtliche Türen sowie die Motorhaube standen offen. Einer der Techniker machte sich Notizen auf einem Klemmbrett. Andere benutzten kleine Handstaubsauger, um den Fahrzeugboden und die Sitze abzusaugen. Eine junge Frau kniete auf einer Matte und untersuchte den Fahrzeugunterboden mit einem Spiegel. Sämtliche Arbeiten wurden von einem Fotografen und einem Mann mit einer monströsen Videokamera dokumentiert. Sorgfältig darauf bedacht, nichts anzufassen, beäugte die Kommissarin den Innenraum des Fahrzeuges. Hinter der Frontscheibe war mit einem Saugnapf ein Kunststoffschild mit der Aufschrift »Jagdschutz« angebracht.

»Da sieht's ja aus wie im Saustall«, bemerkte sie und einer der Techniker sah auf.

»Ist auch einer. Der Besitzer ist offensichtlich Jäger. Wir haben jede Menge Tierhaare und Borsten von Wildschweinen gefunden. Außerdem die abgerissene Lasche einer Munitionsschachtel, eine Hundeleine samt Halsband, ein paar Gummistiefel und einen blutverschmierten Regenumhang.«

»Waffen?«

»Negativ. Entweder war er heute nicht auf der Jagd oder der Mörder hat sie mitgenommen.«

Elke Lukassow hatte kurz das Bild eines Joggers vor Augen, der mit geschulterter Flinte durch den Wald trabte. Sie wandte sich an einen Kollegen der Weinheimer Dienststelle: »Herr Geiger, veranlassen Sie bitte, dass das Gelände großräumig abgesperrt wird und rufen Sie in Bruchsal an. Wir brauchen eine Hundertschaft, die den ganzen Buckel umgräbt. Möglicherweise hat der Mörder irgendwo eine Waffe entsorgt.«

Geiger nickte knapp und begab sich zu einem der Streifenwagen. Nachdenklich musterte die Kommissarin den robusten Geländewagen mit den groben Stollenreifen. Es fing an zu regnen. Andere Spurensicherer begannen eine Plane über die Spuren auf dem

Wanderweg zu spannen und nahmen Abdrücke der verschiedenen Fußstapfen. Irgendetwas an dem Auto irritierte sie. Ihre Blicke wanderten von den hinteren Klappsitzen nach vorne zum Fahrersitz. Dann erkannte sie, was ihr vorhin bereits im Unterbewusstsein aufgefallen war: Der Fahrersitz war ganz nach vorne geschoben.

»Haben Sie den Sitz bewegt?«, fragte sie einen jungen, bärtigen Techniker. Der schüttelte entrüstet den Kopf: »Hier wird überhaupt nichts bewegt. Wir sammeln, was wir finden und dokumentieren den Status quo. Nach dieser ersten Aufnahme kommt die Karre zu uns in die Fahrzeughalle, da wird sie dann bis zur letzten Niete auseinandergenommen. Den Sitz hat keiner angerührt.«

Zufrieden nickte die Lukassow und ging zum Turm zurück, wo Furtwängler gerade mit einem Kollegen eine Zigarette rauchte. »War Kutschnik eigentlich groß oder klein?«, fragte sie ihren Kollegen. »Keine Ahnung, aber seine Papiere waren im Handschuhfach. Die Kollegen da drüben haben alles aufgeschrieben und eingetütet.« Er zeigte auf einen hellen Kombi, dessen Heckklappe den Blick auf einen eingebauten Schubladenschrank freigab, an dem zwei Männer mit Handschuhen und weißen Kitteln hantierten.

»Eins dreiundneunzig«, sagte einer von ihnen, nachdem er in seinen Unterlagen geblättert hatte. Ohne ein Wort des Dankes ließ die Lukassow die beiden stehen und ging zurück zu dem Landrover. Furtwängler folgte ihr neugierig.

»Ein Funkturm von fast zwei Metern hätte auf einem Fahrersitz, der so eingestellt ist, wohl die Knie neben den Ohren gehabt, oder?« Die Frage war rein rhetorisch gemeint. Auch Furtwängler erkannte sofort, dass auf einem so nahe am Lenkrad befindlichen Sitz nur ein sehr kleiner Mensch gesessen haben konnte.

»Sieht ganz so aus, als wäre Kutschnik nicht selbst gefahren. Entweder saß er auf dem Beifahrersitz oder er war bereits tot und befand sich im hinteren Teil des Fahrzeuges«, mutmaßte Furtwängler.

»Angenommen, der Mörder hat tatsächlich das Auto gefahren, dann muss der also ein sehr kleiner Mann gewesen sein. Ein zwar kleiner, aber sehr kräftiger Mann. Immerhin musste er die Leiche ja bis zum Luftschacht befördern und hineinwerfen«, spann die Lukassow den Faden weiter.

»Oder eine kleine und sehr kräftige Frau.«

»Möglich, aber unwahrscheinlich. Sie kennen die Lehrmeinung, nach der Frauen viel weniger zu Gewaltverbrechen neigen als Männer. Die Kriminalstatistik belegt dies sehr deutlich. Aber Sie haben natürlich recht. Im Augenblick irren wir noch im Nebel herum. Wir müssen jede denkbare Möglichkeit in Betracht ziehen.«

Geiger, der Weinheimer Kollege, trat zu den beiden: »Die Bereitschaftspolizei schickt eine Hundertschaft. Sie sollten in etwa vierzig Minuten hier sein. Die Kollegen haben weiter unten die Zufahrten dichtgemacht. Allerdings können wir nicht jeden einzelnen Pfad abdecken, doch bei dem Wetter werden sich nicht allzu viele Wanderer hier herumtreiben. Das Forstamt und die Jagdpächter sind auch verständigt, die haben zurzeit niemanden im Revier.«

Ein Ruf ließ die Köpfe herumfahren.

Etwas weiter entfernt, ein Stück den Berghang hinunter, winkte einer der Spurensicherer: »Das sollten Sie sich mal ansehen!«

Elke Lukassow erreichte als Letzte die Stelle. Schnaufend beäugte sie den großen Tannenzweig, den der Beamte hochhielt.

»Erde und Laubreste hängen daran. Möglicherweise sind damit die Spuren verwischt worden.«

»Scheiße!«, die Lukassow zerbiss einen Fluch. »Nasses, bemoostes Holz. Da können wir abstinken ...«

Der Techniker wies auf eine Stelle am Boden: »Aber das hier dürfte recht interessant sein. War vom Ast verdeckt worden. Die reinste Fotografie!«

»Geben Sie mir Ihre Hand!«, fauchte die Kommissarin den neben ihr stehenden Geiger an. Der hatte alle Mühe, nicht mitsamt der schwergewichtigen Ermittlerin den Hang hinunterzuschlittern. Glücklicherweise stützte sich die Lukassow unten an einer massiven Fichte ab. Dann sah sie, was der Spurensicherer gemeint hatte: Auf dem von moderndem Laub bedeckten Waldboden erkannte sie eine kurze Rutschspur und an deren Ende ... einen wunderbar ausgeformten, detaillierten Abdruck einer Schuhsohle. Der dunkle Lehmboden unter dem Laub hatte jede noch so kleine Rille wiedergegeben.

»Sichern Sie das und schicken Sie es auf dem schnellsten Weg ins Labor. Von den Fotos will ich heute noch Abzüge haben. Vergrößert und als Spiegelbild! Helfen Sie mir rauf!« Wieder musste Geiger Schwerarbeit leisten. Er bemerkte, dass »bitte« im Wortschatz von Kollegin Lukassow offenbar nicht vorkam.

Die Kommissarin holte sich an einem der Transporter eine Tasse Kaffee. »Wo ist Ilja Robun?«, dachte sie und vor ihrem inneren Auge tauchte das gut aussehende, schmale Gesicht des Fernsehmannes auf. Einmal hatte sie ihn persönlich getroffen. Er war Gastredner bei einem Vortrag im Bundeskriminalamt in Wiesbaden und referierte über sogenannte Ruheräume islamischer Terroristen in europäischen Ländern. Sie war damals ein wenig enttäuscht gewesen. Im Studio und in den Tageszeitungen und Illustrierten hatte Robun immer größer gewirkt, als er eigentlich war. Eine Kollegin hatte gemeint, er wäre »goldig« und passe genau in ihren Wohnzimmerschrank. Ein kleiner, durchtrainierter Mann. Elke Lukassow kaute auf ihrer Unterlippe herum. Ein vager Verdacht keimte in ihr auf. Robun gehörte zu den *Glorreichen Fünf*, er war mit Abstand der erfolgreichste von allen. Er war berühmt, ein Medienstar. Und er war verschwunden. Seit fast einer Woche.

4

Es war bereits kurz nach acht, als Tarzan sich auf dem Steg die Laufschuhe anzog, seine Pantoffeln (es waren tatsächlich richtige Pantoffeln, aus Filz!) hinter die Eingangstür stellte, und, wie jeden Morgen, die Zeitung aus dem Briefkasten holte, um kurz die Schlagzeilen zu überfliegen, und sie dann für Solo an die Türklinke zu stecken. Die Zeitung, es war die Lampertheimer Ausgabe des Mannheimer Morgen, hatte ganz gegen ihre üblichen Gepflogenheiten weder einen politischen noch einen wirtschaftlichen Aufmacher: »Tod im Saukopftunnel!«, plärrten die fetten Lettern Tarzan ins Gesicht. Der vergaß augenblicklich seinen geplanten Lauf, stürzte, ohne sich die Schuhe auszuziehen, zurück in die Lady Jane und dort geradewegs in das mit hellgelbem, langflorigem Teppichboden ausgelegte Schlafzimmer. Er riss die schweren lichtdichten Vorhänge zur Seite und schüttelte Solo so heftig an der Schulter, dass diese, noch im Halbschlaf, nach ihm schlug.

»Wach auf, Solo, Kutschnik ist tot! Sie haben ihn gefunden im Saukopftunnel, oben auf dem Saukopf haben sie ... haben sie ...!« Vor lauter Aufregung begann er zu stammeln, wedelte mit der Zeitung und rang nach Worten.

»Saukopp!« Ein langes Bein schoss unter der Bettdecke hervor und traf Tarzans rechten Oberschenkel. Tarzan schrie auf, hüpfte einen Schritt zurück und sah erst dann, was er aus dem Teppichboden gemacht hatte: überall braune Flecken, Schlammbatzen und Krümel aus dem groben Profil seiner Geländelaufschuhe. Solo, die auf der Seite gelegen hatte und beim ersten Öffnen der Augen die Schweinerei erblickt hatte, reagierte wie jede gute Hausfrau: Sie suchte nach einer Tötungsart, welche die bereits vorhandene Schweinerei nicht noch vergrößerte, entschied sich fürs Erwürgen und sprang wie eine aufgeschreckte Gepardin aus dem Bett. Tarzan floh vor dem unbändigen weiblichen Zorn aus dem Schlafzimmer, trampelte durch das Wohndeck, welches glücklicherweise mit einem PVC-Belag ausgestattet war, und schrie seine vermeintlich letzten Worte: »Lies die Zeitung! Lies die Zeitung! Sie haben ihn umgebracht! Kutschnik ist auch tot!«

Als die aufgebrachte Solo endlich den Sinn der Worte verstand, blieb sie abrupt stehen, hob die Zeitung auf, die Tarzan fallen gelassen hatte, und las die Titelüberschrift. Tarzan ließ sich erschöpft auf die Couch sinken, streifte vorsichtig die Schuhe ab und weidete sich an dem appetitlichen Anblick seiner Partnerin, die, lediglich mit einem vorne offenen, langen Holzfällerhemd bekleidet, schwer atmend vor ihm stand und Zeitung las. Die Nachricht hatte ihren Zorn über den versauten Teppichboden scheinbar verdrängt. Sie fixierte Tarzan mit einem merkwürdig abwesenden Blick, murmelte: »Das war das letzte Negerlein« und setzte sich auf einen der Sessel.

»Wir sollten diese Rottweilerpolizistin anrufen«, schlug Tarzan vor. »Die weiß bestimmt noch mehr, als sie den Zeitungsleuten verraten hat.«

Solo nickte verstehend. »Da hast du recht. Ganz bestimmt freut sie sich gewaltig über unser Interesse und erzählt uns gerne, wie weit sie mit ihren Ermittlungen ist. Du bist und bleibst ein naives Kind, Tarzan. Ein Kind, das Dreck macht und dummes Zeug redet. Solche Kinder muss man bestrafen!« Mit diesen Worten erhob sie sich, ging zu Tarzan, bückte sich, was ihm einen unverbaubaren Blick auf ihre Anatomie erlaubte, und klaubte mit spitzen Fingern die verdreckten Laufschuhe vom Boden auf. Dann ging sie, die Schuhe weit von sich haltend, als handle es sich um ekelhaftes Getier, zu einem der großen Schiebefenster, öffnete es und schleuderte die 200 Mark teuren Treter mit aller Kraft in Richtung Biedensand. Nun befand sich zwischen der Lady Jane und dem Naturschutzgebiet immerhin der Lampertheimer Altrhein, in welchem die Schuhe nach vernehmlichem Aufklatschen unter dem empörten Geschnatter eines Entenpaares majestätisch versanken. Befriedigt betrachtete Solo die sich ausbreitenden Ringe auf der Wasseroberfläche, schloss das Fenster und wandte sich triumphierend grinsend zu Tarzan um.

»Die waren erst zwei Monate alt!«, jammerte dieser völlig perplex.

»Genau wie der Teppichboden im Schlafzimmer«, antwortete Solo kühl. »Wenn der heute Abend nicht wieder aussieht wie neu verlegt, dann kannst du deinen Schuhen Gesellschaft leisten. Wo das Putzzeug steht, weißt du ja.«

Tarzan schlurfte traurig zum Fenster und starrte trübselig in die algengrünen Gewässer. Über die Brücke tuckerte ein blauer Traktor mit einem Anhänger voll dampfendem Mist. »Schöne Kacke ...«, murmelte Tarzan und meinte damit sowohl den Tod des Hanns-Gert Kutschnik als auch den Verlust seiner Lieblingslatschen.

»Hoffentlich gibt es jetzt kein Fischsterben!«, rief Solo, die auf dem Weg ins Badezimmer war. Tarzan kapitulierte still, setzte sich an den Tisch und schlug die Zeitung auf. Jemand hatte den Verleger und Kunstfreund in den 203 m tiefen Luftschacht des Saukopftunnels geworfen. Tarzan kannte den Schacht beziehungsweise dessen markantes Kopfbauwerk. Schon oft war er dort zusammen mit einem Kollegen aus der Spedition nach Feierabend joggen gewesen. An Joggen war jetzt natürlich nicht mehr zu denken. Tarzan stand wieder auf, schlurfte in die Küche und warf die Kaffeemaschine an. Auf sein gewohntes Müsli verzichtete er, griff sich stattdessen eine Tafel Schokolade und stellte für sich und Solo zwei Kaffeetassen auf den Tisch. Solo kam aus dem Bad, setzte sich Tarzan gegenüber und griff nach der Zeitung.

»Tut mir leid wegen deiner Schuhe. Ich bin wohl ein wenig ausgerastet. Bisschen viel Tod in letzter Zeit«, sagte sie leise und schaute Tarzan mit einem Blick an, der einen Scharfrichter zum Weinen gebracht hätte.

»Ich bin selbst schuld. Riesensauerei das …« Tarzan ließ offen, ob er den Dreck auf dem Teppich oder Kutschniks Tod meinte. Er erhob sich, zog seine Laufjacke aus und verschwand im Badezimmer. Eine Viertelstunde später erschien er wieder in Stiefeln und seiner Motorradjacke. Er holte sich seinen Helm von der Ablage im Vorraum und begann damit, sich seinen schmuddeligen Riesenschal um den Hals zu winden.

»Wo fährst du hin?«, fragte Solo verwundert, denn das Wetter war alles andere als einladend.

»Zum Engel, Schuhe kaufen«, antwortete Tarzan und grinste angriffslustig.

»Du hast doch noch zwei Paar Laufschuhe«, entgegnete Solo. »Wozu braucht ein Läufer drei Paar Schuhe?«

»Wozu braucht eine Frau 200 Paar Schuhe?«, giftete Tarzan zurück.

»Touché«, kapitulierte Solo überraschend schnell. Aber immerhin war sie schuld daran, dass auf dem schlammigen Grund des Lampertheimer Altrheins nun zwei neuwertige Hightech-Laufschuhe auf ihre Entdeckung durch begeisterte Archäologen einer fernen Zukunft warteten. Sie schmunzelte, als sie Tarzan, der in seiner Schutzkleidung wie ein Michelin-Männchen aussah, den Steg hinaufstapfen sah. Er hatte nicht einmal gefragt, ob sie das Auto brauche. Sie konnte immer noch nicht begreifen, warum man in das fast 40 Kilometer entfernte Wiesloch fahren musste, nur um Laufschuhe zu kaufen. Aber Tarzan schwor auf die Fachkenntnis vom »Engel«, dem Inhaber des Marathon-Shops in der Badgasse, der eigentlich Engelbert hieß, aber das sagte wahrscheinlich nur noch seine Mutter zu ihm. Außerdem bekam Tarzan beim Engel Prozente. Die allerdings von den Fahrtkosten wieder mehr als aufgefressen wurden. Seit einem heftigen Streit vor einem halben Jahr fuhr Tarzan aus Trotz nur noch mit dem Roller, anstatt mit dem verfressenen Achtzylinder. Solo seufzte und räumte den Tisch ab. Es würde wohl spät am Nachmittag werden, bis Tarzan strahlend, ein paar sauteure Latschen in der Hand, wieder vor ihr stehen würde. Sie hörte im Geiste bereits seinen Standardspruch: »Bin isch billisch drangekommen!«

Die Schlagzeile der Zeitung sprang sie wieder an: »Tod im Saukopftunnel!« Sie setzte sich, zündete sich eine ihrer seltenen »Endlich-allein-Zigaretten« an und betrachtete das Bild von Hanns-Gert Kutschnik, ohne es bewusst wahrzunehmen. »Saukopftunnel ...«, dachte sie. Irgendwas war mit dem Tunnel. Irgendwas hatte in der Zeitung gestanden. Vor Kurzem erst. Nicht die jahrelangen Querelen über Bau oder Nichtbau, Natur und Umweltschutz, Verlagerung der Blechlawine ins mittlere Weschnitztal oder die Ressentiments der Jäger und Waldbesitzer. Allen voran ihr eigener Vater ... Erich Solomon war zwar schon seit Jahren nicht mehr selbst auf die Pirsch gegangen, aber die Verpachtung seiner Rechte hatte ihm ein erkleckliches Zubrot verschafft. Nicht dass er es je nötig gehabt hätte, aber der alte Solomon liebte den Wald, die Tiere, seinen Weinberg ... vorbei. Für immer und ewig ... Mit fahrigen Fingern zündete sich Solo erneut eine Zigarette an, drückte sie im nächsten Augenblick wieder aus. Gab es einen Zusammenhang zwischen dem Tunnel, seinen Gegnern und den Morden? Quatsch. Der Tunnel war Fakt. Der Bau bereits viel zu weit fortgeschritten. Richter hatten gesprochen, Anwälte hatten sich gesundgestoßen, Bürgerbegehren, Petitionen, Unterschriftenlisten waren gehört, abgelehnt und ignoriert worden. Niemand hatte einen Nutzen vom Tod der *Glorreichen Fünf*.

Niemand, der mit dem Tunnel zu tun hatte jedenfalls. Solo starrte aus dem Fenster. Von Westen zogen schwere, dunkle Wolken herauf, es begann zu regnen. »Schlechter Film«, dachte sie, als in ihrem Kopf die letzten Tage vorbeizogen. »Ganz, ganz schlechter Film.«

* * *

Tarzan kauerte hinter der halb blinden Windschutzscheibe seiner Honda-Helix, während er, eingehüllt in den Wasserschleier eines vor ihm fahrenden Lastwagens, auf der B 3 in Richtung Wiesloch unterwegs war. Zwar bekam er, dank der ausladenden Karosserie des Großrollers, keine nassen Füße, doch weiter oben wusch der pladdernde Regen das letzte bisschen Biker-Stolz davon, das er sich bis jetzt mühsam bewahrt hatte.

Zehn Minuten später triefte er durch die Tür von Engels Marathon-Shop, saute zum zweiten Mal an diesem Tag einen Teppichboden ein, der allerdings um einiges unempfindlicher war als Solos geliebter Flauschbelag, und begrüßte seinen Lieblingslaufschuhhändler mit Handschlag.

»Hi, Engel, wie läuft der Laden?« Engel sagte wie üblich sein Sprüchlein von drohender Insolvenz und einem Leben unter Brücken auf, bevor er übergangslos ernst wurde und Tarzan seiner Anteilnahme am Tod von Erich Solomon versicherte.

»Das ist schon bis hierher gedrungen?«, wunderte sich Tarzan.

Engel lächelte verkrampft, als Tarzan seine durchweichte Jacke auf einem Ständer mit teuren Laufshirts drapierte. »Na hör mal, gestern waren sogar die Bullen hier, wegen diesem Verleger da, dem Kutscher oder wie der heißt.«

»Kutschnik«, verbesserte Tarzan.

»Genau der. Den man im Tunnel gefunden hat. Die haben Abdrücke dabei gehabt, von Laufschuhen. Wollten wissen, ob ich die Marken kenne.«

Tarzan horchte auf: »Und? Kanntest du sie?«

Entrüstet trat Engel einen Schritt zurück: »Na hör mal! Bin ich vielleicht ein Gemüsehändler oder was? Klar kenne ich die Abdrücke! Deine waren auch dabei ...«

»Hä?« Tarzan glaubte, sich verhört zu haben.

Engel machte eine beschwichtigende Geste. »Abdrücke von Trabuccos, du weißt schon, die Geländetreter.«

Tarzan wusste. Die Trabuccos: grobes Profil, wasserdichte Membran. Seine absolvierten gerade in schätzungsweise vier Metern Wassertiefe einen Härtetest.

Engel senkte die Stimme, als ein weiterer Kunde den Laden betrat: »Was ganz Feines haben die mitgebracht. Purer Zufall, dass ich solche Dinger überhaupt im Sortiment habe. Entschuldige mich einen Augenblick.« Engel widmete sich dem neuen Kunden und Tarzan wühlte sich durch den Sonderangebotsständer. Als sie wieder alleine waren, hielt ihm Engel ein Paar gelbe Laufschuhe vor die Nase. Tarzan musterte die Schuhe spöttisch und sagte: »Für wen sind denn die? Von der Farbe her würde ich auf den ADAC tippen.«

»Respekt, alter Freund, etwas mehr Respekt bitte«, antwortete Engel. »Das sind Taifun 300. Das Beste auf dem Markt. Absolute Perfektion!«

»Und warum habe ich die nicht schon längst?«, maulte Tarzan mit gespieltem Vorwurf in der Stimme.

»Weil du für die einfach zu fett bist. Zu fett und zu langsam.«

»Danke für die Blumen. Wiedersehen!« Tarzan fand, dass Engel, dessen lockere Art er normalerweise mochte, diesmal etwas zu weit ging. »Deine sensible und einfühlsame Art der Beratung begeistert mich immer wieder aufs Neue.«

Engel schwang die Treter vor Tarzans Gesicht hin und her wie ein Hypnotiseur sein Pendel. »Mörderschuhe, Junge«, flüsterte er heiser. »Die Bullen glauben, dass der Kutschermörder solche getragen hat.«

»Kutschnik!«, berichtigte Tarzan erneut. »Haben die das gesagt?«

Engel rollte mit den Augen. »Bullen sagen niemals etwas Konkretes, aber ich kann sehr gut zwischen den Zeilen lesen. Bin schließlich Krimi-Fan.«

Tarzan wog einen der Schuhe in der linken Hand. »Federleicht. Fast ne Socke.«

»Ne Rennsocke, Mann. Damit kannst du locker 2:20 laufen.«

»Ich?«

»Quatsch! Du nicht, ich nicht, aber Klasseläufer eben. Ist ein reiner Wettkampfschuh. Im Training hält der höchstens vier Wochen durch. Nur was für Gazellen. Formel 1 pur!«

»So zwischen 1,60 und 1,65 groß, maximal 60 kg?«

»So einem würde ich die sofort andrehen!«

* * *

Es war erst kurz vor vierzehn Uhr, als Solo das vertraute Tuckern der Helix hörte. Tarzan erschien mit exakt den gleichen Schuhen, die am Morgen Solos Zorn zum Opfer gefallen waren.

»Bin isch billisch ...«

»Drangekommen«, ergänzte Solo säuerlich.

Tarzan erzählte Solo vom Besuch der Polizei beim Engel und von Engels »Mörderschuhen«. Während dieses Gesprächs rutschte er auf den Knien über den Schlafzimmerteppich und versuchte, sogar recht erfolgreich, seine morgendliche Untat ungeschehen zu machen. Solo lag derweil auf dem Bett, knabberte Gummibärchen und erteilte zwischendurch Anweisungen. Als sie endlich zufrieden war, saß Tarzan erschöpft auf dem Boden.

»Wenn man im Schlafzimmer vom Arbeiten schwitzt, hat man ein Beziehungsproblem«, meinte er seufzend.

»Ich schwitze nicht«, lautete Solos lapidare Antwort, »aber weil du ein guter Hund bist, lade ich dich zum Italiener ein.«

»Zum billigen oder zum teuren?«

»Zum billigen, ich habe keine Lust, mich groß umzuziehen.«

* * *

Nach dem Cappuccino und einem spendierten Amaretto lehnte Tarzan sich entspannt zurück und schaute Solo in die Augen. »Morgen besuchen wir noch einmal die Tuss vom Robun.«

»Ich denke, du hältst nichts von Detektivspielchen?«

»Das ist kein Spiel. Ich will mir mal die Laufschuhe vom Krawattenmann des Jahres anschauen.«

»Du meinst ...«

»Genau. Robun ist ein Bilderbuchläufer. Klein und schlank. Wenn wir bei dem Taifun 300 finden, haben wir Frau Rottweiler etwas Interessantes zu berichten.«

Solo blickte Tarzan entgeistert an: »Du glaubst doch nicht allen Ernstes, Robun hätte Vater und die beiden anderen umgebracht? Du spinnst ja!«

»Hast du eine bessere Erklärung?«

»Jeder kann es gewesen sein. Jeder, der hier auf diesem Planeten herumläuft. Bloß Robun nicht. Ich kenne den Mann, seit ich ein kleines Mädchen war. Das ist der größte Friedensapostel seit dem heiligen Nikolaus. Praktizierender Christ, der für Toleranz und Miteinander der großen Weltreligionen eintritt. Sein Buch ›Jesus,

Mohammeds Bruder‹ ist ein Welterfolg. Er wird als Vermittler in Wirtschaft und Politik geschätzt. Das ist ein absoluter Gutmensch, Tarzan! Der hätte sich lieber die Hand abgehackt, als jemandem wehzutun. Wie kannst du nur auf eine derartig bescheuerte Idee kommen?« Schwer atmend musterte Solo ihren Partner.

Tarzan trank einen Schluck Wasser, schürzte die Lippen und zählte auf: »Erstens: Robun ist der reichste und populärste der *Glorreichen Fünf.* Er hat am meisten zu verlieren, wenn da Leichen im Keller sein sollten. Zweitens: Die Spuren am Tatort deuten auf ihn. Drittens: Der Mörder hat sich nicht die Mühe gemacht, die Leichen zu verstecken. Wenn es sich hier um einen Serienkiller handelt, wäre Robun auch bereits gefunden worden, es sei denn, er ist selbst der Mörder.«

»Das bedeutet überhaupt nichts«, brauste Solo auf. »Erstens gibt es Tausende Menschen mit Schuhgröße 8,5, die klein und zierlich sind, und zweitens sind das nur Indizien. Die Polizei tappt genauso im Dunkeln wie wir. Ilja Robun war es nicht. Niemals!«

Tarzan ließ nicht locker: »Trotzdem. Lass uns morgen noch mal die feine kleine Lady besuchen.«

»Wenn du mir versprichst, dass du deine Finger von den Süßigkeiten lässt!«

»Versprochen.« Linkisch kreuzte Tarzan hinter seinem Rücken zwei Finger.

* * *

Diesmal kamen sie ohne Schwierigkeiten an der Pforte zu Karin Begstein. Sie hatten vorher angerufen und Robuns Frau hatte sie gebeten, um 14.30 Uhr zu kommen. Solo parkte den Bronco vor dem überbreiten Garagentor der Braun' schen Villa. Es war für die Jahreszeit zu warm und am Himmel über Mannheim drohten schwarze Gewitterwolken. Diesmal geleitete die Begstein sie ins Wohnzimmer, einen hell und im mediterranen Stil eingerichteten Raum, etwa halb so groß wie die Halle des Mannheimer Hauptbahnhofes. Kaffee und Gebäck standen bereits auf dem Tisch und Solo schickte einen warnenden Blick in Tarzans Richtung. Solo kam gleich zur Sache und fragte nach Neuigkeiten über Ilja Robun.

Die Blondine, die heute eine enge weiße Hose und eine hellblaue Bluse trug, welche den Blick auf ein sommersprossiges Dekolleté freigab, schüttelte den Kopf. »Der Sender bringt es morgen nach dem Tagesjournal. Eine Sondersendung. Ich habe sie dazu ermutigt. Ich befürchte, Ilja ist etwas zugestoßen. Kurz vor Ihnen war Ruben von Sontheim hier. Er ist ein guter Freund und ich möchte etwaigen Verdächtigungen begegnen.« Tarzan nagte nervös an seiner Unterlippe. Von Sontheim war der Eigentümer des Morgen-Verlags und Gebieter über die drei größten Tageszeitungen Süddeutschlands. Chefsache. Aber über das Verschwinden eines Mannes wie Ilja Robun konnte nicht irgendein Lokalreporter schreiben, der normalerweise über solch aufregende Dinge wie die Wahl des dritten Kassenwartes des Gorxheimer Kleintierzüchtervereins berichtete. Ein Mann wie der aristokratische Freiherr von Sontheim passte auch viel besser in die nähere Umgebung eines Ilja Robun.

»Gibt es einen bestimmten Grund für Ihren Besuch?«, wollte die Begstein wissen. Solo blickte Tarzan herausfordernd an. »Na los, hol dir den schwarzen Peter«, schienen ihre Augen zu sagen.

»Wir, ich, äh ... ich hätte gerne mal einen Blick auf die Laufschuhe von Ihrem Mann geworfen, Frau Begstein.« Zu Tarzans Verwunderung umspielte ein melancholisches Lächeln die Mundwinkel der Frau.

»Ach? Was ist denn so interessant daran, Herr Zahn? Die Polizei hat auch schon einen Blick daraufgeworfen. Es sind ganz normale Schuhe. Laufschuhe eben.«

»Mörderschuhe«, dachte Tarzan, »vielleicht sind es auch Mörderschuhe.«

»Ich zeige sie Ihnen natürlich gerne, wenn das für Sie wichtig ist. Wenn Sie mir bitte folgen wollen«, sie erhob sich geschmeidig und ging voraus. Tarzan erhielt einen diskreten Knuff von Solo, als er die Augen nicht von Karin Begsteins wohlgeformtem Hintern lassen konnte, der sich deutlich unter der dünnen weißen Hose abzeichnete. Am Ende eines auf einer Seite verglasten Flurs, der den Blick auf eine Schwimmhalle mit angrenzendem Fitness- und Saunabereich erlaubte, öffnete die Begstein eine Feuerschutztür, die in die Garage führte. Wagenhalle wäre wohl eine treffendere Bezeichnung gewesen. Ein Mercedes Sportwagen, ein VW-Golf und etwas Flaches, Breites, Schnittiges unter einer Plane standen nebeneinander in der mit polierten Fliesen ausgelegten, klinisch sauberen Garage. Ein Platz war noch frei.

»Ist er ... ist Ihr Mann mit dem Wagen weg?«, fragte Solo unsicher.

Die Begstein nickte. »Ein silberner Mercedes 500. Die Limousine. Er ist gepanzert. Der Sender möchte das so haben. Es ist ein Dienstwagen und normalerweise gehört auch ein Fahrer dazu. Aber Ilja hasst es, chauffiert zu werden. Er fährt meistens selbst. Hier sind seine Laufschuhe.« Sie öffnete die Türen eines herrlich bemalten Bauernschrankes. Im Inneren hingen an speziellen Haken etwa zwei Dutzend Laufschuhe. Die meisten waren von Asics, aber auch Brooks und Adidas erkannte Tarzans fachmännisches Auge. Keine Taifun 300 ... Einige Haken waren leer. Karin Begstein bemerkte Tarzans Blick und sagte: »Die stehen noch auf der Terrasse. Er hat sie kürzlich erst benutzt.« Sie traten durch eine gesicherte Tür in den Garten. Auf einer kleinen Holzbank standen drei Laufschuhpaare. Wieder keine Taifun ... Solo wirkte erleichtert.

Als sie wieder an der Schwimmhalle vorbeikamen, erregte etwas darin Tarzans Aufmerksamkeit. »Darf ich mir das einmal ansehen?«, fragte er und deutete in Richtung Fitnessbereich, wo sich ein großes Laufband und ein Fahrradergometer befanden.

»Natürlich ...« Befremdet hochgezogene Augenbrauen. Sie betraten die Schwimmhalle. Ein kaum merklicher Chlorgeruch und das Aroma von Saunaaufguss schwebten im Raum. Irgendwo rauschte ein Lüfter. Tarzan steuerte zielstrebig auf die Wand hinter den Sportgeräten zu, an der zahlreiche gerahmte Bilder hingen. Es waren allesamt so genannte »Finisher-Fotos«, wie sie am Ziel von Marathonläufen oft gemacht werden. Auf allen war Ilja Robun zu sehen: mal mit hochgereckten Armen, mal mit Siegeszeichen und immer mit breitem Lächeln im Gesicht. Ein Bilderbuchläufer: muskulöse Beine, schmale Taille, eindrucksvolle Oberkörpermuskulatur. Die 25-kg-Kurzhanteln auf der stählernen Ablage schienen mehr als nur Dekoration zu sein. Die Bilder reichten mehrere Jahre zurück, wie Tarzan den aufgedruckten Daten leicht entnehmen konnte: New York 1986, Berlin 1987, Hawaii 1988, Boston 1989. Fasziniert betrachtete Tarzan eines der Fotos: Ilja Robun trug kurze Sprintershorts, ein Trägerhemd mit dem Logo einer Kinderhilfsorganisation und leuchtend gelbe Schuhe. Kein Hersteller hatte solche Schuhe auf dem Markt. Keiner außer der japanischen Taifun-Sports-Equipment Ltd.

* * *

Zur selben Zeit im Polizeipräsidium in der Heidelberger Römerstraße: Im Sitzungszimmer herrschte drangvolle Enge. Die Ermittler der SOKO Bergstraße trafen sich zur täglichen Besprechung. Elke Lukassow hatte das Wort. Sie zählte die Ergebnisse der bisherigen Ermittlungen auf und empfahl, die Fahndung nach Ilja Robun unter dem Aspekt des mehrfachen Mordverdachts zu verschärfen.

Radmacher, ein Kollege von der Weinheimer Dienststelle, widersprach: »Ich glaube nicht an einen Serienmörder. Der Modus Operandi bei den drei Taten ist grundverschieden. Erich Solomon wurde auf klassische Weise durch Kopfschuss getötet, Dieter Seebna auf die etwas ausgefallenere Art mithilfe eines Backofens und Hanns-Gert Kutschnik durch den Sturz in den Luftschacht.«

Gemurmel entstand. Erst unmittelbar vor der Zusammenkunft hatte die Gerichtsmedizin bestätigt, dass Kutschnik noch am Leben gewesen war, als er in den Schacht fiel.

Elke Lukassow ließ sich nicht so leicht den Wind aus den Segeln nehmen: »Verschiedene Tötungsarten schließen eine Mordserie nicht zwangsläufig aus, werter Kollege. Ich gebe zu bedenken, dass die zeitliche Dichte sowie die Beziehung der Opfer zueinander schwerer wiegen als die angewandten Mordtechniken.« Das Gemurmel hörte sich nach Zustimmung an. Zu unrealistisch war die Annahme, dass drei verschiedene Mörder innerhalb weniger Tage eine ganze Clique miteinander befreundeter Männer tötete.

Die leise, aber wohlmodulierte Stimme von Kriminalrat Dr. Hassinger ließ das Gemurmel verebben: »Kommen wir zum Motiv, liebe Kolleginnen und Kollegen. Halten Sie sich nicht zurück. Lassen Sie Ihren Vermutungen freien Lauf. Wir sollten in alle Richtungen offen sein.«

»Robun!«, sagte die Lukassow bestimmt, »Ilja Robun ist der Betuchteste der Gruppe. Ein Medienstar. Millionär mit Häusern in Caracas, Berlin und Mannheim. Wenn die *Glorreichen Fünf* vielleicht eher zu einem dreckigen Dutzend gehörten, dann steht bei Robun am meisten auf dem Spiel.« Dr. Hassinger bat um Ruhe, da die Meinung der Kommissarin den Geräuschpegel wieder ansteigen ließ.

»Meine Damen und Herren«, er machte eine bedeutungsvolle Pause, »dies ist natürlich auch ein Aspekt. Aber bedenken Sie, dass sämtliche Opfer, sowie der verschwundene Ilja Robun, allesamt unbescholtene Bürger sind beziehungsweise waren. Menschen, die ihren Platz in der Gesellschaft gefunden haben. Menschen, die kulturelles und soziales Engagement gezeigt haben oder wie im Falle des Lkw-Fahrers Dieter Seebna, ein völlig unauffälliges Leben geführt haben. Herr Seebna hatte noch nicht einmal Punkte in Flensburg.«

»Ich habe drei, bin ich jetzt ein Serienmörder?«, fragte Thomas Bragge, ein junger Kriminalassistent mit Schnurrbart, was allgemeine Heiterkeit auslöste. Es äußerten sich noch verschiedene Stimmen, jedoch man kam zu keinem verwertbaren Ergebnis. Niemand hatte Anhaltspunkte für ein mögliches Motiv. Der Kriminalrat beauftragte eine Ermittlungsgruppe mit Recherchen zur Vergangenheit der *Glorreichen Fünf*. Die meisten SOKO-Mitarbeiter neigten dazu, Elke Lukassows Sichtweise zu teilen. Man hatte außer Fußspuren, die natürlich auch von einem völlig Unbeteiligten stammen konnten, und dem vagen Hinweis auf einen kleinen Täter so gut wie nichts in der Hand. Das Wenige, das man hatte, deutete auf Ilja Robun. Als Täter, nicht als weiteres Opfer.

5

Solo schlug mit der flachen Hand auf den Esstisch. »Dass Robun diese Taifun-Dinger hat, beweist überhaupt nichts!«

»Beweisen vielleicht nicht. Aber passen würde es schon«, sagte Tarzan vorsichtig, um keinen Wutanfall seiner Partnerin zu provozieren.

»Bestimmt hat die Hälfte aller Marathonläufer solche Treter im Schrank.«

»Glaub ich nicht. Das sind reinrassige Rennschuhe. Damit wären neunzig Prozent aller Läufer nicht glücklich.«

»Und? Zehn Prozent aller Läufer sind ganz schön viele Mörder«, antwortete Solo beharrlich.

»Man sagt, dass die einfachste und leichteste Erklärung bei Verbrechensermittlungen fast immer die richtige ist.«

»Wer sagt das?«

»Jacques Berndorf.«

»Der mit den Eifel-Krimis?«

»Genau der. Der erfolgreichste Krimiautor Deutschlands. Der kennt sich aus.«

»Ein Schreiberling!«

»Ja, aber ein guter!«

»Robun war es nicht!« Wütend klatschte sich Solo eine Kelle

Gartensuppe auf den Teller und zerteilte mit dem Löffel einen Kartoffelpfannkuchen darin. Die Suppe hatte sie selbst gekocht. Aus der Dose. Die Pfannkuchen hatte Tarzan beigesteuert. Zwei Finger an der linken Hand krönten weiße Häubchen aus Leukoplast. Sie aßen schweigend. Danach räumten sie gemeinsam den Tisch ab. Tarzan setzte sich auf die »Terrasse«, einen geräumigen Platz auf dem Achterdeck, und zündete sich eine knubbelige Bristol an, eine Hängerpfeife, die ihm das betuliche Aussehen eines Dorfschullehrers verlieh. Solo lehnte an der Reling und schaute einem roten Milan nach, der in der Abendsonne kreiste. Es war ein Abend wie im Frühsommer. Der April zeigte sich heute von seiner ruhigen Seite. Sogar Manni vom Fährhaus hatte bereits zwei Tische auf der Terrasse stehen. Die Nacht würde wieder frisch werden, zumal hier am Wasser.

»Wenn du recht hast, dann ist Robun auch tot«, sagte Tarzan und blies Rauchringe.

»Dann wären die *Glorreichen Fünf* Vergangenheit«, nur ein kurzes Zucken um den Mund verriet die Emotionen, die Solo überkamen, wenn sie an ihren Vater dachte. Tarzan sagte nichts darauf, wartete auf die Fortsetzung.

»Sag mir einen Grund, warum jemand eine Clique alter Schulkameraden ausrotten sollte? Nur einen! Wer hat da was davon? Wem nützt der Tod dieser Männer?«

»Vielleicht hat Mellard deinem Vater die Spedition abgepresst und ihn dann ermordet ...« Tarzan erkannte sofort, dass dies Unsinn war. Mellard war von der Polizei bereits vernommen worden und es erklärte nicht den Mord an Seebna, Kutschnik und an Robun. Robun und Kutschnik hatten mit der Firma das Alten absolut nichts zu tun und Seebna war ein Fahrer. Ein kleines Licht, nichts weiter. Mellard hatte auf der Beerdigung sogar eine kurze Rede gehalten. Hatte Solo sein Beileid ausgesprochen, was zwar nichts zu bedeuten hätte, wäre er tatsächlich ein kaltblütiger Mörder, aber Solos Menschenkenntnis reichte aus, um die ehrliche Bestürzung und das Entsetzen in den Augen Mellards zu erkennen. Mellard mochte ein brutaler, knochenharter Geschäftsmann sein. Ein Mörder war er mit Sicherheit nicht.

Tarzan zündete seine Pfeife wieder an, paffte wie eine Dampflokomotive und sah Solo nachdenklich an: »Perverse Mörder morden aus Lust am Töten. Dass hier einer nach dem anderen umgebracht wurde, deutet auf einen Plan hin. Es muss ein Motiv geben. Der Mörder hat gezielt zugeschlagen. Der hatte einen Grund dafür und dieser Grund liegt in der Vergangenheit der *Glorreichen Fünf.* Dort sollten wir einmal nachsehen.«

»Ich muss sowieso noch einmal in Vaters Wohnung in Weinheim. Ich schiebe das schon viel zu lange vor mir her.« Solo schlang plötzlich die Arme um ihren Körper und schaute Tarzan aus großen, feuchten Augen an. Der legte die Pfeife weg, die wieder ausgegangen war, erhob sich und nahm sie in die Arme. Erich Solomons Wohnung stand zum Verkauf. Der Makler hatte schon mehrmals angerufen und wollte wissen, wann er mit Interessenten kommen könnte. Solo hatte ihn ein ums andere Mal vertröstet. Doch irgendwann musste sie es tun. Musste die persönlichen Dinge ihres Vaters sichten, die Einrichtung verkaufen und behalten, was für sie wichtig war. Lange standen sie eng umschlungen an der Reling der *Lady Jane.* Die Sonne versank hinter den Silberpappeln des Auwaldes, in deren Kronen sich Scharen von Krähen für die Nacht versammelten.

* * *

Das Ledersofa war weg. Der Parkettboden glänzte unschuldig. Die Reinigungsfirma, die Solo auf Empfehlung von Elke Lukassow beauftragt hatte, war spezialisiert auf heikle Aufträge. Solo hatte sich niemals gefragt, wer nach schweren Verbrechen oder Unfällen sauber machte, hatte immer gedacht, die Angehörigen würden das tun. Aber rührige Unternehmer hatten auch diese Marktlücke bereits gefüllt. Erich Solomon hatte in seiner Wohnung ein kleines privates Arbeitszimmer. Es war im Stil eines ehrwürdigen Kontors um die Jahrhundertwende eingerichtet, mit schweren Ledersesseln, einem durch die Jahre fast schwarz gewordenen Eichenschreibtisch und einem nach heutigem Empfinden unbequem anmutenden, hölzernen ungepolsterten Schreibtischstuhl mit geschwungenen Armlehnen, die von Generationen ärmelschonertragender Buchhalter auf Hochglanz poliert worden waren. »Man muss unbequem sitzen«, hatte der Alte immer gesagt, »dann erledigt man die Arbeit rasch und ökonomisch!« Nicht einmal einen Computer gab es hier. Wehmütig strich Solo über die lederne Schreibunterlage, knipste die Messingtischlampe an und zog die schweren, dunkelgrünen Vorhänge auf. Tarzan, der vor dem Wandsafe mit ca. 25 Schlüsseln kämpfte, die Solo von der Polizei ausgehändigt bekommen hatte, stieß ein erleichtertes »na also« aus, als er endlich den Tresorschlüssel identifiziert hatte. Es war ein altmodischer Doppelbartschlüssel, der allerdings noch mehrere Geschwister hatte, die zu den verschiedenen Wertfächern in der Wohnung gehörten und die sich Tarzan eines nach dem anderen vornahm. Dies hier war das dritte. Erich Solomon war ein vorsichtiger Mann gewesen. Tarzan entnahm dem Safe mehrere Aktenordner und einen dicken Umschlag. Sämtliches Bargeld, das die Spurensicherung gefunden hatte, war sorgfältig nach Fundort und Wert katalogisiert und Solo bereits ausgehändigt worden. Die Akten waren alles Verträge älteren Datums, die Tarzan achtlos beiseite legte. Solo hob die Schreibunterlage hoch, fand darunter aber nichts. Der Alte war nicht nur vorsichtig, sondern auch ein Ordnungsfanatiker gewesen. Der Schreibtisch enthielt jede Menge Schriftstücke, Rechnungen und Korrespondenz, aber nichts, was irgendwie ungewöhnlich oder gar geheimnisvoll wirkte.

»Wenn man wenigstens wüsste, nach was man sucht«, seufzte Solo und lehnte sich frustriert zurück.

Tarzan setzte sich in den riesigen Ohrensessel neben dem kleinen Lesetisch, knipste die altmodische Schirmlampe an und ließ den Inhalt des Kuverts auf die polierte Tischplatte fallen. Etwa zwei Dutzend Bilder lagen vor ihm: Farbfotos in unterschiedlichen Formaten. Auf den ersten Blick wirkten sie wie Urlaubsfotos. Offensichtliche Knipsbildchen, wie man sie gerne als Erinnerung auf Reisen macht. Auf allen schauten Menschen mit typischem Fotografiergesicht mehr oder weniger entspannt in die Kamera. Einzeln, zu zweit oder in unterschiedlich großen Gruppen. Manche waren erkennbar Westeuropäer, die meisten aber wirkten eher südländisch, orientalisch, auf jeden Fall aber fremdartig. Der Hintergrund wechselte. Mal wiegten sich Palmen im Wind, mal erkannte man unscharf kubusförmige, weiße Häuser mit Wassertanks auf den Dächern. Auf einem der Bilder war ein Lkw mit Containerauflieger zu sehen, der offensichtlich zum Fuhrpark der SOLOTRANS gehörte.

Tarzan beugte sich vor und hielt das Bild in den Lichtkreis der Lampe. Vor dem Lastzug posierte ein schlanker Mann im hellen Leinenanzug neben einem unförmig fetten Kerl mit Schirmmütze und schwarzem Kinnbart. Der Dicke trug kurze Hosen, aus denen die mächtigen Unterschenkel wie Baumstämme hervorragten.

»Schau dir das mal an«, sagte Tarzan und wedelte mit dem Foto. Solo erhob sich und setzte sich auf die Lehne des Sessels.

»Robun und der dicke Stalleff irgendwo im Orient«, erklärte Tarzan. Solo verzog das Gesicht. »Der Alte hat nie Nahost-Touren gemacht. Das ist in Nordafrika, in Marokko. Dahin haben wir früher für die Textilindustrie viele Fahrten gemacht. Was ist das denn für eine Zugmaschine? Ein prähistorischer Benz! 1632er. Mann, das Foto ist mindestens 20 Jahre alt. Der Robun sieht aus wie ein Konfirmand. Da hatte die SOLOTRANS gerade mal vier Züge am Laufen.« Sie blätterte den Stapel Bilder durch. »Was sind das für Leute auf den Bildern? Die sehen richtig glücklich aus. Wie Urlauber ... und hier: Dieter Seebna mit langen Haaren wie ein Hippie und mit Robun Arm in Arm. Irgendein Hafengebiet. Im Hintergrund ist ein Kran zu sehen ...«

Tarzan drehte eines der Bilder um. »Schau hier, ein Datumsaufdruck: 22. Juli 1969.«

»Mann, da war ich grad mal zwei!«, staunte Solo.

»Jung und knackig ...«, frotzelte Tarzan und fing sich eine zärtliche Ohrfeige ein.

»Und du hattest deine Haare noch auf dem Kopf statt auf dem Rücken!«, biss Solo schlagfertig zurück.

Tarzan schob die Bilder wieder in den Umschlag. »Ganz normale Fotos. Nix Aufregendes«, sagte er resigniert. Doch dann bemerkte er Solos Blick und verstand: »Warum zum Teufel bewahrt der Alte solche Erinnerungsbildchen in einem feuer- und einbruchssicheren Tresor auf?«

Sie verbrachten noch fast zwei Stunden in der Wohnung des Alten. Solo erstellte eine Inventarliste. Nur den Schreibtisch, einen antiken Sekretär und den Ohrensessel wollte sie behalten. Den Sessel, in dem sie schon als Kind Pixibücher durchgeblättert hatte.

Am Weinheimer Marktplatz gönnten sie sich ein spätes Mittagessen in einer kleinen Pizzeria. Danach bestellten sie noch zwei Cappuccinos und Tarzan holte nochmals die Bilder hervor, um sie eingehend zu studieren.

»Ob die Bullen damit etwas anfangen können?«, fragte er ratlos.

Solo schüttelte den Kopf. »Nicht die Polizei. Jetzt noch nicht. Ich möchte noch ein wenig herumschnüffeln, ohne dass die Lukassow mich an die Kette nimmt. Ich weiß nicht viel über das Speditionsgeschäft damals. Kurze Zeit später hat sich der Alte ganz aus dem Afrika-Geschäft zurückgezogen. Ich habe keine Ahnung, was wir alles herausfinden werden, aber ich befürchte, dass es zum Teil recht unerfreulich sein wird. Es war mein Vater, der umgebracht wurde. Das geht zuallererst einmal mich persönlich etwas an!«

Solos Augen blitzten, die Hände lagen zu Fäusten geballt auf dem Tisch und das Kinn war angriffslustig vorgereckt. Tarzan wusste nicht, ob er über diese Entwicklung nun Freude oder Angst empfinden sollte. Er entschloss sich für Ersteres. Solo war wieder da. Die alte Solo. Die Kämpferin, die gerne alles alleine machte und dabei mögliche Hindernisse am liebsten mit den 400 PS ihres Scania aus dem Wege räumen würde.

Mit ruhiger, aber entschlossener Stimme fuhr sie fort: »Ich werde mit Alois Kopp sprechen, Papas Mädchen für alles. Ich zeige ihm die Bilder und werde mir anhören, was ihm dazu alles einfällt. Du hast schon recht: Niemand versteckt harmlose Fotos in einem Wandsafe.«

»Angenommen, die Bilder wären in irgendeiner Weise gefährlich, warum hat er sie nicht einfach vernichtet?«

»Weil sie ihm etwas bedeutet haben. Papa konnte in manchen Dingen richtig sentimental sein. Wenn ich mit Kopp gesprochen habe, werde ich mich noch unter den Fahrern ein wenig umhören. Es sind noch genug alte Kutscher von damals dabei.«

Tarzan schaute Solo ungläubig an: »Du willst in die Spedition? Zu Mellard?«

Solo lächelte freudlos. »Nein, ich geh zu Tonis Imbissbude. Da sitzen sie immer noch auf ein Bier nach Feierabend.«

»Ich komme mit!« Die Aussicht auf ein Bierchen in kollegialer Runde erhellte Tarzans Miene.

»Du bleibst schön zu Hause, hängst dich ans Telefon und rufst beim Fernsehen an. Bei der ARD. Dort war Robun damals beschäftigt. Versuch herauszubekommen, wo er in den Sechzigern eingesetzt war. Zahlen, bitte!«

Das war das Signal für den jungen Kellner, an ihren Tisch zu kommen, und für Tarzan, seine Geldbörse zu zücken. Tarzan zuckte die Schultern. Solo war wieder da. Das hieß für ihn in erster Linie: keine Widerrede, vorerst jedenfalls nicht.

Gleich nach ihrer Ankunft auf der *Lady Jane* schnappte sich Solo die Schlüssel für den Scania.

»Gehst du jetzt schon zu Toni?«, fragte Tarzan, denn es war erst kurz nach vierzehn Uhr.

»Ich fahre vorher noch beim Container-Terminal in Mannheim vorbei. Die wollen meine Zugmaschine sehen«, sagte Solo kurz.

Tarzans Gesicht war ein einziges Fragezeichen: »Wieso wollen die denn deine Zugma ...«, dann dämmerte es ihm. »Du willst bei denen anfangen? Als Container-Trucker?«

»Truckerin, mein Lieber. Der kleine Unterschied dürfte dir mittlerweile wohl aufgefallen sein«, sagte sie schnippisch und fügte noch hinzu: »Eine muss ja wohl die Brötchen verdienen, oder? Für dich fällt mir auch noch was ein, keine Angst!«

Kopfschüttelnd stand Tarzan an der Reling und schaute seiner LAG nach, wie sie mit durchdrehenden Rädern den Ford Bronco wendete, um damit zum Stellplatz des Lasters zu fahren. Er hatte eigentlich vorgehabt, erst einmal eine schöpferische Pause einzulegen. Immerhin hatten sie ja nun etwas Kleingeld zur Verfügung, dank der Lebensversicherung des Alten. Er zuckte die Schultern, ging in die Küche und mixte sich einen Cocktail aus Eiweißpulver, Traubenzucker und Kakao. Das Telefon konnte warten. Das Wetter war gut. Er würde jetzt erst einmal einen lockeren 90-Minuten-

Lauf in Richtung Mannheim machen. Immer am Hauptdeich entlang, bis hinter die Kläranlage und wieder retour. Dann würde die fettige Pizza wohl nicht den Weg in seinen Hüftspeck finden. Vorher ging er aber noch an Solos Nachttisch, in dessen oberer Schublade neben Socken und Schlüpfern auch ihr »geheimer« Vorrat an Schokolade schlummerte. Energie braucht der Läufer ...

Tarzan genoss diese Läufe abseits der ausgeschilderten Joggingstrecke im Lampertheimer Wald. Hier war er meistens alleine, trottete vor sich hin und ließ seinen Gedanken freien Lauf. Der Mai stand vor der Tür und der bisher eher kalte und regnerische April schien ein schlechtes Gewissen zu bekommen, denn der Freitagnachmittag war recht warm. Am Himmel zogen harmlose weiße Blumenkohlwolken in Richtung Odenwald und der Schornstein der Papierfabrik in Mannheim-Sandhofen schien sich mit seiner weißen Dampffahne an deren Entstehung zu beteiligen. Tarzan hatte diesmal keinen Blick für das junge Grün auf den Feldern, den Bussard hoch über ihm oder den verschreckten Feldhasen, der ihn aus sicherer Entfernung beäugte. Er sah immer noch die Bilder vor sich: Etwas irritierte ihn daran. Zum einen waren es ganz normale Fotos, wie Fernfahrer sie ab und zu an besonders attraktiven Orten machten. Zum anderen zeigten sie Gruppen von Menschen, die irgendwie aussahen und posierten, als gehörten sie zu ein und derselben Familie oder Sippe. Nach fünf Kilometern hatte er im Kopf den Bilderstapel komplett durchgesehen und nach weiteren drei war er überzeugt, etwas übersehen zu haben. Er befand sich nun auf dem Rheinhauptdamm, auf Mannheimer Gemarkung. Rechts von ihm rauschten riesige Pappeln im Wind, dahinter glitzerte der Rhein. Das angestrengte Motorengeräusch eines flussaufwärts fahrenden Kohlefrachters wehte herüber. Nachschub für das GKM, das Großkraftwerk-Mannheim, draußen in Neckarau. Eine Bilderbuchansicht. Ganz im Gegensatz dazu die Silhouette der Kläranlage auf der linken Seite mit ihren gedrungenen Faultürmen, die Tarzan stets an fette Marktfrauen beim Tratschen erinnerte. Der Weg führte nun weg von der Dammkrone und entlang dem Maschendrahtzaun der Kläranlage. Noch wenige Hundert Meter, dann würde Tarzan umdrehen und wieder zurücklaufen. Bilder aus Marokko ... Tarzan war noch nie in Marokko gewesen. Er dachte, es wäre wohl so was Ähnliches wie Tunesien. In Tunesien hatte er seinen ersten Urlaub ohne seine Eltern verbracht. Mit einem Schulfreund in einem drittklassigen Hotel. »Mann, was waren wir damals für Kerle«, dachte Tarzan belustigt. »Zwei Cocktails und wir waren zu und dicht!« Das verbindende gemeinsame Kotzen nach dem »Genuss« der ersten Wasserpfeife, das unerfüllt gebliebene Schwärmen für die beiden kleinen Französinnen aus dem Nachbarhotel, die verwackelten Schnappschüsse vor den Souks von Hammamet, vor der Moschee, vor dem Hoteleingang und auf dem Flughafen beim Besteigen der klapprigen 727.

Tarzan blieb stehen. Plötzlich und als sei er vor eine Wand gelaufen. Er wusste auf einmal, was ihn die ganze Zeit an den Fotos aus Marokko gestört hatte: Es mochten zwar Erinnerungsfotos sein, aber etwas fehlte darauf: markante Bezugspunkte zum Aufnahmeort. Auf den Bildern waren nur Menschen drauf.

Als Hintergrund das Führerhaus des Lasters, ein ferner Hafenkran oder ein paar staubige, zerrupfte Palmen. Dass sie in Marokko aufgenommen wurden, hatte Solo von früher noch gemutmaßt, ansonsten war die Kulisse beliebig austauschbar. Irgendwo im Süden. Spanien, Griechenland, Syrien, Jugoslawien.

Seufzend fiel Tarzan wieder in seinen langsamen Trab. Jetzt gab es also noch eine weitere Frage zu beantworten: Warum bewahrte Erich Solomon solche Bildchen in seinem Safe auf und warum waren sie überhaupt gemacht worden? Er ahnte, dass es mit den abgebildeten Personen zusammenhängen musste. Aber dafür brauchte man nun wirklich kein Kriminalist zu sein. Als er, frisch geduscht und einen weiteren »geheimen« Riegel Schokolade futternd, wieder das Wohndeck der *Lady Jane* betrat, ließ er sich auf das Sofa fallen, angelte sich das Telefon und wählte die Nummer der Auskunft.

* * *

»Die Marokko-Connection!« Solo warf ihre Lederjacke auf den Sessel und setzte sich Tarzan gegenüber. »Die alten Fuhrknechte nannten sie damals nur die Marokko-Connection. Alois habe ich nicht sprechen können, der ist bei seiner Tochter in Ulm.«

»Wen nannten sie so?« Tarzan tat sich wie immer schwer, den Gedankengängen seiner Partnerin zu folgen. Solo war gleich mit dem Scania bis zur *Lady Jane* gefahren. Das Zischen der Druckluftbremse vertrieb Tarzan gerade noch rechtzeitig aus dem Schlafzimmer. Solos Schokoladenvorrat litt an Schwindsucht.

»Wen! Die *Glorreichen Fünf* natürlich! Die haben das komplette Marokkogeschäft alleine durchgezogen. Da durfte kein anderer ran. Das hat damals viel Stunk unter den Fahrern gegeben. Die sind mit zwei Sattelzügen im Begegnungsverkehr da runter. Oben in La Junquera, an der französisch-spanischen Grenze, wurden die Auflieger getauscht. Die Tachoscheiben auch ...« Solo zog sich bedeutungsvoll mit dem Zeigefinger das linke untere Augenlid herab. »Angeblich hatte der Robun, den man damals noch mit Robunowskij ansprechen durfte, glänzende Beziehungen. Der war nämlich Auslandskorrespondent der ARD in Casablanca. Der Alte hätte richtig fett Kohle gescheffelt.«

Tarzan schüttelte den Kopf. Er war zwar erst wenige Jahre bei SOLOTRANS gewesen, aber dass einer im Nordafrika-Geschäft »fette Kohle« scheffeln konnte, war ihm neu. Selbst wenn man davon ausging, dass in den späten Sechzigern noch fast alles Gold war, was glänzte.

»Der dickste Hund kommt aber erst noch: Von einem Tag auf den anderen haben die damit aufgehört. Einfach so. Praktisch über Nacht.« Solo breitete die Arme aus und blickte Tarzan mit einer Mischung aus Verwunderung und Nichtverstehen an.

»Wann genau war das?« Jetzt kam Tarzans Augenblick!

»August 1970. Den genauen Tag kann ich dir nicht sagen.«

»Dann pass mal gut auf.« Es fehlte jetzt nur noch der berühmte Zylinder, aus dem Tarzan weiße Tauben oder Karnickel zauberte. »Das mit Casablanca haben die mir beim Sender bestätigt. August 1970 ist exakt der Monat, in dem unser Freund Robun bei der ARD um Vertragsauflösung bat und wieder nach Deutschland zurückkehrte. Und weil ich schon beim Telefonieren war, habe ich gleich noch beim Kutscher-Verlag angerufen, mich als Wirtschaftsjournalist ausgegeben und nach den Gründungsdaten der Firma gefragt.

Rate mal, wann Hanns-Gert Kutschnik seinen neuen Laden aufgemacht hat?«

»August 1970.«

»Schlaues Mädchen. Du hast 100 Punkte und gewinnst einen ergonomisch geformten Schneebesen im Wert von DM 1,95!«

Solo legte beide Hände flach auf die Tischplatte. »Was wissen wir?« Tarzan holte schon Luft, doch Solo beantwortete die Frage gleich selbst: »Die *Glorreichen Fünf* betrieben ein äußerst lukratives Nordafrika-Geschäft, welches über mehrere Jahre gelaufen ist und plötzlich Knall auf Fall beendet wurde. Gleichzeitig beginnen die drei Hauptakteure ein neues Leben ...«

»Moment mal«, warf Tarzan ein, »dein Vater ist nach wie vor Spediteur gewesen ...«

»Spediteur und Spediteur sind zwei Paar Pantoffeln, lieber Held des Dschungels. Als Papas Firma noch Solomon Transporte und Lagerung hieß, war das ein Klitschenladen mit vier Zügen und einem klapprigen Siebeneinhalbtonner. Da ist der Alte sogar noch ab und zu selbst gefahren. Dann hat er die SOLOTRANS gegründet, deren Glanz und Gloria du ja bis zu unserem Rückzug selbst erleben durftest.«

»Lass mich raten, die SOLOTRANS wurde im August 1970 gegründet.«

Solo nickte befriedigt. »Du gewinnst einen Salzstreuer aus Titan mit 23 Löchern!«

»Hört sich so an, als hätten die in Afrika den Stein der Weisen gefunden«, sinnierte Tarzan.

»Jedenfalls haben die sich in wenigen Jahren ganz gewaltig gesundgestoßen. Der Stalleff und der Seebna haben auch was abgekriegt. Seebna hat 1970 sein Haus bezahlt, das er vorher auf dreißig Jahre finanziert hatte, und Stalleff hat sich mit einem nagelneuen Lastzug selbstständig gemacht. So'n Chrombolzen mit allem Schnickschnack dran. Ist aber nach drei Jahren völlig bankrott wieder angekrochen gekommen.«

»Du hättest eine gute Polizistin abgegeben«, sagte Tarzan anerkennend.

»Danke, aber für den Job muss man wohl aussehen wie ein Rottweiler.«

Tarzan rieb sich die Nase. »Wenn du mich fragst, dann haben die da unten irgendein gewaltig dickes Ding gedreht und der Robun mit seiner Bilderbuchkarriere hat Angst bekommen, dass es nach so vielen Jahren auffliegt. Vielleicht ist er ja auch von einem erpresst worden.« »Von Papa?« Solos Blick ließ den Beginn des dritten Weltkrieges befürchten. Tarzan wand sich: »So hab ich das nicht gemeint, aber passen würde es schon ...« »Nicht Robun. Jeder andere, aber nicht der.« Aus Solos Stimme war jeder Zorn gewichen. Sie ließ den Kopf hängen und grübelte angestrengt. »Je mehr wir herausfinden, desto weniger scheinen wir zu wissen«, brachte Tarzan es auf den Punkt.

* * *

»Kaffee?« Elke Lukassow hatte ihren sozialen Tag. Solo und Tarzan nickten im Gleichklang. Draußen vor den halbblinden Scheiben des Dienstzimmers rauschte ein kalter Regenschauer in den Hof des Polizeipräsidiums Heidelberg und strafte die Mär von der wärmsten Stadt Deutschlands Lügen.

»Milch ist in der Tüte, Zucker gibt's nicht«, die Kommissarin zog die unterste Lade eines Metallschrankes auf und entnahm ihm zwei Keramiktassen, die sie ihren Besuchern hinstellte. Auf der einen stand »Ich bin der Boss!«, auf der anderen war Werbung für ein Blutzucker senkendes Medikament aufgedruckt. Solo nahm sich die »Boss«-Tasse und schenkte Tarzan ein süffisantes Lächeln.

»Dann erzählen Sie mal ...« Die Lukassow lehnte sich auf dem bedenklich knarrenden Stuhl zurück und faltete die Hände, so gut es bei ihren kurzen dicken Fingern eben ging.

Solo schaute Tarzan an, der deutete auf ihre Kaffeetasse und sagte nur: »Du bist der Boss!«.

Solo legte die Fotos aus der Wohnung auf den Schreibtisch und erzählte, was sie herausgefunden hatten, was sie vermuteten und was sie befürchteten. Die Lukassow hörte schweigend zu, kratzte sich ab und zu am Kinn und nickte hin und wieder. Solo schloss ihren Monolog mit den Worten: »Wir sind davon überzeugt, dass die

Mordfälle mit den Menschen auf den Fotos zusammenhängen.

Wir glauben weiterhin, dass auch Ilja Robun zu den Opfern zählt. Er würde niemals einen Menschen töten.«

Während Solo sprach, hatte die Kommissarin jedes einzelne der Bilder genauestens betrachtet. Nun schob sie die Aufnahmen wieder in das Kuvert und legte es in einen Ablagekorb auf der linken Seite des Tisches. »Die behalte ich. Sie erhalten Abzüge davon, wenn Sie Wert darauf legen. Das sind viele interessante Dinge, die Sie mir da erzählen. Ich bin Ihnen natürlich sehr dankbar für die Unterstützung. Wir können wirklich jeden Hinweis gebrauchen. Aber ich muss Sie nochmals dringend davor warnen, Ihre eigene kleine Ermittlungsgruppe aufzumachen. Das ist Sache der Polizei. Im Übrigen ist es überhaupt nicht erwiesen, dass es ein Einzeltäter war. Es können völlig unabhängige, lediglich zufällig zeitnahe Verbrechen sein und es kann sich um zwei oder mehrere Täter handeln. Allerdings tendieren wir hier auch in Richtung Einzeltäter. Der gesunde Menschenverstand macht auch vor der Kripo nicht halt. Wir haben bereits eine Ermittlungsgruppe mit Nachforschungen wegen der Schuhe betraut. Es gibt allerdings mehr davon, als man gemeinhin annimmt. Auch diese ›Marokko-Connection‹ werden wir wohl genauer untersuchen.« Damit erhob sie sich. Das Gespräch war beendet.

Solo und Tarzan waren schon halb auf dem Gang, als die Lukassow sie noch einmal zurückhielt: »Wenn wir schon beim Bildergucken sind: Ich habe auch eins, das ich Ihnen gerne zeigen möchte ...« Sie wedelte mit einem großformatigen Abzug eines Blitzlichtfotos. Ein Auto war darauf zu sehen. Ein großes.

»Ein 500er Mercedes. Die Kollegen aus Frankfurt haben ihn im Flughafenparkhaus gefunden. Er steht dort bereits seit über einer Woche. Fahrzeughalter ist die TV2000-Gruppe. Das ist der Dienstwagen von Ilja Robun. Ordnungsgemäß abgeschlossen. Fingerabdrücke, soweit wir welche fanden, sind alle von ihm. Robun lag auch nicht tot im Kofferraum.« Den letzten Satz sagte sie mit einem schiefen Grinsen. Solo verstand. Die Polizei suchte Ilja Robun nicht länger als Zeugen. Der TV-Star galt nunmehr als Hauptverdächtiger in drei Mordfällen.

Als Solo den schweren Geländewagen durch die Friedrich-Ebert-Anlage in Richtung Hauptbahnhof steuerte, ergriff Tarzan als Erster das Wort: »Deine Zierde der Menschheit wird als Mörder gesucht.«

Solo schlug zornig auf das Lenkrad. »Ich kann das einfach nicht glauben. Diese fürchterlichen Morde. An Menschen, die er seit seiner Jugend kannte. Das passt nicht zu einem Menschen wie Robun. Es muss einen anderen Mörder geben. Einen Fremden, einen, der einen gewaltigen Dachschaden hat!«

»Oder ein plausibles Motiv ...«, wandte Tarzan ein.

»Was wäre denn deiner Meinung nach ein plausibles Motiv, die *Glorreichen Fünf* umzubringen?«

»Das habe ich dir schon gesagt ...«

Anstatt darauf eine Antwort zu geben, drängte Solo einen empört hupenden Opel-Rekord zur Seite und brauste in der nicht messbaren Zeitspanne zwischen Spätgelb und Frührot über die Ampel am Römerkreis.

»Da hat jetzt auch einer ein Mordmotiv«, bemerkte sie nach einem flüchtigen Blick in den Rückspiegel. »Ich fange übrigens Montag früh bei der Intercontainer GmbH als Subunternehmer an.«

»Subunternehmerin!«, berichtigte Tarzan und erntete ein in letzter Zeit selten gewordenes kurzes Lächeln.

»Dich kriege ich auch noch irgendwo unter, du siehst zwar aus wie einer, trotzdem bist du für nen Rentner noch zu jung.«

»Das hat aber keine Eile, mein Schatz!«, flötete Tarzan und erhielt die abgeschwächte Form einer Kopfnuss.

6

Während Solo und Tarzan am Heidelberger Kreuz auf die A 5 in Richtung Frankfurt fuhren, legte im obersten Stockwerk des Präsidiums Heike Rasstorff den dünnen Aktenordner weg und rieb sich die Augen. Sie müsste sich wirklich einmal um eine Lesebrille kümmern. Aber mit 28? Sie schauderte bei dem Gedanken, ihre Besucher wie Joachim Fuchsberger altklug über die Ränder einer jener scheußlichen Minibrillen zu fixieren. Kriminalkommissarin Rasstorff war blond, schlank, gut aussehend und somit das genaue Gegenteil ihrer ranghöheren Kollegin Elke Lukassow. Ihre Ermittlungsgruppe bearbeitete den Leichenfund im Saukopftunnel. »Was für ein Name«, dachte sie belustigt. An die teils deftigen Flur- und Landschaftsbezeichnungen der Kurpfälzer und Bergsträßer konnte sich die aus Hamburg stammende Frau nur schwer gewöhnen.

Der Laborbericht und die Auswertungen der Gerichtsmediziner befanden sich in der Mappe. Man hatte zumindest Herkunft, Geschlecht und Alter der 19 Leichen bestimmen können: Die Erwachsenen waren zwischen 20 und 70 Jahren alt, drei Kinder unter zehn Jahren, zwei Babys unter zwei Jahren und fünf Jugendliche zwischen 11 und 19 Jahren. Mit Sicherheit stammten die Leute aus Nordafrika, wahrscheinlich aus Marokko. Mehrere Gegenstände waren bei den Überresten gefunden worden. Der interessanteste war ein Amulett: billigste Massenware aus China. Auf der Rückseite war unbeholfen ein lachendes Gesicht, ein sogenanntes »Smiley« eingeritzt. Es wurde zwischen den Handknochen eines etwa sechsjährigen Mädchens gefunden. Anscheinend hatte das Kind es in der Faust gehalten, als es ums Leben kam. Merkwürdigerweise fand man außer postmortalen Schäden an den Knochen (durch die Umstände der Lagerung und der Auffindung in der Tunnelbaustelle) keine relevanten Anzeichen für Gewalt. Weder Schädelbrüche durch stumpfe Gewalteinwirkung noch Kratzspuren an Rippenbögen oder Wirbelsäulen, die auf das Eindringen von Messern schließen ließen. Auch Erschießen konnte mit 98-prozentiger Gewissheit ausgeschlossen werden, da, bei der Vielzahl der Opfer, zumindest bei einigen deutliche Projektilspuren am Skelett vorhanden gewesen wären. Bliebe als Todesursache Erwürgen, Ersticken, Verbluten oder Herbeiführen von Herzstillstand oder Organversagen durch Verabreichung diverser Toxine beziehungsweise Medikamente. »Wunderbar«, dachte Heike Rasstorff sarkastisch. Zudem hatte Professor Herken von der Pathologie eine Zeitbestimmung abgeliefert, die aussagte, dass die Toten seit mindestens 18 aber höchstens 22 Jahren im Inneren des Berges begraben waren. Die Ermittlungen ergaben, dass es sich bei der Lagerstätte am Saukopf um einen alten Bergwerkschacht handelte, welcher im Laufe der Zeit zum Einsturz kam oder vorsätzlich dazu gebracht worden war und an dessen oberem Ende vor Jahren eine primitive Holzhütte stand, von der nun jedoch nur noch ein paar schwarzverfaulte und moosbedeckte Balken übrig waren. Der Grund und Boden in diesem Bereich war mittlerweile Staatsforst, der an Dutzende verschiedener Jagdpächter, Forstwirte und Waldbauern verpachtet war. Die, die man noch ermitteln konnte, hatten glaubwürdig erklärt, weder die Hütte benutzt noch etwas von dem Schacht gewusst zu haben. Zehn davon waren bereits tot, einer saß im psychiatrischen Landeskrankenhaus Wiesloch und war der Meinung, er sei König Ludwig, zwei weitere befanden sich in Pflegeheimen und waren nicht ansprechbar.

Ein toller Fall! Genau das Richtige für die erst kürzlich nach Heidelberg versetzte Kommissarin. Viel lieber hätte sie in der SOKO-Bergstraße mitgearbeitet. Seufzend machte sie ihren Sichtvermerk an die Akte und griff sich den nächsten Ordner: Ermittlungen zum unnatürlichen Tod mehrerer Black-Angus-Rinder auf den Weiden des Bierhelder Hofes, eines beliebten Ausflugslokals am Südwesthang des Königstuhlmassivs mit eigener Rinderzucht. Traurig bemerkte die überzeugte Vegetarierin, dass der Tod im Schlachthaus für diese Tiere offenbar als natürliches Ableben geführt wurde.

* * *

Montag, 30. April 1990

Solo und Tarzan saßen bereits um 5.30 Uhr am Frühstückstisch. Solo hatte in einer Stunde im Platzbüro des Containerterminals anzutreten. Tarzan würde sie begleiten, auch wenn ihn das seinen Morgenlauf kostete. Der Tisch war zwar groß, trotzdem gab es immer wieder Gezänk um den Platz, weil Tarzan stets die Zeitung komplett ausgebreitet vor sich liegen hatte, während der Rest der Tischfläche von seiner mit Apfelstrünken und Bananenschalen gefüllten Müslischüssel, seiner nachttopfgroßen Kaffeetasse und seinem eklig-verschmierten Eiweiß-Powerdrink-Becher belagert wurde. Solo griff nach dem vorderen Teil der Zeitung, aber Tarzan hielt die Seiten fest, worauf Solo nur noch die zerrissene Hälfte der Titelseite in der Hand hielt.

»Jetzt wart' doch mal eben ab, bis ich das hier noch fertig gelesen habe!«, protestierte Tarzan und rückte seine Lesebrille zurecht.

»Du liest schon viel zu lange an dem einen Artikel, man glaubt ja, du wärst erst in der zweiten Klasse, Mann!«, meckerte Solo, während Tarzan ihr endlich den Rest reichte.

»Lies mal das da«, sagte er und machte mit dem Zeigefinger einen Nutellafleck unter eine Überschrift: »TOTE VOM SAUKOPF: NEUE ERKENNTNISSE, NEUE RÄTSEL« stand dort, und Solo las interessiert den dazugehörigen Text. Ein Bild war auch dabei, es zeigte ein verwittertes Amulett aus Blech, auf dessen Rückseite die Reste einer primitiven Kratzzeichnung zu sehen waren. Solo setzte die Kaffeetasse ab und las den Artikel ein zweites Mal. Als sie die

Zeitung weglegte, schaute sie Tarzan mit einem merkwürdigen Ausdruck in den Augen an.

»Hast du gelesen, wo die wahrscheinlich herkommen?«, fragte sie mit ungewöhnlichem Ernst in der Stimme.

»Marokko«, sagte Tarzan.

»Wenn das ein Zufall sein soll, dann darfst du mich in Zukunft Bertha nennen«, meinte sie und betrachtete das Bild des Amuletts.

Tarzan nickte. »Bisschen viel Marokko in letzter Zeit. Wir sollten der Polizei ...«

»Gar nix Polizei!« Solos Augen sprühten. »Die Lukassow mit ihrem ständigen ›das ist Sache der Polizei‹ geht mir allmählich auf den Keks. Außerdem haben die Bullen das selbst an die Presse gegeben. Wenn die Lukassow den Zusammenhang nicht selbst sieht, dann kann sie mit ihrem grünen Lodenkittel auch gleich zu den Stadtgärtnern gehen. Ich gehe da nicht mehr so schnell hin und lass mich behandeln wie ein Schulmädchen!«

Tarzan schenkte sich Kaffee nach und fragte: »Wenn das alles Marokkaner waren, wie sind die dann in den Bergwerkschacht gekommen?«

»Die wurden entsorgt ...«

»Bitte?«

»Umgebracht und entsorgt!« Solo stellte ihre Tasse so heftig auf den Tisch, dass sie überschwappte und sie fluchend aufstand, um einen Lappen zu holen.

Als sie die Kaffeepfütze aufwischte, bemerkte Tarzan, dass sie mit den Tränen kämpfte. Er stand auf, nahm ihr den Lappen ab und nahm sie in die Arme. »Erich hat damit nichts zu tun. Glaub mir. Das können alle möglichen Leute getan haben. Das muss nichts bedeuten ...«

Solo schniefte, machte sich wütend los und stellte sich an eines der großen Fenster. Auf dem Biedensand erwachten die Vögel und erfüllten die klare Morgenluft mit ihren Stimmen.

»Denk doch mal nach, Lothar, denk doch einfach mal nach ...«

Tarzan erschrak. Wenn Solo ihn beim Vornamen nannte, stimmte etwas nicht. Er stellte sich schweigend neben sie. Fast fünf Minuten blickten sie über die algenbedeckte, ruhige Wasserfläche des Lampertheimer Altrheins.

Solo brach als Erste das Schweigen: »Die sind jede Woche nach Marokko runter. Haben Stoffe hingebracht und Klamotten zurückgeladen. Für die großen Kaufhäuser. Für'n Appel und 'n Ei. Da haben sie marokkanische Flüchtlinge mitgenommen und zu uns nach Deutschland geschleust. Damit haben sie die große Kohle gemacht«, sie starrte immer noch auf die Wasserfläche, ohne jedoch etwas wahrzunehmen. Ihre Stimme klang brüchig und monoton.

»Und einfach umgebracht und in einen Schacht geworfen? Ganz schlechter Film!« Tarzan schüttelte den Kopf.

»Es muss etwas passiert sein mit den Leuten im Berg. Irgendetwas ist da fürchterlich schiefgelaufen.«

Tarzan drehte Solo zu sich, schaute ihr in die großen, feuchtschimmernden Augen. »19 Menschen sind tot. Und das sollen fünf Personen seit zwanzig Jahren für sich behalten haben? Das glaube ich in hundert Jahren noch nicht. Es muss eine andere Erklärung dafür geben.«

Solo nickte, aber Tarzan bemerkte, dass sie keineswegs überzeugt war. Ihr Vater war tot. Begraben. Aber ruhte er wirklich in Frieden? In Solos Kopf brannte es lichterloh. War ihr Vater ein Mörder? Ein Massenmörder, der 19 Menschen, darunter Kinder und zwei Babys auf dem Gewissen hatte? War er zumindest beteiligt? Wer war ihr Vater wirklich gewesen?

Sie mussten los, es war gleich sieben. Auf der Fahrt in den Mannheimer Handelshafen sprach niemand von ihnen ein Wort. Solo bekam eine kurze Einweisung durch den Platzmeister, wurde mit einigen Kollegen bekannt gemacht und erhielt Papiere für einen Vierzig-Fuß-Container. Das Chassis, das Fahrgestell, mit dem der Container transportiert wurde, hatte sie von der Trailrent gemietet. Der gigantische Kran, der wie eine vierbeinige Spinne über den Containerstapeln hockte, setzte die grüne Kiste mit der Aufschrift »GREENLINE« punktgenau auf das Chassis. Der Container war »bezettelt«, das heißt, Aufkleber mit Hinweisen auf die Gefahrgutklassifizierung waren daran angebracht. Solo öffnete die orangefarbenen Warntafeln vorne und hinten am Fahrzeug, verriegelte die

Frachtkiste auf dem Auflieger und machte die Ladestraße frei für die nächsten Kollegen. Die Fahrt ging nach Siegelsbach bei Bad Rappenau zu einer Kosmetikfabrik. Eine Fahrt von etwas über einer Stunde, wenn die viel befahrene A 6 frei war.

* * *

An jenem Morgen las noch jemand den Bericht über die Toten vom Saukopftunnel mit großer Aufmerksamkeit. Das Bild mit dem Amulett fesselte den Mann ganz besonders. Er schnitt den Artikel sorgfältig aus, klebte ihn auf ein weißes DIN-A4-Blatt und schob ihn in eine Klarsichthülle. Er holte einen Leitzordner aus dem Regal, öffnete ihn und fügte den Artikel seiner Sammlung zu. Das Letzte, was er dort abgelegt hatte, war die vergrößerte Kopie eines Fotos. Es zeigte fünf Männer mit Cowboyhüten.

7

Solo steuerte den 15 Meter langen Sattelzug geschickt durch Siegelsbach. Am Ortsausgang befand sich die Firma, welche die 24 Tonnen Rohstoffe für die Kosmetikproduktion bekam.

Tarzan studierte die Frachtpapiere: »Gefahrgut Klasse 8, ätzend. Klasse 3, leicht entzündlich, Klasse 6, giftig. Was zum Teufel schmieren sich die Leute da alles ins Gesicht?«

Solo lachte. »Sei du nur froh, dass du über eine so ausgeprägte natürliche Schönheit verfügst!«

Tarzan schaute Solo misstrauisch an, vertiefte sich dann aber wieder in die Papiere, ohne eine flapsige Bemerkung zu machen. In manchen Dingen war er doch etwas sensibel.

»Hier steht, die Container-Nummer im Frachtbrief ist vom Fahrer mit der Nummer auf dem Behälter zu vergleichen. Bei Verwechslungen haftet der Fahrer alleine für etwaige Folgeschäden. Hast du das gemacht?«

»Die wissen schon, was sie verladen«, antwortete Solo unwirsch. Sie hatte natürlich nicht alles gelesen. Ein Frachtbrief war ein Frachtbrief. Wenn man alles lesen wollte, was da draufstand, dann bräuchte man nicht mehr Auto zu fahren, dann wäre der Tag auch so schon um. Solo stoppte den Lastzug in der Einfahrt zur Warenannahme. Vor ihnen standen bereits zwei andere Lkws. Ein Planenzug mit Wellpappe und ein 12-Tonner mit Chemikalien in Fässern. Solo kramte ihre Geldbörse hervor und stieg aus. Tarzan kletterte mit den Papieren aus dem Führerhaus und ging nach hinten. Auf der Rückseite standen alle möglichen Codes, Buchstaben, technische Daten und Betriebshinweise. Tarzan entdeckte schließlich die gesuchte Nummer und stellte erleichtert fest, dass es dieselbe wie in den Papieren war.

»Diese Containernummer, haben die Kisten die ein Leben lang?«, wollte er von Solo wissen.

»Die bleibt für immer«, antwortete sie, »das ist wie mit deinem Personalausweis. Das ist der Name von dem Baby, mit dieser Nummer kannst du sie rund um die Erde lokalisieren. Du gehst jetzt nach vorne zur Warenannahme und meldest uns an. Ich gehe zum Werksverkauf. Die sind hier richtig billig!«

»Wenn es weitergeht, ziehe ich die Kiste vor, ja?« »Tu das, Trucker, aber fahr nicht zu schnell und lass alles stehen, was härter ist als mein Auto«, grinste Solo und verschwand um die Ecke.

Tarzan erklomm freudig den Fahrersitz, ließ das Fenster herunter und legte seinen haarigen Unterarm auf die Kante. Hinter ihm hielt gerade ein Siebeneinhalbtonner. So einer, wie ihn er selbst immer gefahren hatte, als er noch für den Alten arbeitete.

Der Fahrer schlurfte missmutig heran, blickte zu Tarzan herauf und fragte: »Hast' viel, Kollege?«

»Ganzer Zug«, brummte Tarzan.

»Scheiße, hab nur zwei Paletten. Lässt du mich vor? Hab noch'n Haufen Zeug auszufahr'n.«

»Von mir aus, aber wenn es dann doch zehn sind, gibt's was auf die Glocke!«

Die Laune des Fahrers besserte sich schlagartig. »Danke, Kumpel, keine Angst, ich verarsch dich nicht.«

Tarzan stopfte sich vergnügt seine geliebte alte Peterson mit dem dicken Silberring und dem zerkauten Mundstück. Ein richtiger Trucker ist eben auch mal großzügig zu den kleinen Nahverkehrskutschern.

Das Warten und Entladen nahm dann doch den ganzen Vormittag in Anspruch. Im Hafen bekamen sie noch eine Kurztour zu einem Großlager in der Rhenaniastraße. Dort wurde der komplette Auflieger bloß an der Rampe angedockt. Die Nachtschicht würde ihn später ent- und wieder beladen. Solo sollte ihn am nächsten Morgen um sieben wieder abholen. Als sie mit der Zugmaschine bei der *Lady Jane* ankamen, war es erst kurz nach vier Uhr nachmittags. Tarzan half Solo beim Tragen der vielen Kartons mit Badezusätzen, Duschcremes, Lotionen, Shampoos und Spülungen und wunderte sich, wozu eine Frau, deren Haare kürzer als bei einem US-Marine waren, derlei viel Pflegemittel dafür benötigte.

»Bin isch billisch drangekommen!«, imitierte sie Tarzan und streckte ihm die Zunge heraus. Sie stellte ihre Schätze stolz auf dem Esstisch auf. Eine ganze Armee bunter Flaschen, Tuben und Gläser.

»Für dich hab ich auch was gefunden«, verkündete sie wie eine fürsorgliche Mama, die ihrem quengelnden Sprössling etwas mitgebracht hatte. Als sei es der heilige Gral, überreichte sie ihm eine giftgrüne Tube. Misstrauisch beäugte der so großzügig Bedachte sein Geschenk: »Superstrong-Gel, Mega-Igel-Look« stand darauf.

»Was ist das? Ein Potenzmittel?«, fragte er mit schiefem Grinsen.

Solo prustete los: »Für deine Haare, Mensch! Damit du nicht immer rumläufst wie ein Mann von über 30!«

»Aber ich bin über 30!«, protestierte Tarzan.

»Kein Grund, auch so auszusehen!«, wies sie ihn zurecht und gab ihm noch eines der Anti-Schuppen-Shampoos. »Dann ist aber Schluss, ich will ja auch noch was davon haben!«

Nach dem Abendessen, selbst gekocht von Gianni dem Pizzabäcker, kramte Tarzan wieder die Fotos hervor. Er sah sie flüchtig durch und reichte Solo schließlich das mit dem Lastwagen im Hintergrund.

»Schau dir mal den Laster an«, sagte er, »der hat nen Container auf dem Buckel. So einen, wie du sie jetzt ausfährst.«

Solo runzelte die Stirn. »Und? Was ist damit? Ein ganz normaler Container halt. Vierzig Fuß, Normmaß.«

»Erinnerst du dich, was ich dir heute Morgen aus dem Frachtbrief vorgelesen habe?«

»Irgend'n Unsinn mit ner Nummer.«

»Und du hast mir verklickert, was das bedeutet mit der Containernummer von diesen Kisten«, wieder tippte er mit dem Zeigefinger auf das Foto. »Der hat auch so eine Nummer!«

»Ich kapiere immer noch nichts. Erkläre es mir bitte, als wäre ich drei Jahre alt.«

Tarzan setzte sich auf die Lehne des Sessels, in dem Solo saß, und erklärte mit der Stimme des Gute-Nacht-Onkels aus dem Kinderfunk: »Alle Container sind anhand dieser Nummer registriert. Diese Zahl taucht in allen Frachtdokumenten auf, die im Leben dieses Kastens ausgestellt werden. Mit dieser Nummer kann man einen Container quer durch die Galaxis verfolgen. Merkst du was?«

»Schon klar. Aber was willst du mit dem Container? Wenn du ihn denn findest. Das Foto ist über 20 Jahre alt. Vielleicht liegt dieser Behälter längst auf dem Grund des Atlantiks oder er dient einem jemenitischen Schafhirten als Stall.«

»Zumindest können wir anhand dieser Nummer recherchieren, wer der letzte offizielle Benutzer des Containers war. Wenn wir die Blechkiste finden, können wir vielleicht Spuren finden.«

»Spuren von was?«

»Von den Transporten. Den Menschentransporten. Wenn die wirklich Marokkaner in Überseecontainern außer Landes geschafft haben, dann müssen die doppelte Böden oder sonst was da eingebaut haben. Die Kontrollen durch die spanischen Behörden sind streng. Außerdem muss eine Kühlung vorhanden sein. In solchen Kästen herrschen Temperaturen wie in einem Backofen.« Backofen ... Blitzartig zuckte das Bild von Seebnas Leiche durch Tarzans Gehirn. Dämlicher Vergleich, diesen Anblick versuchte er nun schon seit 11 Tagen zu verdrängen.

Solo warf das Bild auf den Tisch. »Der Laster ist unscharf. Die Nummer kann kein Mensch lesen.«

»Ein Mensch vielleicht nicht, aber ein Computer.«

»Wie meinst du das jetzt?«

»Wir bringen das Bild zu Stefan, dem Fotografen in der Neugasse. Der hat spezielle Software. So richtig was für Profis. Sauteuer! Der kann das garantiert so bearbeiten, dass man was erkennen kann. Dann können wir Philip Marlowe und Emma Peel spielen!«

»John Steed!«

»Bitte?«

»Der Partner von Emma Peel ist John Steed. Der Kerl mit der Melone. Du bringst da was durcheinander, mein Freund.«

»Ich ruf den Stefan gleich mal an. Da können wir vielleicht heute noch hin«, Tarzan war schon unterwegs zum Telefon. Kurze Zeit später kam er wieder zurück. Solo hatte sich eine Lupe aus der Krims-Krams-Schublade in der Küche gefischt und versuchte angestrengt die Nummer zu entziffern, gab es aber kurz darauf entnervt auf. »Da kann auch keine sauteure Software was erkennen. Die Körnung ist zu grob und das Bild insgesamt etwas unscharf. Muss ein ganz billiger Knipsapparat gewesen sein.«

»Stefan ist unterwegs. Hochzeit fotografieren. Seine Frau sagt ihm aber Bescheid. Ich geh da morgen gleich hin, wenn er aufmacht.«

* * *

Der Fotograf wiegte bedenklich den Kopf, als er sah, was Tarzan ihm da überreichte. »Die Qualität ist nicht gerade vom Feinsten. Wenn ich nicht so eine gute Erziehung genossen hätte, würde ich sogar sagen, das Bild ist unter aller Sau. Ob mein Programm da noch was machen kann, ist fraglich.«

»Egal, mach mal!« Tarzan drängte den Dunkelkammer-Artisten in Richtung Atelier. Seufzend legte der Fachmann das Foto auf die Glasplatte eines Scanners, schaltete den PC ein und beide Männer schauten gebannt auf den Bildschirm. Der Rechner brauchte eine halbe Ewigkeit, bis endlich der Startbildschirm erschien. Dann baute sich auch noch ein speicherintensives Hintergrundbild mit dem Logo des Fotoladens auf. Zeile für Zeile ratterte sich die Festplatte durch die Datenmengen.

Stefan Berner platzte fast vor Stolz: »Mit der halben Rechnerleistung sind sie damals zum Mond geflogen!«

»In der Zeit, in der sich deine Spielereien da aufbauen, kämen sie heute sicher bis zum Jupiter«, frotzelte Tarzan ungeduldig.

Endlich war es vollbracht. Berner rief das Bildbearbeitungsprogramm auf, schloss hastig das Bild einer hüllenlosen Schönheit und aktivierte den Scanner. Nachdem er Auflösung, Ausschnitt und Dateiart bestimmt hatte, klickte er auf Scannen, und summend und klickend verwandelten die Geräte das Papierbild in gewaltige Mengen von Nullen und Einsen. Der Fotograf bereitete unterdessen zwei Tassen Kaffee und stellte sich mit Tarzan an einen kleinen Bistrotisch in der Ecke.

»Wie lange dauert das?«, fragte Tarzan, der begierig darauf war, die Nummer zu entziffern.

»Fünf bis zehn Minuten, ich habe die höchste Auflösung eingegeben. Alles andere wäre sinnlos. Trotzdem ist es reine Glücksache, wenn du was erkennst. Was ist damit überhaupt? Hängt das mit den Morden zusammen?«

Tarzan, der den sensationslüsternen Fotografen kannte, schwächte ab: »Solo fährt jetzt Container im Mannheimer Hafen. Denen ist eine Kiste abhanden gekommen. Ihr Boss glaubt, es ist der Container auf dem Foto.«

Endlich erschien das Bild auf dem Monitor. Stefan Berner vergrößerte den Teil mit der Nummer, bis nur noch einzelne Pixel zu erkennen waren, dann begann er verschiedene Bearbeitungsroutinen »drüberlaufen« zu lassen, wie er sich ausdrückte. Die Farben veränderten sich, Linien liefen plötzlich kreuz und quer über das Bild und der Fotograf veränderte ständig den Ausschnitt. Nach einer Viertelstunde, in der Tarzan einen steifen Hals vom angestrengten Starren auf den Bildschirm hatte, stellte der Fotograf wieder den ursprünglichen Zustand her.

Kopfschüttelnd wandte er sich an Tarzan: »Vorerst komm ich nicht weiter. Aber ich schau heute Abend noch einmal rein. Ich habe da noch ein paar Tricks auf Lager, aber da brauche ich Zeit und Ruhe dafür. Ich habe gleich einen Termin im Kindergarten. Wenn ich was erreicht habe, ruf ich dich an.«

Enttäuscht verabschiedete sich Tarzan, überlegte, ob er den angebrochenen Tag mit Joggen oder einem Besuch in Schmerkers Café fortsetzen sollte, entschied sich für das Café und bestellte sich bei dem strammen Mädchen, welches die Gäste bediente, ein Gourmet-Frühstück. »Der Landpomeranze würde ein bisschen Sport auch ganz gut tun«, dachte er, während er ein Butterbrötchen dick mit hausgemachter Marmelade bestrich.

Es ging schon auf 18 Uhr zu, als Solos Ford Bronco endlich vor der *Lady Jane* hielt. Müde ließ sie ihre Tasche fallen und plumpste auf die Couch. Tarzan erschien mit einem großen Blech »Pizza con alles«, setzte es vorsichtig auf den bereitgestellten Holzbrettchen ab und verschwand geflissentlich, um Teller und Besteck zu holen. Die Flasche Barolo stand bereits auf dem Tisch, Tarzan füllte die Gläser mit den übertriebenen Bewegungen eines Pantomimen und setzte sich anschließend strahlend Solo gegenüber.

»Wie war dein Tag?«

Solo schaute ihn lange und prüfend an. »Bist du für den Hausmann des Jahres nominiert worden oder was soll die Schleimerei?«

Tarzan ignorierte die Unverschämtheit, strahlte weiter wie ein Castor-Behälter und sagte: »Wenn einer der Partner die Kohle beischafft, dann schafft der andere ein gemütliches Zuhause und sorgt für den sich aufreibenden Helden der Arbeit. Ich habe sogar die Fenster geputzt.«

Solo hatte das Muster ineinanderfließender Schlieren bereits bemerkt. Männer waren einfach rührend. »Bist ein Schatz«, lobte sie ihn endlich und hielt ihm hungrig ihren Teller hin, als er die Pizza anschnitt. Wenn es ums Kochen ging, war Tarzan der Macher. Allerdings mussten die Zutaten exakt die im Kochbuch sein, zudem vom Allerfeinsten, und so kostete eine Lasagne al Tarzano fast das Doppelte wie im italienischen Ristorante. Solo berichtete während des Essens von ihrer Arbeit. Der lockere erste Arbeitstag gestern war lediglich ein kleines Warm-up gewesen. Heute hatte der blaue Scania keine ruhige Minute gehabt. Fast nur Kurzstrecke und andauerndes Auf- und Abladen. Sie hatte sogar den drei Kilometer langen Stau auf der A 67 genossen, in den sie geraten war, weil sie wieder einmal nicht Radio gehört hatte. Solo hörte nicht gerne Radio. Sie sang lieber selbst. Laut, schräg und meist mit völlig falschem Text. Allerdings nur, wenn sie alleine im Führerhaus saß.

Nachdem Tarzan abgeräumt hatte, nahmen sie den Wein mit auf die Achterdeck-Terrasse, erschlugen Schnaken und versuchten, nicht immerzu daran zu denken, was den 19 Marokkanern, deren Überreste im Saukopftunnel gefunden worden waren, zugestoßen war. Gegen 21.30 Uhr klingelte das Telefon.

Tarzan sprang auf. »Das ist garantiert Stefan!«

»Hast du was zu schreiben?« Die Stimme des Fotografen war voller Stolz. Tarzan zückte einen Kugelschreiber und kramte in der Schublade des Telefonschränkchens nach einem Notizblock.

»HLXU 455 962-0, hast du das?« Tarzan murmelte leise mit, wiederholte dann laut und schrieb dabei jedes Mal wieder die Kombination mit.

»Klasse, Stefan, bist ein Ass!«

»Was, ein Arsch?«

»Ein Ass, Junge! Wenn ich dich nicht hätte und die Löffel, müsste ich meine Suppe trinken!«

»Ich hoffe nur, Solos Boss findet die Kiste damit.«

»Solos Boss? Ach so, Solos Boss! Ja, ich denke schon. Vielen Dank, ich revanchiere mich bei Gelegenheit bei dir. Also nochmals Danke. Servus!«

»Schweißfuß?«

»Servus habe ich gesagt!« Lachend legte Tarzan auf.

Solo stand bereits neben ihm und studierte den Zettel mit der Container-Nummer. »Die nehme ich mit ins Geschäft. Die haben da Zugang zu den Zentralrechnern in Hamburg. Bestimmt können die was herausfinden.«

Sie konnten. Mit Hilfe von CTOS, dem international gebräuchlichen Container-Operation-System, war es eine Kleinigkeit, durch Eingabe der Nummer in eine Suchmaske den Lebenslauf des Behälters zu recherchieren: Der Stahlkasten mit der Nummer HLXU 455 962-0 war drei Jahre lang kreuz und quer über die sieben Meere geschippert worden, wurde 1963 bei der Hamburger Conflex nach einem Unfall wieder instand gesetzt, aus dem internationalen Containerpool genommen und an einen privaten Vermieter veräußert, der ihn an die Spedition Solomon Internationale Transporte vermietete.

Diese kaufte ihn nach zwei Jahren zusammen mit drei weiteren Containern günstig für den eigenen Fuhrpark auf. Danach endete die Geschichte von HLXU 455 962-0. Solos Chef meinte, es könne gut sein, dass dieser Container noch immer im Besitz der nun SO-

LOTRANS heißenden Spedition sei.

»Die kriegst du nicht klein, Mädel«, sagte er. »Die sind aus Corten-Steel, praktisch unkaputtbar. Viele Firmen verwenden die als Lagerraum, bauen sie zu Garagen oder gar Büros um. Wir hatten mal einen Fahrer, der hat sich aus drei von den Dingern sogar einen Bungalow gebaut. Mit Dachterrasse und Sauna und allem Schnickschnack.«

Solo schloss ihren Bericht und sah Tarzan entmutigt an. »Sieht nicht gut aus. SOLOTRANS benutzt schon seit Jahren keine Container mehr. War wohl ein Griff ins Klo.«

»Wann wurden die Container abgeschafft?«, fragte Tarzan.

»Anfang der Siebziger. Da haben wir Planensattel gemietet. Wegen der Kranbeladung bei der ISO-Profil in Mannheim, einem unserer Hauptkunden.«

»Was ist mit den Containern passiert? Wurden die verkauft oder verschrottet?«

»Verschrottet bestimmt nicht. Die waren doch noch in Ordnung. Aber die Container-Nummer war eh nicht mehr drauf. Wegen der neuen Lackierung.«

»Moment mal ...«, Tarzan hob plötzlich die Hand und streckte den Zeigefinger, als wolle er sich in der Schule melden, »einen gibt es noch!«

Solo hob fragend die Augenbrauen.

»Einer von den alten blauen Kästen steht im ehemaligen Betriebshof im Birkenauer Tal. Da, wo alles angefangen hat. Der alte Tuchtenhagen, unser Werkstattmeister, benutzte ihn als Lager für Reifen, Ersatzteile und für Putzzeug. Hinten, gleich neben dem ehemaligen Kesselhaus mit dem Schornstein!«

Jetzt erinnerte sich auch Solo wieder. Der verwitterte blaue Container, efeuüberwuchert und mit Graffiti besprüht, war das Allerheiligste von »Tuchti«, wie den sächselnden, stets ölverschmierten Mechaniker damals alle nannten.

»Morgen fahre ich dahin und schau mir die Box mal an«, sagte Tarzan.

»Ich komme mit!« Solos Augen leuchteten vor Tatendrang.

»Du gehst schön zur Arbeit, Brötchen verdienen«, wies Tarzan sie zurecht. Widerwillig fügte sie sich. In der ersten Woche konnte sie schlecht schon um einen freien Tag bitten.

* * *

Das »Stammhaus« der SOLOTRANS lag unmittelbar an der B 38, die in zahlreichen Kurven von Weinheim aus dem Lauf der Weschnitz folgte, einem kleinen Odenwaldfluss, der bei Nordheim in den Rhein mündete. Neben der Straße führte die Trasse der Weschnitztalbahn bis nach Fürth im Odenwald. Das Gelände gehörte einst zu der nun im Weinheimer Westen angesiedelten Freudenberg-Gruppe, dem größten Arbeitgeber der Region. Die alten Fabrikgebäude im Stil der Gründerzeit aus Backstein mit Bogenfenstern und gusseisernen Verzierungen beherbergten seit dem Neubau der SOLOTRANS in der Thyssenstraße zahlreiche »Unternehmen«: Eine Schreinerei, ein Pferdemetzger, eine Verpackungsfirma, alles Mögliche war hier schon ansässig. Seit etwa einem Jahr befand sich hier »Ugurs Autohaus«, eine Art Gnadenhof für betagte Granadas, Ford-Transits und VW-Busse, die von dem rührigen Ugur mit Hammer, Ringschlüssel und einem Elektroschweißgerät wieder fit gemacht wurden für die lange Fahrt mit Kind und Kegel an den Bosporus. Ugurs selbst gebaute Dachgepäckträger konnten angeblich eine komplette Dreizimmerwohnung verkraften.

Tarzan parkte den Bronco vor der Werkstatt und Ugur erschien, wie üblich mit Schweißerbrille auf der Stirn und einem Lächeln, das mehr Goldzähne offenbarte, als normalerweise in einen menschlichen Kiefer passten. Hedwig, die eifrig hinter ihm herlief, entblößte ihr makelloses Gebiss zu einem breiten Grinsen und leckte begeistert Tarzans Hände ab. Hedwig war eine deutsche Dogge und Ugur erzählte jedem, dass er sich die Hundesteuer spare, weil er sie als Kuh angemeldet habe. Tarzan tätschelte Hedwigs Hals, dass es klang, als versohle ein antiker Schullehrer den lederbehosten Hintern eines aufmüpfigen Schülers. Hedwig nieste zufrieden, verteilte einen halben Hektoliter Sabber über Tarzans Jeans und trollte sich schließlich auf einen Befehl ihres Herrchens.

»He, Tarzan, du treulose Tomate! Was ist mit unserem Setra? Hast mich hängen lassen. Die Kiste hat sich jetzt ein anderer geschnappt.« Trotz des Vorwurfs umarmte der Türke Tarzan herzlich, verzierte dessen Jeansjacke mit einem interessanten Muster öliger Fingerabdrücke und zog ihn am Ärmel in die Werkstatt, wo er ihm sein neuestes Baby, einen bis auf die nackte Karosserie ausgeweideten Heckflügel-Mercedes zeigte: »190-er Diesel, 1,8 Millionen Kilometer, aber die Maschine ist wie neu!« Er deutete auf einen schwarzen, zentimeterdick mit Ölruß bedeckten Block, der an einem Kettenzug von der Decke baumelte.

»Verkauf ich dir für viertausend, weil du mein Freund bist!«

»Viertausend türkische Lire?«

»Tarzan! Du beleidigst mich! Aber komm mit in die Verwaltung. Lass uns einen Tee trinken.«

Die »Verwaltung«, ein zum Büro umgebauter Bauwagen, stand im Hintergrund der alten Produktionshalle, die Ugur nun als Werkstatt diente.

Nachdem Tarzan und der gleichaltrige Ugur den Smalltalk beendet und heißen Tee aus winzigen Tassen geschlürft hatten, kam Tarzan endlich zur Sache: »Ich bin hier, um mir den alten Container näher anzusehen. Den neben dem Kesselhaus. Der früher als Werkstattlager benutzt wurde.«

Ugur schaute Tarzan skeptisch an. »Bist du verrückt, Alter? Was willst du mit dem Container? Bist du rausgeflogen aus deinem Schiff? Du kannst bei mir wohnen. Du musst nicht in eine Blechkiste ziehen.«

Tarzan schüttelte den Kopf. »Der gehörte mal Solos Vater. Ich will ihn mir nur mal ansehen. Weiter nichts.«

»Weiter nichts, wie?« Ugur lachte sein gutturales Lachen. »Aber ich bin neugierig wie ein altes Weib. Geh und schau dich um, wenn du was brauchst, komm zu mir.«

Tarzan bahnte sich einen Weg, vorbei an Bergen alter Autoreifen und aufgetürmter Autowracks. Hedwig trabte mit der Grazie eines Araberhengstes neben ihm her. Der Container war fast völlig zugewuchert. Brombeeren, Knöterich und fast hüfthohes Gras zeugten davon, dass sich seit Jahren niemand mehr für die verrostete Kiste interessiert hatte. Tarzan zog sich grobe Arbeitshandschuhe an und entfernte das Gestrüpp vor den Türen des Behälters. Erleichtert stellte er fest, dass ihn seine Ahnung nicht getrogen hatte: Die blaue Farbe war damals nur flüchtig über das ursprüngliche Rotbraun gepinselt worden. Die Buchstaben und Zahlen waren noch als Relief unter dem abblätternden Anstrich zu erkennen. Tarzan zog den Zettel mit der Containernummer aus der Tasche. Die Nummern waren identisch! Dieser vergessene, halb verrottete 40-Fuß-Container war der auf dem Foto. Tarzan faltete den Zettel mit zitternden Fingern zusammen. Womöglich standen sie kurz vor der Lösung des Rätsels. Ein Blick auf das völlig verrostete Vorhängeschloss ließ ihn zurück in Ugurs Werkstatt gehen. Ugur erbot sich sogleich, den Container selbst mithilfe einer Übersetzungszange und eines Brecheisens zu knacken. Man war nicht neugierig, aber Tarzan würde sich sicher nur verletzen ...

Als sich nach mühevoller Hebelei und dem Einsatz einer kompletten Dose Sprühöl endlich die stählernen Flügel quietschend öffneten, schlug ihnen ein beißender Gestank nach verharztem Öl, altem Gummi und Schimmel entgegen. Der Container war bis auf ein paar Plastikkanister mit undefinierbarem Inhalt leer.

Tarzan, der Ugurs schwere Taschenlampe mitgenommen hatte, leuchtete alles ab. »War wohl ein Kalter ...«, resignierte er schulterzuckend.

»Hier ist mal geschweißt worden.« Ugur deutete auf eine lange, rostige Narbe an der linken Seitenwand, etwa anderthalb Meter vor der vorderen Stirnwand.

Tarzan folgte mit dem Strahl der Taschenlampe der geraden Linie. Kurz vor dem Dach war noch einmal dieselbe Rostspur zu sehen.

»Hier drüben auch.« Ugur deutete auf die rechte Seite, ließ sich von Tarzan leuchten und untersuchte die Linie aus geschmolzenem und oxidiertem Metall.

»Hier ist mal was eingebaut gewesen, was man später wieder entfernt hat.« Er folgte mit den Augen den umlaufenden Spuren.

»Eine Trennwand«, beantwortete er die stumme Frage in Tarzans Augen. Dieser nickte und machte die Lampe aus. Hier, am Ende des Containers wurde es fast völlig dunkel. Fast ... Tarzan und Ugur schauten beide nach oben: Ein schmaler Streifen Sonnenlicht drang hinter einer halb abgelösten Schicht verquollener Pappe hervor. Tarzan streckte sich, doch der größere Ugur riss die Blende mit der rechten Hand ab. Durch eine Vielzahl von Löchern fiel nun ungefiltertes Tageslicht ins Innere des Behälters und projizierte kreisrunde Flecken auf die Gesichter der Männer und auf den staubbedeckten Containerboden.

»Belüftung«, sagte Tarzan knapp und schaute Ugur an.

»Belüftung wofür?« Der Türke machte ein verständnisloses Gesicht.

»Das sage ich dir, wenn ich mir sicher bin. Gut möglich, dass heute noch die Polizei hier auftaucht.«

»Es hat mit den Morden zu tun, nicht wahr?« Ugurs Gesicht spiegelte Anteilnahme und brennende Neugier wider.

»Ich weiß es nicht. Versprich mir, mit keinem Menschen darüber zu reden, o.k.?«

Ugur drückte die dargebotene Hand. »Versprochen. Aber wenn du Hilfe brauchst, kommst du zu mir, o.k.?«

Tarzan nickte. Gemeinsam verließen sie den Behälter. Als Tarzan die Türen wieder schloss, schauderte er. Das metallene Geräusch schien etwas Endgültiges an sich zu haben. »Wie das Schließen eines Sarges«, dachte Tarzan. Ein Sarg von 40 Fuß ...

Hedwigs heiseres Bellen ließ sie rasch zur Werkstatt zurückgehen. In der Einfahrt stand ein Sattelzug. Tarzan erkannte sofort die blaue Zugmaschine. Solo balgte sich mit Ugurs »Wachhund« auf dem verdorrten Rasenstück vor der Halle.

Als Solo die beiden Männer sah, forderte sie mit lautstarken »Aus«-Rufen ein Ende des übermütigen Spiels mit dem Vierteltonner. Aber erst auf einen türkischen Befehl Ugurs hin zog sich Hedwig mit eingeklemmtem Schwanz schmollend zurück.

»Ist türkisch Hund, du verstehen?«, radebrechte Ugur übertrieben und begrüßte auch Solo herzlich.

»Und?« Solo schaute Tarzan fragend an.

»Bingo, das ist die Kiste auf dem Foto. Anscheinend haben die früher eine Trennwand eingezogen. Luftlöcher haben wir auch gefunden. Mit ziemlicher Sicherheit wurden da drin Flüchtlinge transportiert.«

Solo sah zu dem von hier aus nur zum Teil sichtbaren Container hinüber und fröstelte plötzlich trotz der Wärme. »Wie bei den KZ-Transporten im Krieg ...«

»Nur, dass diese Leute ins für sie gelobte Land gebracht wurden ...« Tarzan brach ab.

»19 von ihnen anscheinend nicht. Für sie endete es wie damals ...« Solo wandte sich ab, Ugur verschwand taktvoll in seiner Werkstatt.

»Polizei?« Tarzan schaute Solo fragend an.

Sie schüttelte den Kopf. »Das ziehen wir selbst durch. Wir servieren denen den Täter!«

»Der Robun ...«, begann Tarzan, wurde aber augenblicklich von Solo unterbrochen: »Der Robun wurde genauso umgebracht wie Vater und die anderen! Erkennst du es denn nicht? Das sind nicht die Taten eines geisteskranken Killers. Das ist ein gut durchdachter und sorgfältig geplanter Rachefeldzug. Da ist einer aus Marokko gekommen, um seine Familie zu rächen! Schau dir doch die Bilder einmal an. Ich habe heute Morgen zwei Stunden bei einem Kunden warten müssen und mir diese Fotos angesehen. Ich habe mich gefragt, an was die mich erinnern. Dann fiel es mir wie Schuppen von den Augen: Es sind Familien. Ganze Familien mit Mama, Papa, Oma, Opa, Babys und Kindern! Die haben komplette Familien geschleust. Wahrscheinlich, damit niemand die Leute später vermisst oder so was. Oder um keine Zeugen zu hinterlassen, Neider oder Ähnliches.« Sie hatte sich in Rage geredet, ihre Augen funkelten, feine Schweißperlen standen auf ihrer Stirn. Sie hatte Tarzan bei den Schultern gepackt. Ihre Augen befanden sich nur Zentimeter vor seinen. Tarzan sah darin wilde Entschlossenheit und ... die Wahrheit! Solos Rächertheorie war die bislang plausibelste Erklärung für die Serienmorde. Alles passte: die geheimnisvollen Toten aus dem Saukopftunnel, die verschworene Bruderschaft der *Glorreichen Fünf*, der modifizierte Container, die Fotos ...

»Aber wenn die immer ganze Familien geschleust haben, wer soll dann dein Rächer sein?«, gab er zu bedenken.

Solo wirkte nur für einen Wimpernschlag verunsichert. »Da haben sie eben einen vergessen. Irgend'n Onkel oder so. Oder einen Freund der Familie. Diese Leute haben doch noch richtig Sinn für

Zusammengehörigkeit. Bei denen zählt doch die Familie noch was!« »Anders als bei uns«, fügte sie in Gedanken hinzu. Sie verspürte immer mehr Bitterkeit, wenn sie an ihren Vater dachte. Erich Solomon, ein skrupelloser Schleuserboss. Hätte er irgendwann ihre Hilfe gesucht, wenn sie mehr Interesse an der Firma gezeigt hätte? Sie vielleicht sogar ins Vertrauen gezogen? Vertrauen ... auch diese unglücklichen Menschen hatten Vertrauen in ihren Vater gehabt. Für die waren die blauen Laster Glücksboten aus einer besseren Welt. Ihre Fahrer Engel und die Organisatoren wahre Wohltäter. Eine riesige feuchte Schnauze holte sie wieder zurück aus ihren düsteren Gedanken. Hedwig spürte die Trauer und die Niedergeschlagenheit ihrer Spielgefährtin, und für einen Moment schien alle Weisheit dieser Erde in diesen großen Hundeaugen zu liegen, die sie unverwandt anschauten.

»Warum heißt eine türkische Hündin Hedwig?«, fragte Solo. Hedwig nieste und leckte Solos Hand. »Ich muss weiter. Der Boss weiß nicht, dass ich mich hier rumdrücke. Ich muss um zwölf in Schwetzingen stehen. Wir reden heute Abend.« Mit diesen Worten kletterte sie ins Führerhaus, wendete den Sattelzug mit radierenden Aufliegerreifen auf dem geräumigen Hof und verschwand mit pfeifendem Turbolader in Richtung Weinheim.

* * *

Sie hatten über alles geredet. Hatten die Theorie von den kompletten Familien durchdiskutiert, die Routen der Afrikafahrten nachgerechnet und die technischen Details der Transporte erörtert. Es war machbar. Wenn es nicht gerade Hochsommer war, konnten Menschen, entsprechend mit Wasser versorgt, mehrere Tage in dem engen Verlies hinter der Stirnwand des Containers überleben. Sie waren noch einmal bei Ugur. Hatten den Raum hinter der verschwundenen Trennwand vermessen. Sie fanden auch eine alte Trockeneiskiste, mit solchen Behältern waren in früheren Jahren Getränke- und Kühllaster ausgerüstet. Eine einohrige Katze zog darin ihre Jungen auf. Tarzan hatte den umgestürzten Kasten auch nur gefunden, weil er zum Pinkeln eine abgelegene Ecke des Geländes aufgesucht hatte. Es klang alles so einleuchtend. Eines passte zum anderen wie bei einem Puzzlespiel. Nur dass das fertige Werk kein schönes buntes Motiv ergab, sondern ein Bild des Grauens. Das Einzige, was noch fehlte, quasi das Schlussteil, war Ilja Robunowskij alias Robun. Solo hatte sogar ein paar Mal bei Elke Lukassow angerufen, um sich nach dem Stand der Ermittlungen zu erkundigen. Die Antworten der Kommissarin waren mürrisch und abweisend. Ein Indiz, dass die Kripo auf der Stelle trat. Wäre die bärbeißige Polizistin nur einen Tick freundlicher gewesen, Solo hätte ihr womöglich von der Entdeckung des Containers und ihren Schlussfolgerungen erzählt. Aber was hatten sie denn vorzuweisen: einen halb verrosteten Container, der früher einmal für den Textiltransport nach Nordafrika eingesetzt worden war, mit Spuren von Schweißarbeiten und Luftlöchern darin. Genauso gut hätte er auch als provisorischer Schafstall oder Hundezwinger dienen können. Alles, was sie glaubten zu wissen, stützte sich auf Theorien, Annahmen und Vermutungen. »Fakten!«, würde die Lukassow bellen, »bringen Sie mir Fakten und ich setze den gesamten Polizeiapparat in Bewegung. Fakten!«

8

Eine Woche später. Solo kam gerade von ihrer ersten Tour aus Speyer zurück und wunderte sich über die lange Schlange wartender Containerlaster vor dem Terminal im Mannheimer Mühlauhafen. Sie stieg aus, schloss die Kabine ab und ging in Richtung Ladebüro. Als sie die Ladestraße zwischen den turmhoch gestapelten Containern erreichte, sah sie den Grund für die verzögerte Abfertigung: Zahlreiche Einsatzfahrzeuge blockierten die Durchfahrt. Polizei, Rotes Kreuz und Feuerwehr. Alles, was ein Blaulicht trug, war anscheinend hier vertreten. Die Einsatzkräfte waren hinter einem Sattelschlepper, auf dem bereits ein blauer »MAERSK«-Container geladen war, beschäftigt. Die Türen des Containers standen weit offen. Kisten, Ballen und Kartons unter Frachtnetzen waren zu sehen. Ein Notarzt kletterte gerade über eine Leiter aus dem Behälter. Auf einer Bahre lag ein regloser Körper, an dem sich mehrere Sanitäter und eine junge Ärztin zu schaffen machten. Infusionsflaschen wurden in die Höhe gehoben, Kästen mit Kabeln und Schläuchen standen daneben auf dem Boden und vor einem offenen Notfallkoffer waren Binden, leere Spritzen und Ampullen verstreut. Das Kamerateam eines lokalen Fernsehsenders stand auf dem Dach eines Transporters und filmte die Szenerie.

Solo gesellte sich zu der Gruppe von Fahrern und Mitarbeitern des Terminals. »Was ist denn hier los? Ein Unfall?«

»Wieder'n Kastenteufel«, brummte die »Gazelle«, einer der drei Kranführer. Die »Gazelle« hieß mit richtigem Namen Ingmar Thomsen, verdankte seinen Spitznamen dem Halbwissen eines Kollegen, der wohl irgendwann einmal von einer »Thompson-Gazelle« gehört hatte. Der Kranführer sah dem schlanken afrikanischen Springbock nicht wirklich ähnlich: Thomsen war gut zwei Meter groß, besaß einen Brustkorb wie ein 50-Liter-Fass, Arme wie Baumstämme und einen Bierbauch von beängstigenden Dimensionen. Zusammen mit den meist zu einem Zopf zusammengebundenen Haaren und dem roten Rauschebart erinnerte er eher an einen frühzeitlichen Wikingerfürst als an ein flinkes Steppentier.

»Kastenteufel?«, fragte Solo verwundert, und die Gazelle legte väterlich einen seiner tätowierten Arme um sie:

»So nennen wir blinde Passagiere, die sich in Containern verstecken, um illegal ins Land zu kommen. Ein-, zweimal im Jahr haben wir so was schon mal. Der Letzte, den wir rausgeholt haben, ist allerdings schon tot gewesen. Der Fahrer hat was gerochen ...« Thomsen rümpfte angewidert die Nase, bevor er fortfuhr: »Den hier habe ich von ganz oben. Da ist die Kiste nur knapp unter meiner Steuerkanzel. Ich hab'n Geräusch gehört und gedacht, da drinnen hat sich was gelöst und rollt da rum. Da haben wir die Kiste geöffnet. Verzollt wurde das Ding ja bereits in Hamburg. Der Klaus«, Thomsen wies mit dem freien Arm auf den Platzmeister in seiner grellroten Sicherheitsweste, »hat die Tür aufgemacht und da ist ihm das Kerlchen direkt in die Arme gefallen. Bewusstlos. Die Hände und Füße schon ganz blutig vom Klopfen. Arme Sau, hoffentlich kriegen die den wieder hin.« Der riesige Mann brach ab. Presste die Lippen zusammen. Jeder hier wusste, dass Thomsen trotz seines Furcht einflößenden Aussehens ein sehr sensibler, empfindsamer Mensch war, der viel las und seine drei Töchter vergötterte.

Solo sah, wie die Türen des Rettungswagens geschlossen wurden. Ein Polizist winkte das Fahrzeug aus dem Gelände, der Notarztwagen folgte dicht dahinter. Die Besatzung des zweiten Rettungswagens sammelte ihre Ausrüstung ein und die Feuerwehrleute, die man vorsorglich alarmiert hatte, erhielten den Befehl zum Aufsitzen. Die Streifenwagen wurden zur Seite gefahren und zwei Beamte näherten sich Thomsen, um seine Aussage aufzunehmen. Solo ging zurück zu ihrem Lastzug, denn schon fuhr der nächste Kollege in die Einfahrt zur Ladestraße. ›The show must go on. Business as usual‹. Im CB-Funk wurde eifrig über den Zwischenfall geredet. Solo beschränkte sich aufs Zuhören und erfuhr von den alten Hasen, dass die meisten »Kastenteufel« aus Südamerika oder Schwarzafrika kamen. Meist verbrachten sie mehrere Tage in ihren unbequemen Gefängnissen. Den Rekord hielt ein junger Kolumbianer, der sich 10 Tage lang von Nüssen und Dosenobst ernährt hatte, die Bestandteil der Ladung waren. Doch die meisten bezahlten den Traum von Freiheit und Wohlstand mit dem Leben. Container im Transkontinentalverkehr verbringen oft mehrere Wochen auf Schiffen und in den Häfen, bevor sie den Endempfänger erreichen. Zudem kam es nicht selten vor, dass bei schweren Stürmen einige der oft hoch über die Deckslinie geladenen Metallkästen über Bord gingen und auf Nimmerwiedersehen in den Tiefen der Ozeane verschwanden. Fachleute schätzen, dass jedes Jahr cirka 10.000 Container auf diese Art verloren gehen.

Keiner würde je erfahren, wie viele Menschen auf solch anonyme Weise den Tod fanden. Solo schauderte. Nie hätte sie gedacht, dass die bunten, praktischen Transportmittel in ihr einmal Assoziationen an Tod und Verderben erwecken würden. Den ganzen Tag grübelte sie über den unbekannten jungen Mann nach. Der Container kam aus Mexiko. Hatte der unglückliche Passagier vielleicht gedacht, das Ziel läge in den benachbarten USA? Wie mochte es den unglücklichen Marokkanern aus dem Saukopftunnel ergangen sein? Waren sie erstickt? Verhungert? Verdurstet? Die Fahrt von Marokko nach Deutschland dauert drei Tage. Mit genügend Wasser und Nahrungsmittel war die Strecke durchaus zu bewältigen. Was war passiert? Irgendwie war da was aus dem Ruder gelaufen. Aber was? Die meisten verdursten, sagten die Kollegen. Die Hitze ist die größte Gefahr. Selbst bei gemäßigten Außentemperaturen heizen sich die nicht isolierten Stahlboxen rasch auf. Temperaturen von 50 oder sogar 75°C sind da nicht einmal selten. 50°C konnte man für einige Stunden aushalten. Vorausgesetzt, man verfügte über genügend Flüssigkeit. Über 65°C waren tödlich. Hitze ... Solo liebte den Sommer, 30 oder mehr Grad waren für sie die ideale Temperatur. Tarzan verglich sie gern mit einem Reptil, da sie im Urlaub stundenlang in der Sonne liegen konnte, wenn alle anderen bereits in die klimatisierten Zimmer oder unter die Sonnensegel geflohen waren. Hitze ...

Wie ein Paukenschlag dröhnte es plötzlich in ihrem Kopf! Sie lehnte sich zurück und legte die Fingerspitzen an die Schläfen. Hitze war das Schlüsselwort! Die wahrscheinlichste Todesursache für die Menschen im Container war Hitze. Die Überreste, die man im Saukopftunnel gefunden hatte, wiesen keinerlei Anzeichen äußerer Gewalt auf. So hatte es jedenfalls in der Zeitung gestanden. Sie waren durch Hitze umgekommen. Es war nur eine Überlegung, aber für Solo wurde sie zur Gewissheit. Diese Leute waren qualvoll erstickt oder verdurstet in einem hermetisch abgeschlossenen Container, der wahrscheinlich nur von außen zu öffnen war. Dieter Seebna war einen grässlichen Hitzetod gestorben. Kutschniks Leiche wurde im Luftschacht des Saukopftunnels gefunden. Im Inneren des Berges, der vor über 20 Jahren zum Grab für die 19 Menschen aus Marokko wurde. Nur der Tod ihres eigenen Vaters wollte nicht so recht ins Bild passen. Erschossen aus nächster Nähe. Kurz und (hoffentlich) schmerzlos. Untypisch für einen Täter, der Einfallsreichtum und sadistische Fantasie bei den beiden folgenden Morden bewies. Wenn es denn wirklich der gleiche Täter war ... Plötzlich erschien Solo die Theorie der Polizei von verschiedenen Tätern gar nicht mehr so abwegig. Und Robun ... Solo glaubte nun zu wissen, wo sie Robun zu suchen hatten. Es war das Bild des »Kastenteufels« auf der Trage: der schmale, ausgemergelte Körper, am Rande des Todes. Sie hatte Robun gesehen.

Wie er da auf der Trage lag. Ihr Gehirn hatte Robuns Bild auf die Gestalt des blinden Passagiers projiziert. Sie spann ihre Theorie vom Rächer aus Marokko weiter, klammerte den Tod ihres Vaters aus und versuchte, sich in die Lage eines verzweifelten Menschen zu versetzen, dessen ganze Familie ausgerottet worden war. Sie sollten leiden. Alle! Alle, die Verantwortung trugen, die mitgemacht hatten, die beteiligt waren. Mittelbar oder unmittelbar. Sie sollten am eigenen Leibe erfahren, wie es war, sein Leben in glühender Hitze auszuhauchen, im Inneren eines Berges begraben zu sein und ... in einem verschlossenen Überseecontainer einsam und ohne Hoffnung auf Rettung elend zu verrecken.

Solo öffnete die Augen, nahm langsam wieder ihre reale Umgebung wahr. Ihr Blick wurde klar. Sie richtete die Lehne des Fahrersitzes wieder auf, startete den Motor und rückte in der Warteschlange auf. So war es. So musste es sein. Ihre innere Stimme gab ihr Sicherheit. Robun oder das, was von ihm übrig war, befand sich irgendwo in einem Container eingesperrt. Solo wusste nicht, warum sie letztendlich so sicher war, aber sie hatte gelernt, dieser Stimme zu vertrauen.

Beim Abendessen erzählte Solo Tarzan aufgeregt von dem blinden Passagier im MAERSK-Container und erläuterte ihm ihre Theorie, dass Robun in einem Container gefangen sein könnte. Tarzan sog nachdenklich an einer der billigen Maiskolbenpfeifen, die er gerne als Gästepfeifen bereithielt, paffte blaue Wolken durch das Wohndeck und wiegte den Kopf. Er nahm Solos Ahnungen stets ernst. Auch er hatte gelernt, dass ihr siebter Sinn sie selten trog.

»Wir müssen also nur einsame Container suchen, die nicht mehr im Umlauf sind, die Türen aufmachen und ›Hallo Ilja‹ rufen?«, schlug er vor.

»Du bist doof!«, Solo hatte jetzt überhaupt keinen Sinn für flotte Sprüche.

»Ich denke praktisch. Weißt du, wie viele von den Dingern irgendwo rumgammeln? Du könntest dein ganzes Leben lang herumfahren und kontrollieren. Wir müssen die Suche begrenzen.«

»Habe ich schon!«, trumpfte Solo auf und erläuterte Tarzan ihren Plan: »Als Erstes fahren wir zu dem großen Containervermieter im Rheinauhafen, lassen uns die Standorte aller im letzten Jahr gelieferten toten Container nennen, wir ...«

Tarzan unterbrach: »Tote Container? Was ist das denn?«

»Tote Container nennt man in dem Geschäft Exemplare, die weder als Lager noch als Wohn- oder Bürogebäude gebraucht werden. Meist dienen die als Werbefläche. Stehen irgendwo rum und sind mit Reklame beklebt.«

»Wie in Oggersheim, wo sie den neuen Baumarkt bauen. Die haben sechs Stück aufeinandergestellt und ein riesiges Transparent daran befestigt.«

Solo nickte. »Genau so was suchen wir. Viel befahrene Stellen und Orte mit Besucherverkehr können wir, glaube ich, ausklammern. Der Mörder wird wohl eher was Ruhiges bevorzugt haben. Kisten, die weiter als 15 oder 20 km entfernt sind, fallen wahrscheinlich auch raus. Vater, Seebna und Kutschnik wurden praktisch vor der Haustür umgebracht. Der Täter stammt aus der Nähe, beziehungsweise er lebt im Kreis Bergstraße oder im Rhein-Neckar-Kreis.«

»Vielleicht sollten wir doch die Polizei hinzuziehen ...«, warf Tarzan ein.

Solo presste die Lippen zusammen und nickte schließlich zögernd. »Auch auf die Gefahr hin, dass die uns nicht ernst nehmen. Aber wenn Robun wirklich in einem Container steckt, dann wird die Zeit langsam knapp ...«

Sie brach ab, wandte den Kopf und sah nach draußen. Ein älterer Mercedes stoppte vor der *Lady Jane*. Auch Tarzan hatte das Auto gesehen. Ein untersetzter, weißhaariger Mann stieg schwerfällig aus, schloss umständlich den Wagen ab und ging mit kurzen Schritten in Richtung Gangway.

»Der Alois«, sagte Solo und bedeutete Tarzan mit einer Kopfbewegung, dem Besucher zu öffnen. Tarzan zog fragend die Augenbrauen hoch, ging aber folgsam zur Tür. Als Alois Kopp sich ächzend auf dem Sofa niederließ, sahen beide, dass der alte Mann nicht sehr gesund aussah.

»Ich bring dir ein Glas Wasser, Alois«, bot Solo an, doch der Besucher winkte nur mürrisch ab.

»Pfui Deibel, da bumsen die Fische drin! Da kriegt man bloß Läuse und Flöhe in den Bauch. Wenn du ein Bier hast, Kleines, das wäre nicht schlecht«, krächzte er und Tarzan lächelte. »Kleines«, niemand sonst durfte Solo so ansprechen, aber auch niemand sonst außer Alois Kopp kannte Solo schon so lange. Der alte Mann war von Anfang an dabei gewesen. Er war Erich Solomons erster Fernfahrer. Nachdem ihm ein Rückenleiden die Tätigkeit hinter dem Lenkrad verbot, war er der gefürchtetste Lagermeister nördlich des Äquators gewesen und schließlich, nach seiner Pensionierung vor fünf Jahren, Fahrer, Hausmeister und Gärtner des Alten. Zum letzten Mal hatten Solo und Tarzan den alten Mann bei Erich Solomons Begräbnis gesehen. Er hatte, zusammen mit der Handvoll Erde, einen Golfball in das offene Grab geworfen. Der Alte hatte ihm das Golfen beigebracht, und in Insiderkreisen galten die nicht sonderlich begabten Herren als Waldorf und Stadler der Golfplätze. Doch selbst auf der Beerdigung hatte Alois Kopp besser ausgesehen als heute, fand Solo, als sie ihm und Tarzan je ein Weizenbier hinstellte. Kristall, wohlgemerkt, denn Alois Kopp trank niemals »dreckiges« Bier.

Kopp nahm einen tiefen Zug, lehnte sich danach seufzend zurück und schaute seine Gastgeber müde an.

»Was, zum Teufel, verschlägt den Kopp auf die *Lady Jane?*«, fragte er. Dem Satz fehlte jegliches Augenzwinkern. Er griff in die Innentasche seines Jacketts und holte eine zusammengefaltete Zeitungsseite hervor, glättete sie bedächtig und drehte sie so, dass Solo und Tarzan, die ihm gegenüber saßen, die Überschrift lesen konnten. Aber sie erkannten auch so auf den ersten Blick, um was für einen Artikel es sich handelte. Es war die Montagsausgabe der Weinheimer Nachrichten, die den Bericht sogar auf der Titelseite gebracht hatte. »TOD IM SAUKOPFTUNNEL«, schmetterte die Balkenüberschrift, darunter das Bild des geheimnisvollen Amuletts. Solos Gesichtsfarbe, von Natur aus nicht gerade dunkel, wurde noch eine Spur blasser und Tarzan, der gerade wieder sein Glas erhoben hatte, stellte es abrupt wieder ab und schaute den späten Gast gespannt an.

»Ich hab' ihm versprochen, dass ich das Maul halte, Kinder. Ich hab's dem Alten versprochen ...« Alois Kopp brach ab, leerte mit dem zweiten Zug sein Glas und bedeutete Solo, es wieder zu füllen. Nachdem er sich den Schaum von den fleischigen Lippen gewischt hatte, sprach er weiter: »Aber jetzt ist der Alte schon lange unter der Erde und der Seebna auch. Den Stalleff hat's ja schon früher erwischt, und der Robun ...«, er setzte das zweite Glas an.

»Was weißt du über Robun?«, unterbrach ihn Solo. Sie beugte sich vor, schaute Kopp direkt in die blauen Augen, die noch immer strahlen konnten wie die eines verliebten 18-Jährigen. An diesem Abend strahlten sie nicht. Sie wirkten trübe, wässrig und doppelt so alt wie ihr 68 Jahre alter Besitzer. Kopp schaute sie zwischen rotgeränderten Lidern lange an, nickte langsam und flüsterte heiser: »Über Robun weiß ich nur, dass er verschwunden ist. Im Fernsehen haben sie's ja auch gebracht. Würd' mich nicht wundern, wenn er auch irgendwo liegt und stinkt. Verzeihung, tut mir leid.« Dass der alte Kopp sich für irgendetwas entschuldigte, war noch niemals vorgekommen. Schon gar nicht über Taktlosigkeiten und verbale Entgleisungen, für die er berüchtigter war als Prinz Philip. Was der ehemalige Vertraute Erich Solomons dann erzählte, war allerdings eine ganz besondere Beichte:

»Es war vor zwei Jahren, als ich zusammen mit meinem Freund und Chef auf Schwarzwild pirschte. Stundenlang saßen wir schweigend auf dem Hochsitz, die Büchsen bereit, das Nachtglas um den Hals. Nur ab und zu ein kleiner Schluck aus dem edlen, lederbezogenen Flachmann. Wildschweine haben ein gut entwickeltes Gehör. Selbst ein zu lauter Atemzug verrät denen deine Anwesenheit. Irgendwann weit nach Mitternacht beschloss Erich, den armen Schweinen Gnade zu gewähren und entlud das Gewehr. Wir wanderten noch ein Stück höher hinauf. Hinauf auf den Saukopf. Im Schein des Mondes erreichten wir eine kaum erkennbare Abzweigung vom Forstweg. Wir kamen zu einer alten Hütte. Dort hat er mir alles gebeichtet ...«

Alois Kopp atmete schwer, nahm einen tiefen Zug aus seinem Bierglas und erzählte die Geschichte der 19 marokkanischen Flüchtlinge. Wie gut das »Geschäft« all die Jahre gelaufen war. Der Alte nannte keine Namen, aber Kopp wusste auch so, wer gemeint war. Ein »Einkäufer«, der sich im Land auskannte, suchte geeignete Gruppen aus, meist Familien. Möglichst komplett wegen der Komplikationen. In speziell dafür umgerüsteten Containern wurden die Flüchtlinge dann innerhalb von drei Tagen nach Deutschland gebracht. Dort bekamen sie von einem befreundeten Druckereibesitzer französische Pässe und wurden als willkommene, billige Arbeitskräfte an Landwirte, Baufirmen und Subunternehmer vermittelt. Logisch, dass die Vermittlungsgebühr beträchtlich war, erhielten die »Kunden« schließlich einwandfreie »Ware«, inklusive gültiger Papiere. Dies praktizierte man über mehrere Jahre.

»Bis zu jenem verfluchten 20. August ...« Alois Kopp hatte bereits sein viertes Bier intus und Solo nahm sich vor, die Gästekabine herzurichten. Doch das musste noch warten. Atemlos lauschten sie der Geschichte des alten Mannes:

»Jener ›verfluchte 20. August‹ war der Beginn einer Tragödie ... Es war Dieter Seebna, der den Sattelzug in der Gegend von Tarragona auf den Parkplatz des ›Schweden‹ steuerte. Der ›Schwede‹ war ein Schweizer, dem aber wegen seiner glühenden Verehrung von SCANIA-Lkws schon immer dieser Spitzname anhaftete. Seit eine andalusische Schönheit ihm bei Valencia gezeigt hatte, dass man auf der Pritsche eines Fernlasters auch zu zweit übernachten konnte, hatte er dem Leben als Fernfahrer abgeschworen, seine iberische Göttin geheiratet und seinen Scania neben der ehemaligen Finca geparkt, die nun eine grellrote Leuchtreklame als südlichster Truck-Stopp Schwedens anpries. Seine Portionen waren Legende, sein Bauch ebenso und viele seiner Gäste glaubten fest daran, dass er mindestens die Hälfte seiner acht Kinder selbst ausgetragen hatte. Die direkte Nachbarschaft des in angenehmes rotes Licht getauchten Clubs »Al-Ciervo-Rojo« trug indirekt zum guten Geschäft bei, stärkten sich die Ritter der Landstraße doch gerne sowohl vor als auch nach der Arbeit, wie immer diese auch geartet war. So auch Dieter Seebna: Er parkt den Mercedes 1632 in der äußersten Ecke des Parkplatzes, genehmigt sich beim Schweden ein Truckergedeck, läuft anschließend im »Al-Ciervo-Rojo« zur Hochform auf, begießt seine Taten dort mit mehreren Gläsern Don Carlos III. und wird augenblicklich stocknüchtern, als er die Stelle sieht, auf der er vor wenigen Stunden seinen Lastzug abgestellt hat: Der Platz war leer.

Vier Tage später entdeckte die Guardia Civil den Sattelzug auf dem sonnendurchglühten Parkplatz einer aufgegebenen Chemiefabrik im Industriegebiet von Zaragoza. Erich flog selbst nach Spanien. Der Container mit der Nummer HLXU 455 962-0 war leer. Die Diebe gehörten wohl zu jener Bande, die gezielt Lkws mit hochwertigen Textilien, die aus den nordafrikanischen Nähereien zu den Lagern von BOSS, VERSACE, ARMANI & Co unterwegs waren, überfielen oder einfach stahlen. Einmal war ein Fahrer, der die Räuber überrascht hatte, sogar getötet worden.

Als Erich die Tür des Containers öffnete, schlug ihm eine ungeheure Hitzewelle entgegen. Eine Hitzewelle und ein schwacher, aber gleichzeitig intensiver Geruch. Erich schauderte, als er mühsam über die ausklappbare Leiter in das Innere des Stahlbehälters kletterte. Die Trennwand war in Ordnung. Die getarnten Riegel alle geschlossen. Die Guardia war wohl nicht besonders ehrgeizig bei der Tatortuntersuchung dieses Diebstahls gewesen. Erich wagt es nicht, die Luke in der Trennwand zu öffnen. Der Geruch bestätigt es ihm auch so. Im Inneren von HLXU 455 962-0 gibt es außer ihm kein Leben mehr. Er und Dieter Seebna fahren den Lastzug nach Deutschland. Noch in der Nacht ihrer Ankunft öffnen sie die Trennwand. Ein kleines Mädchen hat noch gelebt ...«

Alois Kopp unterbrach seinen Bericht, trank das Glas aus und wischte sich den Mund ab.

»Erich hat sie ins Krankenhaus gefahren. Ich habe ihn noch niemals so aufgelöst gesehen. Er hat geweint, als sei es sein eigenes Kind.«

Solo beugte sich vor. »Was ist mit dem kleinen Mädchen geschehen?«

Kopp zuckte die Schultern. »Erich kam nach einer Stunde wieder. Sie hat es nicht geschafft, hat er gesagt. Zu schwach. Zu lange ohne Wasser. Vielleicht war es das Beste für sie ...« Nach einer Pause, in der Tarzan eine neue Flasche Bier holte, fuhr der alte Mann mit seiner Schilderung fort:

»Sie bargen die 19 Leichen, verpackten sie in Plastiksäcke und luden sie auf Solomons Pkw-Anhänger. Danach schickte der Alte Seebna nach Hause. Niemand hat jemals erfahren, was dann geschehen ist ...« Kopp war zu Kaffee und »Kurzen« übergegangen, seine Zunge wurde schwer. »Niemand außer dem alten Alois Kopp.

Er hat sie im Saukopf begraben. In einem alten Bergwerksschacht, den er hinterher zum Einsturz gebracht hat«.

Der alte Mann schüttelte den Kopf, murmelte, flüsterte und brabbelte mehr zu sich selbst als zu seinen Gastgebern: »Von Ewigkeit zu Ewigkeit, hat er immer gesagt, der Alte. Von Ewigkeit zu Ewigkeit.

Aber dann haben sie diesen verdammten Tunnel geplant. Das war der Grund, warum der Alte so ins Horn gestoßen hat, wegen dem Naturschutz, den Interessen der Jagd und Forstwirtschaft und all dem Scheiß. Der hat damals schon die Hosen voll gehabt wegen der Toten im Saukopf. Und er hat recht behalten. Die sind wieder auferstanden. Wieder auferstanden und haben ihn geholt. Sie haben ihn geholt. Den armen alten Erich. Die haben ihn sich geholt und die andern auch. Alle miteinander ... Er hat gut dabei verdient. Alle haben gut verdient. Alle haben wir profitiert. Aber der Erich hat immer auch an die armen Teufel gedacht. Der hat wirklich geglaubt, er tue Gutes. Der war richtig fertig damals. Er hat danach Schluss gemacht mit dem Geschäft. Die anderen wollten weitermachen, besonders der Robun, der Raffke. Der konnte nie den Hals voll genug kriegen. Aber der Alte hat nen Strich gezogen. Schluss, aus, vorbei. Basta. So war er eben. Immer der Boss, der Käptn, der Alte ...« Ein Speichelfaden glänzte auf dem Kinn von Alois Kopp, als sein Kopf nach vorne sackte. Tarzan bewahrte den massigen Körper gerade noch davor, seitlich umzukippen. Solo holte Bettzeug aus der Gästekabine und gemeinsam zogen sie Kopp die Schuhe aus, öffneten den Hosenbund und zogen ihm das Jackett aus. Sie rückten den Tisch so nahe an die Couch, dass der schnarchende alte Mann nicht herunterfallen konnte, und löschten das Licht. Danach saßen sie noch über eine Stunde auf der Achterterrasse. Sie bemerkten weder die Schnaken noch den wild schaukelnden Wagen in der hintersten Ecke des Parkplatzes.

9

Als Solo beim ersten Weckerklingeln aus dem Bett stieg und schlaftrunken ins Wohnzimmer ging, um nach Alois zu sehen, fand sie das Sofa leer. Auf dem Tisch lag ein Zettel, und ein Blick aus dem Fenster bestätigte ihr, dass Alois Kopp bereits verschwunden war. Sie nahm den Zettel und las die Nachricht: »Bin zur Polizei gefahren. Das bringe ich jetzt zu Ende. Danke für alles. Alois«

Tarzan war ihr gefolgt und reckte den kurzen Hals, um auch einen Blick auf das Blatt Papier werfen zu können. »An seiner Stelle hätte ich bis zum Mittag gewartet, wegen dem Restalkohol. Wenn die Bullen sehen, dass der mit dem Auto da ist, ist die Pappe weg.«

»Das ist dem, glaube ich, zurzeit ganz egal«, sagte Solo leise.

* * *

Alois Kopps Zeugenaussage brachte den Bienenstock des Präsidiums in der Heidelberger Römerstraße ganz schön zum Summen. Mit der strengen Auflage, den ehrwürdigen Strich-Achter-Mercedes auf dem Besucherparkplatz stehen zu lassen, wurde Kopp von Elke Lukassow schließlich entlassen. Die Ermittlungen im Falle der Tunnelleichen wurden in die Arbeit der SOKO Bergstraße integriert, und so kam die Kommissarin Heike Rasstorff doch noch zu ihrem Wunschteam. Daten wurden abgeglichen, Erkenntnisse ausgetauscht und Theorien während der täglichen Zusammenkünfte der Teams erörtert. Elke Lukassow rieb sich zufrieden die roten Hände. Langsam, ganz langsam, bekam dieser Fall ein Gesicht. Sie schaute auf ein vergrößertes Foto des bei den Toten aus dem Saukopftunnel gefundenen Amuletts: nein, ein lachendes Gesicht gewiss nicht.

Die nächsten beiden Wochen brachten allerdings keine Ergebnisse. Alle Mitarbeiter der SOLOTRANS wurden eingehend befragt, aber Erich Solomons Chauffeur und Vertrauter schien tatsächlich der einzige Mitwisser zu sein. Allerdings war die eigentliche SOKO-Arbeit nicht mehr allein bestimmend für den Arbeitsalltag der Heidelberger und Weinheimer »Kripozisten«. Zu spärlich waren die Hinweise. Zu wenig aussagekräftig die paar Spuren und Indizien, die man hatte. Hinweise aus der Bevölkerung gab es zu diesem Zeitpunkt so gut wie keine mehr. Die Zeitungen brachten auch nur ab und zu einen kleinen Einspalter im Lokalteil. »Ermittlungen festgefahren«, »Polizei tappt im Dunkeln« und ähnlich motivierende Überschriften. Die Zusammenarbeit mit den marokkanischen Behörden war äußerst frustrierend. Die Nordafrikaner hatten ganz andere Probleme, als eine vor über 20 Jahren verschwundene Gruppe zu ermitteln, und machten aus dieser Tatsache auch keinen Hehl.

* * *

Solo und Tarzan suchten während der nächsten Tage nach »toten« Containern. Bis auf eine tote Katze, das eine oder andere Penner-Lager und viel trockene Luft förderte die Aktion jedoch nichts zutage. Sie zweifelten langsam an der Richtigkeit ihrer Theorie.

Tarzan, für den Solo glücklicherweise noch keinen Job als Stückgutfahrer gefunden hatte, war mit dem Wohnmobil unterwegs. Der Winnebago Sunriser des Alten war eine acht Meter lange »Landyacht« mit 190 PS Diesel, zwei Klimaanlagen auf dem Dach und typisch amerikanischer Ausstattung mit plüschigen Polstern und jeder Menge Wurzelholz und Chrom. Tarzan hatte lange quengeln müssen, bis Solo ihren Widerstand aufgegeben hatte und einer Zulassung des Dampfers zugestimmt hatte. Die Anschaffung eines Anhängers, um Tarzans Riesenmotorroller mitnehmen zu können, hatte sie allerdings abgelehnt. Doch damit konnte Tarzan (vorerst) leben. Er benutzte den Sunriser dafür, kreuz und quer durch das Rhein-Neckar-Dreieck, den benachbarten Odenwald und sogar bis nach Rheinhessen und in die Pfalz zu fahren, um Container aufzuspüren und sie auf dort abgelegte Leichen zu kontrollieren. Zweimal bekam er Ärger mit der Polizei und einem Winzer, weil er landwirtschaftliche Wege mit dem Wohnmobil befuhr. Einmal wurde er sogar wegen Verdachts des Landfriedensbruchs vorläufig festgenommen. Natürlich erzählte er den Beamten nie den wahren Grund für seine Nachforschungen, sondern gab immer an, im Auftrag von »Runner's World«, einer Fachzeitschrift für Laufsport, neue Laufstrecken zu erkunden. Dies tat er sogar wirklich, denn das monströse Womo diente ihm als Basislager für seine Trainingsläufe. Stets hatte er seine gesamte Laufausrüstung an Bord und genoss nach dem Sport die Annehmlichkeiten der eingebauten Dusche und des WCs.

Auch heute hatte er das Wohnmobil auf einem ruhigen Parkplatz am Sandhausener Sportzentrum geparkt und war für eine Stunde durch den nahen Hardtwald gejoggt. Nach dem Duschen kochte er Kaffee und holte einen abgepackten Schokoladenkuchen aus dem Vorratsschrank. Erst gestern war die neueste Ausgabe von Runner's World im Briefkasten der *Lady Jane* gewesen. Entspannt saß Tarzan am Tisch der großen u-förmigen Sitzgruppe im Heck des Fahrzeuges, schlürfte laut den heißen Kaffee, ohne dass dies jemand Weibliches kommentierte, kratzte sich, wenn er sich kratzen wollte, und zog die Nase hoch, wenn es nötig war. Das Leben war herrlich. Er blätterte die Zeitschrift durch, kam zu der Beilage mit den Wettkampfergebnissen, die er meistens nicht las, stutzte jedoch, als er auf der ersten Seite das Foto eines schlanken Eliteläufers sah, der gerade mit erhobenen Armen das Ziel eines Marathons passierte. Es waren die Schuhe, die Tarzans Aufmerksamkeit erregten: Es waren Taifun 300. Tarzan las die Bildunterschrift: *Der marokkanische Ausnahmeläufer Said Sadouki gewann mit überlegenem Vorsprung die deutschen Universitätsmeisterschaften in Mün-*

chen. Tarzan las den Zeitungsbericht: *In der hervorragenden Zeit von 2:16:23 erreichte der in Heidelberg studierende Sadouki das Ziel im Münchener Olympiastadion. An den alle zwei Jahre intern ausgetragenen studentischen Meisterschaften können alle in Deutschland immatrikulierten Studentinnen und Studenten teilnehmen. Mit der 23-jährigen Hannah Müllendorff als schnellster Frau mit 2:35:06 ging der erste Platz zum ersten Mal seit 1984 wieder an eine einheimische Sportlerin.*

Er ließ das Heft sinken. »Verdammt viel Marokko«, hatte er unlängst erst zu Solo gesagt, als die Toten vom Saukopftunnel als Marokkaner identifiziert wurden.

»Verdammt viel Marokko«, murmelte er vor sich hin und betrachtete wieder das Bild des erfolgreichen Läufers.

* * *

Elke Lukassow war bedeutend freundlicher als bei ihrem letzten Besuch. Wahrscheinlich lag es an den Ermittlungen, die, sehr zum Missfallen der Mannheimer Staatsanwaltschaft, so gut wie keine Fortschritte mehr machten. Die Lukassow zeigte auch keine Verärgerung, als Solo ihr von der Containersuche berichtete. Ja, sie lachte sogar laut auf, als Tarzan ihr seine Festnahme in einem Alzeyer Wingert schilderte. Tarzan legte ihr die »Runner's World« mit dem Bild des marokkanischen Meisterschaftssiegers auf den Schreibtisch.

Neugierig blätterte sie in dem Magazin. »Eine Zeitschrift für Läufer ...«, sagte sie kopfschüttelnd, »... für jedes Hobby gibt es heutzutage eine Zeitschrift. Demnächst werden die Serienmörder auch ihr eigenes Magazin herausgeben. Killing-Magazine oder so. Da brauchen wir dann nur noch die Abonnenten zu verhaften.« Sie seufzte, als lägen alle Sorgen dieser Erde auf ihren runden Schultern, schaute Solo und Tarzan an und sagte: »Ich bin Ihnen sehr dankbar für Ihre Hilfe und Ihren Einsatz. Ich werde veranlassen, dass die Suche nach Robun um die Möglichkeit, ihn tot aufzufinden, erweitert wird. Ich glaube zwar nach wie vor an eine Täterschaft Robuns, aber mittlerweile krieche ich sogar in einen Fuchsbau, wenn der Bewohner glaubt, etwas über den Verbleib des Mannes zu wissen.« Sie schaute Tarzan scharf an, als der ein belustigtes Glucksen hören ließ. Er hatte sich in seiner kreativen Fantasie gerade vorgestellt, wie es aussähe, wenn das gewaltige Hinterteil von Elke Lukassow aus einem Fuchsbau ragen würde.

»Diesen Sadouki nehmen wir uns heute noch vor. FRANKFURT!«

Solo und Tarzan zuckten wie immer erschrocken zusammen, als die Lukassow ihren Kollegen herbeischrie.

Kurz darauf wurde die Tür geöffnet und der lange Frank Furtwängler streckte den Kopf herein. Er grüßte die beiden Besucher mit einem freundlichen Nicken und erhielt von seiner Vorgesetzten Anweisungen: »Said Sadouki, Siegfried-Anton-Dora-Otto-Ullrich-Konrad-Ida, marokkanischer Staatsbürger, Student an der Ruprecht-Karls-Universität in Heidelberg. Feststellen, bei welcher Fakultät der Mann eingeschrieben ist, wo er wohnt, was er isst, was er trinkt und wen er alles umgebracht hat. Haben Sie das?«

Frankfurt nickte völlig ungerührt, zog wortlos die Tür wieder zu und hinterließ eine zufrieden lächelnde Hauptkommissarin.

»Fähiger Mann. Wird bestimmt mal ein guter Polizist.«

Solo ergriff das Wort: »Glauben Sie, dieser Marokkaner war der Täter?«

Luke lächelte noch immer. »Ich glaube nichts, was ich nicht beweisen kann. Sadouki ist der 64. Besitzer von Taifun-300-Schuhen, den wir vernehmen. Ich gebe ja zu, dass Ihre Theorie vom bösen, unbekannten Rächer durchaus denkbar wäre, aber ich glaube an die einfachste und plausibelste Lösung. Damit habe ich bisher fast immer richtig gelegen.«

»Berndorf!«, sagte Tarzan stolz und die Lukassow hob fragend die Augenbrauen.

»Sein Lieblingskrimiautor. Der hat das angeblich auch gesagt«, erklärte Solo.

»Krimiautor!«, schnaubte die Lukassow und ließ den zähnefletschenden Rottweiler von der Kette. »Wenn ich etwas mehr hasse als Mörder und widersprechende Zeugen, dann sind es diese Schreiberlinge! Von nix ne Ahnung, aber Hinz und Kunz auf Verbrecherjagd schicken und uns als die Doofen hinstellen. Danke, aber diese Burschen habe ich gefressen!«

»So siehst du auch aus«, dachte Tarzan eingeschnappt.

Solo grinste und erhob sich. »Sagen Sie uns, wenn sich etwas ergibt?«

Die Lukassow schnaubte. »Sie wissen, ich darf keine Ermittlungsergebnisse ...«

»Ja«, sagte Solo und lächelte die genervte Kommissarin an, als wäre sie die Lottofee mit einem Koffer voller Millionen, »ich weiß, Frau Lukassow. Schönen Tag noch.«

Sie waren schon halb durch die Tür, als die Lukassow ihnen noch nachrief: »Ich ruf' Sie an!«

* * *

Ermittlungsnotiz, KHK Lukassow

Said Sadouki, *26 Jahre alt, geboren in einem Bergdorf in der Nähe von Oujda an der algerischen Grenze. Seine Mutter war während der Geburt gestorben, der Vater bereits lange vorher spurlos verschwunden. Sadouki wuchs bei einem Onkel auf, der ihm Lesen und Schreiben beibrachte und dessen Ziegen er bereits als Fünfjähriger hüten durfte. Ein internationales Kulturprogramm ermöglichte ihm den Schulbesuch, wo er bald als begabter und intelligenter Schüler Aufmerksamkeit erregte. Sadouki besuchte daraufhin die internationale Schule in Casablanca und wurde, nicht zuletzt wegen seiner sportlichen Leistungen, in ein neues Austauschprogramm eingebunden, das ihm per Stipendium ein Studium in Paris und später in Deutschland ermöglichte. Zurzeit studiert er Zahnmedizin an der Ruprecht-Karls-Universität in Heidelberg und bewohnt eine Studentenbude im Neuenheimer Feld. Er hat einen Teilzeitjob in einem zahntechnischen Labor in Neckargemünd, besitzt kein Auto und möchte eines Tages als reisender Zahnarzt den Ärmsten in seinem Land helfen. Said Sadouki spricht akzentfrei Deutsch, Französisch und Spanisch und leidlich Englisch.*

»Ein Musterknabe!« Elke Lukassow knallte den dünnen Schnellhefter auf die Tischplatte. Sie erhob sich und schaute aus dem Fenster. Sadouki ging mit federnden Schritten über den Hof, trat durch das Tor und fiel in einen routinierten Laufschritt. »Den haben wir im wahrsten Sinne des Wortes wieder laufen lassen«, dachte die Lukassow. Sadouki war am Morgen um halb sechs Uhr von der Besatzung eines Streifenwagens geweckt worden. Polizeiobermeister Olaf Hanske und Polizeimeisterin Anne Burlack hatten den jungen Mann freundlich gebeten, sie zu begleiten, und hatten ihn direkt zu Elke Lukassow und Frank Furtwängler gebracht. Der Mann leistete keinerlei Widerstand, schien echt verwundert und beantwortete alle Fragen der Ermittler höflich und umfassend. Die Eröffnung, als Verdächtiger in einem Mordfall verhört zu werden, kommentierte er zunächst mit einem ungläubigen Kopfschütteln, lehnte das Angebot ab, einen Anwalt seiner Wahl hinzuzuziehen, und lieferte für alle drei Morde lückenlose und überprüfbare Alibis:

14.04.1990, Tötung von Erich Solomon, Weinheim:

Sadouki feierte zur Tatzeit zusammen mit anderen Studenten eine rauschende Party im gesamten siebten Stockwerk des Studentenheims. Der Lärm war so groß, dass Anwohner die Polizei verständigten, die leisere Musik anmahnte und nach der zweiten Beschwerde gegen 1.30 Uhr die Party beendete. Beide Male war Sadouki anwesend und wurde bei einer Gegenüberstellung von den damals diensthabenden Beamten auch zweifelsfrei wiedererkannt.

20.04.1990, Tötung Dieter Seebna, Hemsbach:

Sadouki war von 9.00 bis 14.00 Uhr bei Vorlesungen der Universität eingeschrieben und als anwesend geführt worden.

21.04.1990, Tötung von Hanns-Gert Kutschnik, Saukopftunnel-Luftschacht:

Sadouki war an diesem Tag in Lübeck beim Hansemarathon gemeldet, den er in einer Zeit von 3:31:12 h absolvierte.

Die Anwesenheitslisten der Uni hatte Frankfurt überprüft, die Teilnahme Sadoukis am Hansemarathon hatten die dortigen Kollegen innerhalb von zwei Stunden anhand der Melde-, Start- und Ziellisten bestätigt. Die Lukassow hatte das Angebot ausgeschlagen, sich von Sadouki Medaille und Urkunde vorbeibringen zu lassen.

Schulterzuckend wandte sie sich ab. »Schade«, murmelte sie in ihre Mehrfachkinns, »du wärst so ein schöner Mörder gewesen.«

10

Es war der 22. Mai, an dem Solo beinahe eine Hafenratte überfahren hätte. Sie befuhr mit ihrem blauen Scania und dem leeren Containerchassis gerade den Erdinger Riedweg, der die Zufahrt zum Hafen 2, im allgemeinen Sprachgebrauch nur »Rheinauhafen« genannt, bildete. Hier musste man höllisch aufpassen, denn diese Straße war breit und führte schnurgerade bis zum Hoyer-Tanklager kurz vor dem Rhein. Die Seitenstraßen genossen Vorfahrtsrecht, was durch auffällige Beschilderung und gelbe Blinklampen noch unterstrichen wurde. Trotzdem kam es hier immer wieder zu gefährlichen Situationen, weil gerade ortsfremde Fahrer sich von der gut ausgebauten Straße irritieren ließen und ihre 40-Tonner flott durchdonnern ließen. Solo donnerte nicht. Sie ließ an der Einmündung Ruhrorter Straße brav einen Kleintransporter passieren, legte den dritten Gang ein und ließ den Sattelschlepper gemächlich rollen. Heute hatte sie keine Eile. Es war ein vergleichsweise ruhiger Tag. Diesem Umstand verdankte die kleine Hafenratte höchstwahrscheinlich ihr Leben. Die »Ratte« war etwa 10-12 Jahre alt, trug ein gelbes T-Shirt, dessen Ärmel abgetrennt waren, eine Baseballkappe und löchrige Bluejeans, deren Blue allerdings unter den vielen Lagen Schmutz kaum mehr zu erkennen war. Es handelte sich um ein Mitglied der berüchtigten Kinder-

und Jugendbande »Die Hafenratten«. Diese Gruppe war einst von engagierten Sozialarbeitern ins Leben gerufen worden, um den Kindern der im Hafengebiet lebenden Menschen eine Anlaufstelle zu bieten. Mittlerweile hatte das Sozialamt der Stadt Mannheim Stellen und Gelder gekürzt und die Hafenratten mehr oder weniger sich selbst überlassen. Der Junge im gelben T-Shirt schoss zwischen zwei am Fahrbahnrand geparkten Lkws direkt vor die platte Nase von Solos Scania 140. Für Solo wurde der schlimmste Albtraum aller Berufsfahrer Realität: Sie sah die Bewegung im rechten Augenwinkel, trat mit aller Macht auf die Bremse, sodass das leere Chassis mit qualmenden Reifen wilde Bocksprünge machte. Dann verschwand die Mütze des Jungen aus ihrem Sichtfeld. Sie hörte einen schwachen Schlag, als die Zugmaschine nach wenigen Metern heftig nickend zum Stehen kam. Solo wusste nicht mehr, wie sie aus dem Führerhaus gekommen war. Sie kniete neben dem toten Kind vor ihrem Laster, wagte nicht, es zu berühren. Die Kappe war vom Kopf gerutscht und gab ein wild zerzaustes Büschel feuerroter Haare frei. Solo hörte nicht, wie ein zweiter Lkw zischend anhielt, hörte weder die schweren Schritte noch die aufgeregten Rufe aus der gegenüberliegenden Imbissbude. Sie hatte Mühe Luft zu holen, glaubte ersticken zu müssen und begann unkontrolliert zu zittern.

Das »tote« Kind rappelte sich auf, holte seine Kappe unter der wuchtigen Stoßstange hervor, setzte sie wieder auf und meinte in breitestem Mannheimer Slang: »Mänsch Meedel, bass doch aa uff! Schier heeschd misch umgebroocht!«

Solo wandte den Kopf, schaute ungläubig auf den dreckigen kleinen Kerl, der sie mit seinen übergroßen Schneidezähnen angriente, schlang die Arme um ihn und weinte und lachte gleichzeitig, und das sehr, sehr nass.

Mittlerweile waren ein Rettungswagen und ein Notarzt eingetroffen, die wohl jemand von der Frittenbude alarmiert hatte. Der Junge wurde trotz seiner massiven Einwände auf die Transporttrage geschnallt und zur Beobachtung ins Krankenhaus gebracht.

»Wo bringt ihr ihn hin?«, rief Solo den Sanitätern zu.

»Städtisches!«, kam die knappe Antwort, aber das genügte Solo.

Jeder kannte das große Universitätsklinikum am Neckarufer. Der festungsartige Monumentalbau im Gründerzeitstil mit seinen schwarzen Schieferdächern erstreckte sich von der Friedrich-Ebert-Brücke bis zur Feudenheimer Straße. Solo hatte dankbar den spendierten Kaffee in der Imbissbude genossen, hatte sich zu ihrer schnellen Reaktion und ihrem großen Glück gratulieren lassen und beschlossen, für heute Feierabend zu machen. Ihr Chef, normalerweise ein eher treibender Zeitgenosse, war bestürzt, als er von dem Unfall hörte, und hatte Verständnis für Solos Wunsch. Den Scania parkte sie auf dem großen Freigelände neben der Cholesterinbude. Für heute hatte sie vom Lkw-Fahren erst einmal die Schnauze voll. Sie rief über das Autotelefon bei Tarzan an, der sie mit dem Wohnmobil abholte.

»Jetzt kommst du auch noch mit diesem Ozeandampfer!«, schimpfte Solo, als Tarzan voller Sorge ausstieg.

»Da bin ich aber froh, dass du schon wieder am Maulen bist«, erwiderte er erleichtert und nahm sie in den Arm. Nachdem sie ihm den Vorfall geschildert hatte, bestand sie darauf, sofort ins Krankenhaus zu fahren.

»Weißt du überhaupt seinen Namen?«, fragte Tarzan, während er am Feudenheimer Bunker nach links in Richtung Innenstadt abbog.

»Keine Ahnung, aber so viele 10-12-jährige Verkehrsunfallopfer werden sie in den letzten zwei Stunden wohl nicht eingeliefert haben. Mach du dir lieber mal Gedanken, wo du das Schlachtschiff parken willst. Da wirst du hier nämlich richtig Probleme kriegen.«

»Werd' ich nicht«, antwortete Tarzan im Brustton der Überzeugung. Am Beginn der Röntgenstraße ordnete er sich auf der Linksabbiegerspur ein, wartete auf das Grünsignal der Ampel und steuerte geradewegs auf die Lieferanteneinfahrt zu.

Der Pförtner trat neugierig aus seinem Häuschen, als das lastwagengroße Wohnmobil vor der geschlossenen Schranke anhielt.

»Medtrans. Anlieferung Labor. Organische Proben für Dr. Haussbach!«, sagte Tarzan mit der gekonnten Gleichmütigkeit des Profis, hob dabei mit der rechten Hand seine Kühlbox in die Höhe, damit der Zerberus sie sehen konnte.

»Warum kommt ihr denn nicht gleich mit nem Sattelzug?«, polterte der Torwächter gutmütig und betätigte den Schalter für die Schranke.

»Sorry, der ist gerade mit ner Einwegspritze unterwegs«, sagte Tarzan lachend und winkte dem Mann noch lässig zu.

Sie fuhren quer durch das weitläufige Klinikgelände und parkten in der Ladezone der Kantine.

»Drecksack!«, sagte Solo entrüstet. »Lügt, ohne rot zu werden. Woher kennst du überhaupt Dr. Haussbach?«

»Kenn ich gar nicht, stand auf dem Parkplatzschild hinter der Einfahrt. Das Leben verlangt eben ab und zu nach einer kleinen Notlüge.«

Solo öffnete die blaue Kühlbox und schaute neugierig hinein. »Und die Cola und die Schokolade sind dann wohl die organischen Proben, wie? Wie verträgt sich das Zeug überhaupt mit deiner Diät?«

»Ich habe 750 Gramm abgenommen!«, rechtfertigte Tarzan sein sorgfältig gehütetes Kohlenhydratlager. »Außerdem wollte ich gerade ein kleines Läufchen machen, als du angerufen hast.«

»Das kannst du später nachholen, und damit dein Körper auch was davon hat, nehme ich die Schokolade mit. Kann ja wohl nicht mit Blumen kommen, bei ner Hafenratte.«

»Hafenratte?«

Solo erklärte Tarzan, was ihr der Junge bis zum Eintreffen der Sanitäter erzählt hatte. »Sie spielen immer auf dem Gelände mit den Wohn- und Materialcontainern von der Vermietfirma. Der Besitzer hat nichts dagegen. Hat ihnen sogar einen alten Wohncontainer als Clubheim zur Verfügung gestellt. Sie nennen sich ›Die Hafenratten‹ und es scheinen ein paar ganz dolle Früchtchen dabei zu sein.«

Die Dame an der Information schüttelte bedauernd den Kopf, als sich Solo nach einem Jungen in besagtem Alter erkundigte. »Den Namen bräuchte ich schon, liebe Frau, sonst kann ich nichts machen«. Ihr bemühtes Hochdeutsch konnte die waschechte Mannheimerin nur schwach übertünchen.

Solo, bei der die Anrede »liebe Frau« gleich nach Schlampe rangierte, lief rot an. »Dann schauen Sie doch bitte mal nach Red-Rat, verehrtes Frollein. So hat er sich mir gegenüber vorgestellt.«

Ein manikürter Zeigefinger kroch eine Liste hinunter. Solo drehte sich halb zu Tarzan um, rollte genervt mit den Augen und zog die Oberlippe bis unter die Nasenlöcher, um ihren Widerwillen zu zeigen.

»Da haben wir's schon«, krähte das Fräulein, »Rääd-Rääd. Der Kollege von der Frühschicht hat ihn tatsächlich so aufgenommen. Furchtbar, wie die Kinder mit ihren Namen umgehen. Also mein Großer, der heißt Karl-Wilhelm, das ist ein guter deutscher Name. Der käme niemals auf die Idee, sich Rääd-Rääd zu nennen, wissen Sie ...«

»Vielleicht ist er ja blond«, versuchte Solo diesen Umstand zu erklären.

»Nää, moin Karl-Willem iss schwazz. Wissen 'se, wie sein Opa, der Guschdav. Dess wa ach so än Schwazze, gell?«

Tarzan blies sich auf wie ein Luftballon, um nicht laut loszuprusten, während Solo endlich die Station und die Zimmernummer aus der stolzen Mutti herauskitzelte.

Das blasse Kindergesicht unter dem wirren Rotschopf hatte überhaupt nichts Cooles mehr an sich. Mager und sommersprossig schaute es seine Besucher mit ängstlichen Augen an.

»Bist du ein Bulle?«, fragte »Red-Rat«, als er Tarzan sah.

»Nur wenn er ein rotes Tuch sieht«, beschwichtigte Solo und stellte Tarzan vor. »Red-Rat« war ganz angetan von Lothar Zahns Spitznamen und fand es cool, dass ein so alter Mann einen richtigen Spitznamen hatte. Tarzan fand es nicht wirklich cool, als »so alter Mann« bezeichnet zu werden, und ignorierte Solos spöttische Seitenblicke. Traurig registrierte er, dass der Junge seine Schokolade auch cool fand und sie mit zwei, drei Bissen verschlang. Solo sprach anschließend noch mit einem Assistenzarzt, der ihr erzählte, dass ein in Schwetzingen wohnender Onkel unterwegs wäre, um den Jungen mitzunehmen. Eltern oder andere Verwandte hatte der Junge, der mit richtigem Namen Michael Kuzcinski hieß, keine mehr. Bis auf eine leichte Gehirnerschütterung hatte Michael keinerlei Verletzungen davongetragen und er war mächtig stolz, als Solo ihm erklärte, dass er sich mit einem der stärksten Lkws Europas angelegt hätte. Sie versprach, ihn einmal auf eine Fahrt mitzunehmen, und das matte Lächeln des Jungen, als sie sich noch einmal in der Tür umdrehte, war für sie das Highlight des Tages. Den Anblick des reglosen Körpers vor ihrem Laster würde sie wohl in ihrem ganzen Leben nicht wieder vergessen.

Auf der Rückfahrt nach Lampertheim sprach Solo kein einziges Wort. Tarzan steuerte das Wohnmobil über die Friesenheimer Insel, vorbei am Müllberg und über die Altrheinbrücke. Die »Zellstoff«, die große Papierfabrik, stank. Es würde Regen geben.

Zurück auf der *Lady Jane* brach Tarzan das Schweigen: »Das ist dir ganz schön an den Kittel gegangen, was?«

Solo nickte, atmete tief ein und trank einen Schluck Cola. »Da hast du recht. So was will ich im ganzen Leben nicht mehr erleben. Aber ich habe über etwas anderes nachgedacht. Erinnerst du dich, was uns der Junge über ihren Spielplatz erzählt hat?«

»Das Gelände mit diesen vielen Mietbaubuden?«

»Genau das. Vielleicht haben wir die ganze Zeit die falschen Kisten durchsucht.« »Du meinst ...« Tarzans Augen wurden noch kleiner, als sie ohnehin schon waren. »Genau. Kiste ist Kiste und die meisten von diesen Wohn- und Büromodulen haben sogar die gleichen Maße wie die Überseecontainer. Die passen sogar auf jedes Normchassis. Wir sollten uns einmal mit den Hafenratten unterhalten.«

»Ob die so alte Leute wie uns überhaupt anhören?«, argwöhnte Tarzan.

Solo lachte. »Vergiss nicht, ich bin um einiges jünger als du. Außerdem ist Red-Rat ganz verrückt aufs Lkw-Fahren. Da haken wir ein, der Rest ergibt sich dann wahrscheinlich ganz von selbst.«

Der Chef der Rheinauer Hafenratten nannte sich Big-Rat, war ein 16 Jahre alter Grizzlybär mit Babygesicht und ständig von einer Schar treu ergebener Schleimer umgeben, für die es keine bessere Bezeichnung als Hafenratten geben konnte. Er hielt Hof auf einem zerfledderten ehemaligen Zahnarztstuhl, den jemand schwarz und lila angepinselt hatte. Huldvoll bedankte er sich für die gute Behandlung seines Untertanen Red-Rat und sprach, krampfhaft um eine dunkle Tonlage bemüht, in der Art und Weise wie Marlon Brando in dem Film »Der Pate«, was ihm allerdings nicht ganz gelingen wollte. Stolz führte er seine Gäste über das Gelände, erklärte, dass, seit die Hafenratten hier waren, keinerlei Schäden durch Vandalismus oder Graffiti aufgetreten seien und dass sogar die Stadtstreicher das Terrain jetzt mieden. Ein Teil des Areals war extra eingezäunt. Dort standen sichtlich heruntergekommene Container. Die Farbe blätterte großflächig ab, zum Teil quoll Isoliermaterial hinter abgerissenen Verkleidungen hervor und mehrere Scheiben waren eingeworfen.

»Der Schrottplatz«, erklärte Big-Rat auf Solos neugierige Frage. »Wir gehen da nicht hin. Das ist ne Scheißecke. Riecht auch so.«

Solo horchte auf. »Wie meinst du denn das?«

»Na, es stinkt. Zehn Meter gegen den Wind. Da muss mindestens 'ne Hundertschaft Penner hingesch... Verzeihung, ihr Geschäft gemacht haben.«

Bei Solo läuteten sämtliche Alarmglocken. »Das sehe ich mir mal näher an.«

Big-Rat winkte ab. »Gerne, Lady, aber mich musst du jetzt entschuldigen. Die Geschäfte ...« Eilig verzog er sich mit seinen Speichelleckern.

Solo schaute Tarzan an. Beide dachten dasselbe. Sie näherten sich dem Zaun. Ein aus den Angeln gerissenes Tor aus Welldraht markierte den Zugang. Innerhalb des ca. 50 mal 100 m großen Geländes standen etwa zwei Dutzend Container und Materialboxen.

»Du fängst hinten an, in der Mitte treffen wir uns«, ordnete Solo an und mit einem flauen Gefühl in der Magengegend machten sie sich ans Werk. Big-Rat hatte recht gehabt: Es stank zum Himmel. Die Hundertschaft Penner musste unmögliches Zeug gegessen haben. Bei den meisten der Kästen war eine Überprüfung einfach. Man steckte den Kopf durch eines der zerborstenen oder ganz fehlenden Fenster, erblickte alte Zeitungen, Laub, Sand und Schutt und den einen oder anderen Plastikbeutel mit undefinierbarem Inhalt. Manche Boxen waren ohne Fenster und jedes Mal, wenn Solo eine der Türen öffnete, stockte ihr kurz der Atem vor dem, was sie zu sehen erwartete. Zur Mitte hin verstärkte sich der Geruch, bis Solo und Tarzan schließlich vor dem letzten der schrottreifen Behälter standen. Er war allseitig geschlossen. Verfügte nur über eine einzige Tür an der Stirnseite. Ein merkwürdig neu aussehendes, massives Vorhängeschloss der Marke Trelock sicherte den Eingang. »SIEMENS« stand in ehemals türkisfarbenen, verblichenen Lettern über der Tür. Der Geruch war überwältigend. Schillernde Schmeißfliegen summten überall, krochen geschäftig auf der sonnenwarmen Oberfläche herum und verschwanden an der Unterseite. Solo schauderte. Tarzan ging, ein Taschentuch vor Mund und Nase gepresst, um den Container herum. Sein erstickter Ruf ließ Solo zusammenzucken. Sie ging zu ihm auf die Rückseite. Dort war, nahe der Oberkante, eine Art Belüftungsgitter angebracht. Tarzan deutete mit ausgestrecktem Zeigefinger wortlos darauf: Die Lamellen des Luftgitters waren dick mit Bauschaum verstopft.

Solo und Tarzan standen auf der windabgewandten Seite des Containers. Tarzans Gesicht ähnelte fatal der Farbe eines handgezupften Mozzarellas.

»Die Hafenratten haben doch garantiert einen Bolzenschneider?«, fragte Tarzan.

Solo schüttelte den Kopf, ohne die Augen von dem etwa 2,5 m breiten und 3 m langen Blechkasten zu nehmen. »Da geh ich nicht dran. So bescheuert bin ich nicht. Du gehst zum Wohnmobil und rufst die Lukassow an. Ich warte hier.«

»Und wenn es falscher Alarm ist?«, fragte Tarzan.

»Dann hole ich mir gerne einen Anschiss ab. Aber glaube mir: So stinkt keine tote Katze.«

Tarzan nickte nur und trabte los, froh, dem infernalischen Geruch für eine Weile entfliehen zu können.

Elke Lukassow war unterwegs, man versprach aber, sie zu benachrichtigen. Tarzans Hinweis auf den möglichen Fundort von Ilja Robun wurde, entgegen seinen Befürchtungen, durchaus ernst genommen. Ein Hauptkommissar Röder, den Tarzan am Telefon hatte, erklärte, dass die Kripo in Mannheim zuständig sei, aber von Heidelberg aus sofort eine Ermittlungsgruppe losgeschickt würde, um erste Eindrücke aufzunehmen und die Mannheimer Kollegen bei der Identifikation der möglichen Leiche zu unterstützen. Tarzan wurde ermahnt, nichts zu verändern und den Fundort gegen Neugierige abzusichern, bis die Polizei einträfe.

Dies geschah nur zehn Minuten später. Eine Motorradstreife, die auf der B 36 eine Lkw-Kontrolle durchgeführt hatte, war zuerst am Gelände der Firma Conrent in der Rotterdamer Straße. Kurz darauf kam noch ein Streifenwagen von der Polizeistation Neckarau und ein BMW der Kripo Mannheim. Die Hafenratten hatten sich beim ersten Klang der Martinshörner binnen Sekunden in Luft aufgelöst. Ein Kombi und ein Kleinbus der Kriminaltechnik folgten weitere zehn Minuten später. Ganz zuletzt hielt ein dunkler Passat am bewachten Tor und eine kleine fette Hand hielt dem dort postierten Beamten einen Dienstausweis unter die Nase.

Nachdem die Kriminaltechniker die Umgebung des Containers nach eventuellen Spuren abgesucht, gesichert und den Container von allen Seiten fotografiert hatten, knackte man mit einem Bolzenschneider das Schloss, verstaute es in einem Tütchen und öffnete die Tür. Der Geruch verstärkte sich explosionsartig und raubte den Umstehenden fast den Atem. Im Inneren des Behälters erkannte Solo von ihrem Platz hinter der Absperrung einen merkwürdigen dunklen Umriss. Eine junge Technikerin entrollte eine Kabeltrommel, schloss einen starken Scheinwerfer an und befestigte ihn auf einem silbernen Stativ. Sie trug einen weißen Einweg-Overall wie ihre Kollegen auch, ebenso eine Gazemaske über Nase und Mund. Der Scheinwerfer wurde im Inneren aufgestellt und eingeschaltet. Solo wusste immer noch nicht, was sie da eigentlich sah.

Tarzan krächzte ein heiseres, halb ersticktes »Was ist das« hervor.

»Mein Gott!« Das waren die Worte des Mannheimer Kommissars, der sich als Franz Gehbracht vorgestellt hatte. Er wankte aus dem Container, riss sich die Maske vom Gesicht und holte tief Luft. »Fünfzehn Jahre Dienst, aber das da drinnen ...« Er schaute sich entschuldigend um, nickte einem Kollegen zu, der gerade vorsichtig den Container betrat, und winkte der Lukassow, die sich unter Einsatz von Händen und Füßen mit dem Beamten an der Absperrung unterhielt. Solo wollte näher ran, aber die uniformierte

Polizistin schüttelte nur den Kopf. »Glauben Sie mir, das wollen Sie gar nicht sehen.« Die junge Frau war etwas blass um die Nase. Solo war überzeugt, auch nicht viel anders auszusehen.

Elke Lukassow hatte Solos Versuch gesehen und winkte ihnen zu: »Lassen Sie die beiden durch, Frau Kollegin. Wollen doch mal sehen, wer die stärkeren Nerven hat!« Mit wackeligen Knien näherten sich Solo und Tarzan dem Behälter, vor dem immer noch Gehbracht und die Lukassow standen. Aus dem Inneren hörte man das Klicken von Fotoapparaten und in Diktiergeräte gemurmelte Kommentare. Schwärme von Fliegen bildeten blauschillernde Wolken sowohl drinnen als auch draußen. Sie schienen erbost über die unwillkommene Störung. Tarzan warf einen schnellen Blick hinein, wandte sich aber augenblicklich ab. Seine Gesichtsfarbe passte hervorragend zu dem verschossenen Grün von Lukes Lodenmantel.

Die Lukassow nahm Solo am Arm und hielt sie zurück. »Ich möchte Ihnen danken für Ihr umsichtiges Verhalten hier. Dass Sie nicht das Schloss aufgebrochen und mögliche Spuren vernichtet haben. Das war sehr gut. Aber das da müssen Sie sich nicht ansehen. Ich bin eine alte Hexe, aber manche Dinge schlagen auch mir auf den Magen. Aber ich werde dafür bezahlt. Sie nicht.« Die Lukassow wusste natürlich, dass solche Worte Solo nur noch mehr zur Tür trieben. Starr vor Entsetzen schaute sie auf die im Scheinwerferlicht und unter dem Geflacker der Blitzgeräte unwirklich erscheinende Szene: Genau in der Mitte des Behälters stand ein Küchenstuhl. Darauf saß ein in Umriss und Größe an einen Menschen erinnernde, merkwürdig wabernde, gelbliche Masse ... Es wuselte, krabbelte, glibberte wie ein einziger lebender Organismus. Sie waren überall: am Stuhl, auf dem Boden, an den Wänden. Das, was einmal ein Mensch gewesen war, wurde völlig von ihnen eingehüllt. Eine Gestalt im Papieroverall sammelte einige der Maden in ein Glas, verschloss und beschriftete es.

Als Solo realisierte, was sie da sah, drehte sie sich um, stieß dabei fast mit einem der Techniker zusammen, stolperte, fing sich wieder, verhedderte sich im Absperrband und landete endlich in den haarigen Armen von Tarzan. Sie hyperventilierte und Tarzan klopfte ihr auf den Rücken, packte sie bei den Handgelenken und schüttelte sie, bis sie wieder zu sich kam. Ihr Atem ging immer noch stoßweise, aber regelmäßiger.

Nach einigen Minuten öffnete sie die krampfhaft geschlossenen Augen, blickte Tarzan dankbar an: »Ich glaube, Männer können so was doch besser ab als Frauen ...«

»Stimmt nicht«, gab Tarzan zu, »ich war gerade hinter dem letzten Container. Da war auch einer von den Motorradbullen, dem hat's auch den Magen gedreht. So was jede Woche ist wohl die beste aller Diäten.«

An diesem Tag wollten Solo und Tarzan nur noch eines: so schnell wie möglich an Bord der *Lady Jane* und die schrecklichen Bilder verdrängen.

11

Am nächsten Morgen rief Solo bei ihrem Auftraggeber an und meldete sich krank. Sie war wirklich kein Sensibelchen, aber nach dem gestrigen Tag fühlte sie sich ausgebrannt und müde. Tarzan war wieder einmal unterwegs. Er hatte seinen Flaschengürtel mitgenommen und gesagt, dass er jetzt endlich einmal mit den ganz langen Läufen beginnen müsse. Solo wusste es besser. Auch ihr Partner brauchte jetzt ein Ventil zum Abschalten. Sie beschloss, auch etwas für ihren Kreislauf zu tun: Sie duschte ausgiebig und ging wieder ins Bett ... Merkwürdigerweise schlief sie tief und fest und erwachte erst am frühen Nachmittag vom hartnäckigen Klingeln des Telefons. Aus dem Badezimmer hörte sie das Rauschen der Dusche und im Flur lagen verschwitzte Laufklamotten herum. Solo tappte blinzelnd in den Vorraum, hob den Hörer ab und nuschelte ein kaum verständliches »Solomon«.

»Definitiv!« Die triumphierende Stimme der Lukassow drang wie durch eine dicke Wand an ihr Ohr. »Es ist Ilja Robunowskij, alias Ilja Robun, TV-Moderator, Millionär, Bestsellerautor und Menschenschmuggler. Allerdings haben die Pathologen Sonderschichten fahren müssen. Letztendlich haben sie ihn nur an seinem exklusiven Zahnersatz identifiziert: Titan-Implantate. Gibt's nur bei den Amis. Hat er sich erst 88 in Los Angeles einbauen lassen. Sauteuer.«

Solos Motor lief noch im Leerlauf, sie versuchte mühsam, den Redeschwall zu ordnen.

»Hallo? Sind Sie noch dran? Hallo!«, schrillte das Organ der Kommissarin wie eine Feuerglocke in Solos Kopf.

»Ja, ich bin noch dran. Entschuldigen Sie. Sind Sie sicher? Ich meine, dass der Tote wirklich Ilja Robun ist?«

»So sicher wie der Chefpathologe, und der hat gerade seinen Arsch dafür in Zahlung gegeben!«

»Dann scheidet Robun ja wohl als Mörder aus, oder?«, fragte Solo und eine gewisse Erleichterung schwang in ihren Worten mit.

»Zumindest scheint es so. Die Pathologie schreibt in ihrem Bericht von einer Verweilzeit der Leiche am Fundort von ziemlich genau sechs Wochen. Temperatur, Luftzusammensetzung, Insektenfraß und üblicher Verwesungsfortschritt eingerechnet.«

»Dann war es doch dieser Marokkaner!«, sagte Solo, aber die Lukassow ließ ein enttäuschtes Seufzen hören.

»Der hat ein wasserdichtes Alibi für jeden der Morde. Alles abgeklopft und bestätigt: Einmal war er den ganzen Tag bei Vorlesungen eingeschrieben, das andere Mal war er in Lübeck beim Marathon, und als Ihr Vater, äh«, sie machte eine verlegene Pause, »als das mit Ihrem Vater passierte, feierte er eine wüste Party, in deren Verlauf zweimal die Leute vom 6. Revier für Ordnung sorgen mussten.«

»Wie wurde Robun umgebracht?«

»Man hat Reste von Fesseln gefunden. Stricke und Kabelbinder sowie Klebeband. Alles deutet daraufhin, dass Robun in der Kiste erstickt oder verdurstet ist.«

»Wie die armen Teufel in dem Container ...«, sagte Solo leise.

»Ich weiß, was Sie jetzt denken.« Die Kommissarin klang verständnisvoll und desillusioniert zugleich. »Der Marokkaner hätte gut gepasst. Mir hätte er auch gepasst, glauben Sie mir. Aber im richtigen Leben geht eben vieles einen komplizierteren Weg als in Krimis oder im Kino. Ich wünschte, ich hätte einen Regisseur, der mir im richtigen Moment meinen Mörder serviert. Aber so wie es aussieht, stehen wir wieder ganz am Anfang. Aber wir kriegen ihn. Ich verspreche es Ihnen. *Ich* kriege ihn!« Damit beendete sie das Gespräch. Formelle Floskeln waren noch nie die Stärke von Hauptkommissarin Elke Lukassow gewesen.

Solo setzte sich auf die Couch, nahm die Laufzeitschrift zur Hand und blätterte darin, bis sie Sadoukis Bild gefunden hatte. Ihre Augen fixierten das glückliche Gesicht des jungen Läufers, versuchten in seinen Kopf zu blicken, bis sie brannten. Dann sank ihr Blick ein paar Millimeter tiefer. Das Trikot des Marokkaners war weit ausgeschnitten. Auf seiner behaarten Brust erkannte sie einen dunklen Fleck. Sie kniff die Augen zusammen. Ein Anhänger. An einer Kette oder einem dünnen Lederriemen. Das Foto war zu klein, um Details zu erkennen. Aber es handelte sich keinesfalls um einen Anhänger aus Silber oder Gold. Er schien braun oder dunkelrot oder kupferfarben zu sein. Ein Amulett ...

Als Tarzan aus der Dusche kam, berichtete ihm Solo von dem Telefongespräch mit Luke.

Tarzan wiegte bedenklich den Kopf, als Solo Sadoukis Alibis aufzählte. »Also ich weiß zwar nicht, wie genau die Bullen das alles überprüft haben, aber sich in Vorlesungen einzuschreiben, bei denen man gar nicht anwesend ist, wird andauernd praktiziert. Der Gerd, einer vom Lauftreff, der hat das oft gemacht. Der hat immer damit geprahlt, dass seine Kumpels ihn mit eingetragen haben, während er Tennis gespielt hat oder mit deren Freundinnen joggen war.«

»Heißt das jetzt ›Joggen‹?«

»Was? Ach das. Quatsch, der Gerd ist doof, der ist wahrscheinlich tatsächlich nur joggen gegangen mit den Tussen.«

»Und deshalb ist er doof?«

Tarzan erkannte gerade noch rechtzeitig den unheilschwangeren Unterton in Solos Stimme und beeilte sich zum Thema zurückzukehren. »Das Marathon-Alibi kann man auch türken, wenn man clever ist: Wahrscheinlich haben die nur die Teilnehmerlisten gecheckt. Erinnerst du dich daran, wie mir voriges Jahr Thomas seine New-York-Startnummer verkaufen wollte?«

Solo nickte. Sie erinnerte sich sehr gut an den Riesenkrach, den sie hatten, weil Tarzan unbedingt für »läppische« 2.900 Mark nach New York fliegen wollte und sie ihn auf das überzogene Konto und die schweineteuren Chromsturzbügel für seinen Roller hingewiesen hatte.

Tarzan fuhr fort: »Wenn irgendein Kumpel mit dem Sadouki seiner Startnummer irgendeinen Marathon läuft und den nicht gerade gewinnt, dann merkt das kein Schwein und Sadoukis Name taucht in den Teilnahme- und Finisherlisten auf. Das kann er dann seelenruhig als Super-Alibi verkaufen.«

»Und die Party?«

Tarzan zuckte mit den Schultern. »Keine Ahnung, aber mit dem Marathon und den Vorlesungen kann man gut bescheißen.«

»Dann war es doch der Marokkaner! Das da passt dann nämlich auch ins Bild!« Solo tippte mit dem Finger auf die aufgeschlagene Laufzeitschrift auf dem Tisch mit Sadoukis Bild: »Hast du gesehen, dass der was um den Hals trägt?«

Verwundert nahm Tarzan das Heft und musterte das Bild mit zusammengekniffenen Augen. »Ne Kette oder so was. Wie tausend andere auch«, brummte er.

»Wie tausend andere auch?« Solo schüttelte missbilligend den Kopf. »Das Ding ist braun oder rot oder kupferfarben. Es erinnert mich an etwas, das ich erst kürzlich irgendwo gesehen habe.«

»Das Amulett in der Zeitung?« Tarzans Stimme ließ berechtigte Zweifel erkennen.

»Bravo, für einen Mann hast du eine ganz gute Auffassungsgabe, mein Kleiner.«

Tarzan ärgerte sich über »mein Kleiner«, sagte aber lediglich: »Und?«

Solo war sich ihrer Sache sicher: »Das Bild ist doch sicher nicht das einzige. Sadouki ist ein erfolgreicher Läufer. Die Fritzen von deinem Laufblättchen haben bestimmt noch mehr davon.«

»Genau. Wir rufen die an, sagen freundlich ›Hallo, schickt uns doch bitte Bilder vom Sadouki, wir wollen ihn nämlich wegen Mordes hinter Gitter bringen.‹ Dolle Idee!« Tarzans Stimme troff vor Ironie.

»Mann!« Solo betonte den Begriff, als sei es ein ganz übles Schimpfwort. Tarzan fasste es auch so auf. Solo erklärte: »Ich ruf' diese Schreiberlinge an, flöte was vom internationalen Said-Sadouki-Fanclub, dessen Vorsitzende ich bin, und bitte um Bildmaterial vom schönsten Marathonläufer der Welt.«

»So schön ist der auch wieder nicht!«, murrte Tarzan und begutachtete sich kritisch in der Fensterscheibe. Doch Solo blätterte bereits durch das Heft, auf der Suche nach dem Impressum. Endlich hatte sie es gefunden. »Sei ein Lieber und hol' mir das Telefon, ja?« Tarzan spielte den Göttergatten und setzte sich gespannt Solo gegenüber. Was dann kam, ließ ihn doch ein wenig nachdenklich werden. Solo flötete nicht nur wie angekündigt, nein, sie säuselte, gurrte, schwärmte und hauchte, als gälte es, ›Je t'aime‹ neu zu vertonen. Kurz bevor er auf den unbekannten Gesprächspartner eifersüchtig werden konnte, beendete Solo das Gespräch und strahlte ihn an.

»Sie schicken mir alles, was sie haben. Das war ein ganz Lieber. Hat mir alles abgekauft. Typisch Mann eben.«

Zwei Tage später lag ein stabiles Pappkuvert im Briefkasten. Der »ganz Liebe« hatte prompt reagiert. Neugierig schüttete Solo den Inhalt auf den Wohnzimmertisch: Sadouki auf einem Siegerpodest, Sadouki allein, Sadouki mit einer Läuferin Arm in Arm, Sadouki, Sadouki, Sadouki ...

»Fotogeiler Typ«, maulte Tarzan, dem das stets präsente Zahnpastalächeln des Marokkaners auf den Wecker ging.

»Der leistet ja auch was«, meinte Solo.

»Stimmt«, entgegnete Tarzan, »er bringt innerhalb weniger Wochen vier Menschen um!«

Solo schwieg betroffen und sortierte zwei Aufnahmen aus. Auf beiden Bildern war der Sportler in vollem Lauf zu sehen. Das Amulett tanzte um seinen Hals. Die Fotos waren Profiarbeit, die Abzüge feinkörnig, jedoch das Amulett immer noch zu klein, um Details zu erkennen.

»Die bringe ich dem Stefan«, sagte Tarzan, »der hat auch die Container-Nummer sichtbar gemacht. Mal sehen, ob er das auch packt!«

Stefan packte auch das. Weil Tarzan diesmal nicht alleine gekommen war, sondern Solo mitgebracht hatte, machte sich der Meister sogar sofort ans Werk. Fasziniert schauten Solo und Tarzan ihm über die Schulter. Er vergrößerte den Ausschnitt, bis der verschwommene Fleck fast den ganzen Bildschirm ausfüllte. Dann optimierte er mit unzähligen Mausklicks das Bild. Als er es wieder auf eine normale Größe zurücksetzte, sog Solo scharf die Luft ein. Das Bild war deutlich: Es zeigte ein rundes, kupferfarbenes Amulett mit geprägtem Rand. Das freie Feld in der Mitte zeigte das Symbol für ein Tierkreiszeichen. Skorpion ...

Enttäuscht ballte Solo die Faust. Stefan grinste sie Beifall heischend an wie ein Kleinkind, das stolz der Oma sein erstes großes Geschäft zeigt: »Na? Genial, was? Das Programm gibt's in jedem Supermarkt, aber nur die Wenigsten können etwas damit anfangen.«

»Mach das mit dem zweiten Foto noch mal, bitte. Vielleicht zeigt es uns ja die andere Seite«, bat Solo und ignorierte das enttäuschte Schulterzucken des Fotografen. Stefan legte das Bild auf die Glasplatte seines Scanners.

Zehn Minuten später, Solo hatte schon Genickstarre vom angestrengten Zuschauen, präsentierte er das Ergebnis: »Voilà, das Lächeln der Mona Lisa!«

Nun, das war mit Sicherheit die Übertreibung des Jahres, aber ein Lächeln konnte man schon erkennen. Wackelig und unsauber ausgeführt wie von Kinderhand, gab es doch keinen Zweifel: Said Sadouki trug das gleiche Amulett, das in fast allen Zeitungen der Umgebung abgebildet worden war. Das Amulett eines kleinen Mädchens. Eines kleinen Mädchens, dessen Überreste man im Saukopftunnel gefunden hatte ...

Stefan wollte etwas sagen, schwieg aber, als er in Solos und Tarzans Gesichtern die Betroffenheit erkannte, die seine Arbeit ausgelöst hatte. Lange Minuten verstrichen, ohne dass jemand etwas sagte. Vorne im Laden tönte die Türglocke.

»Das ist der letzte Beweis«, flüsterte Solo, als könne der Mörder es hören, »er war es. Solche Zufälle gibt es nicht. Kann es nicht geben.«

Stefan stand auf, drängte sich an seinen Besuchern vorbei und begrüßte einen Kunden, der bereits ungeduldig hüstelte.

* * *

Solo und Tarzan saßen wieder im Dienstzimmer von Elke Lukassow.

»Emil und die Detektive«, sagte die Kommissarin, jedoch mit einem verschmitzten Lächeln, das ihr ansonsten mürrisches Gesicht um zehn Jahre verjüngte. »Haben Sie wieder neue Erkenntnisse für die hilflose Polizei?« Das Lächeln wich einer säuerlichen Miene. Dennoch konnte sie eine gewisse gespannte Erwartung nicht verbergen.

»Allerdings«, begann Solo. »Sie sagten, der Marokkaner hätte als Alibi unter anderem Vorlesungen und eine Marathonteilnahme angegeben?«

»Ja, er war zum fraglichen Zeitpunkt von morgens bis mittags bei Vorlesungen. Wir haben das überprüft. Es gibt Anwesenheitslisten, wissen Sie«, die Lukassow klang gelangweilt. Der Profi, der großherzig dem Laien seine tumbe Unwissenheit verzeiht.

»Anwesenheitslisten, ja? Diese Listen sind das Papier nicht wert, auf dem sie gedruckt sind. Die sind nichts wert. Absolut nichts!«

»Wie meinen Sie das denn?« Die Lukassow wirkte schockiert angesichts von Solos Heftigkeit.

Solo lehnte sich im Sessel zurück, wirkte ganz entspannt, als sie die Kommissarin darüber aufklärte, dass die allgemein üblichen Anwesenheitslisten an den Universitäten entweder durch die Reihen gereicht wurden, damit die Studenten sich selbst eintragen konnten, oder vom Dozenten per »Hier«-Ruf abgehakt wurden.

»Jeder, der noch die eine oder andere Vorlesung nachweisen muss, aber keinen Bock oder keine Zeit hat, sich da reinzusetzen, kann sich von einem Kommilitonen eintragen lassen, der auch mal ein zweites ›hier‹ brüllt, wenn der Prof die Namen aufruft.«

Die Lukassow schrieb eifrig in ihren Notizblock. Sie war plötzlich gespannt, was eine neuerliche, genauere Überprüfung von Sadoukis Vorlesungen ergeben würde.

»Funktioniert das beim Marathon auch?«, fragte sie misstrauisch an Tarzan gewandt.

Dieser erklärte ihr, dass es durchaus gang und gäbe war, Startnummern weiterzugeben und damit zu handeln.

Die Lukassow schrieb wieder auf ihren Block. »Das heißt, wer Ihre Startnummer hat, der läuft auch unter Ihrem Namen?«

Tarzan nickte. »Logisch. Das merkt normalerweise kein Mensch. Nur wenn man das Pech hat, auf diese Weise einen Marathon zu gewinnen, kann es schon mal delikat werden. Startnummern werden sogar per Zeitungsannonce verscherbelt. Gerade bei den ganz großen Citymarathons wie New York oder London.«

Die Lukassow legte den Kugelschreiber zur Seite und schaute Solo und Tarzan ernst an. Sie machte weder das übliche, mürrisch verkniffene Gesicht noch spielte das aufgesetzt professionell wirkende Lächeln des überlegenen Ermittlers um ihren Mund. Ihr Gesichtsausdruck war ernst. Ernst und besorgt.

»Sie haben mit Ihren Theorien soeben die wichtigsten Alibis eines Mordverdächtigen ausgehebelt. Respekt. Manchmal kann es ganz nützlich sein, wenn man so eine Sache von außen betrachtet. Das Party-Alibi soll Frankfurt sich noch einmal vornehmen. Ich rufe jetzt sofort bei den Kollegen in Lübeck an. Die sollen versuchen, sämtliche Pressefotos zu bekommen. Vielleicht hat man den Ersatz-Sadouki zufällig irgendwo vor die Linse bekommen.«

Sie griff bereits nach dem Telefonhörer, als Tarzan das Wort ergriff: »Nicht zufällig«, sagte er mit dem Lächeln des überlegenen Ermittlers, »sondern mit Vorsatz. Bei vielen Marathons stehen im Ziel und auf der Strecke Profifotografen und knipsen jeden, der ihnen vor die Linse kommt. Die Teilnehmer können sich ein paar Tage später ihr persönliches Zielfoto bestellen.«

»So wie das da!« Solo legte das Foto von Sadouki, das sie von München bekommen hatten, auf den Tisch und machte die Lukassow auf den Anhänger aufmerksam, der aus dem Ausschnitt des Trikots gerutscht war und vor der Brust des Läufers baumelte.

Hauptkommissarin Elke Lukassow legte den Hörer wieder auf die Gabel und räusperte sich. Es klang fast wie das warnende Knurren eines großen Hundes.

»Ein Anhänger. Viele tragen so was«, sagte sie skeptisch, beugte sich jedoch interessiert vor, um das Bild aus der Nähe zu betrachten. Solo legte die Vergrößerungen daneben mit der Nonchalance eines Pokerspielers, der fünf Asse auf den Tisch blättert.

»Wo haben Sie das her?« Die Augen von Elke Lukassow wurden zu schmalen Schlitzen. Solo berichtete von der Kooperation der Münchener Redaktion, verschwieg aber ihren kleinen Trick mit der Vorsitzenden des Fanclubs. Elke Lukassow entnahm der Ermittlungsakte auf ihrem Schreibtisch das Foto des im Tunnel gefundenen Amuletts. Es gab keinen Zweifel. Said Sadouki trug ein billiges Amulett. Ein Massenprodukt aus Kupferblech, auf das er selbst oder irgendjemand anderes unbeholfen und stümperhaft ein Smiley hineingeritzt hatte. Sadouki, der bei seiner Vernehmung behauptet hatte, nichts mit den unbekannten Toten im Saukopftunnel zu tun zu haben. Sadouki, der überzeugend den Kopf schüttelte, als man ihm das Amulett aus dem Tunnel gezeigt hatte. »Nie gesehen«, hatte er gesagt. Gleichgültig und desinteressiert. Glaubwürdig ...

Elke Lukassow nahm den Hörer ab, wählte die Nummer der Telefonzentrale und verlangte, mit der Kripo Lübeck verbunden zu werden. Es dauerte eine ganze Weile, bis die ungeduldige Kommissarin endlich den richtigen Mann an der Strippe hatte. Sie erklärte ihm kurz ihr Anliegen und der Kollege versprach, sie noch heute zurückzurufen.

»Kommen Sie, ich lade Sie beide zum Mittagessen ein. Ich denke, das haben Sie sich verdient«, sagte die Kommissarin leutselig und erhob sich. Tarzan warf Solo einen erstaunten Blick zu. Vor wenigen Wochen hatte ihnen die Ermittlerin mit Strafanzeigen gedroht, wenn sie sich weiterhin in den Fall einmischen würden. Die vierschrötige Frau steckte voller Überraschungen. Sie tafelten in einem griechischen Restaurant gegenüber vom Präsidium im sogenannten Karree, das bei den Bediensteten der Heidelberger Polizei sehr beliebt war. Der Kellner brachte gerade drei Ouzo und drei Kaffee, als der baumlange Frank Furtwängler durch die Tür trat, sich suchend umblickte und dann zielstrebig auf ihren Tisch zusteuerte.

»Zu spät, Frankfurt«, sagte die Lukassow, »jetzt gibt's nix mehr. Aber in meinem Schreibtisch habe ich noch eine Stulle mit Mettwurst. Grobe. Die können Sie haben.«

Frankfurt schüttelte den Kopf, beugte sich zur Lukassow und flüsterte ihr etwas in ihr Ohr, aus dem feine weiße Härchen sprossen.

»Da brauchen Sie kein Geheimnis draus zu machen, Frankfurt. Den Tipp habe ich von den Herrschaften hier. Herr Ober! Zahlen!« Und zu Solo und Tarzan gewandt: »Der Kollege aus Lübeck hat angerufen. Die haben das Foto. Der Kollege, mit dem ich gesprochen habe, läuft selbst Marathon und wusste, wer die Zielbilder gemacht hat. Sie schicken es per Kurier. Sollte morgen früh bei uns sein. Gute Arbeit.«

»Morgen früh?«, fragte Solo, aber die Lukassow winkte ab, während sie ihren speckigen Lodenmantel anzog.

»Er hat eine vorläufige Beschreibung des angeblichen Said Sadouki durchgegeben: ca. 1,80 bis 1,90 groß, blond, Bürstenschnitt. Der typische Nordafrikaner eben ...«

Wieder im Präsidium, rief die Lukassow die zurzeit anwesenden Mitglieder der SOKO zusammen, fasste die neuesten Ermittlungsergebnisse zusammen und teilte die Teams ein: »Stellen Sie fest, wer im Umfeld des Said Sadouki zwischen 1,80 und 1,90 groß ist und einen blonden Bürstenschnitt trägt. Vermutlich ist er ein Kommilitone. Finden Sie ihn und schleppen Sie ihn umgehend hierher. Quetschen Sie alles aus dem Mann raus, was er über Sadouki weiß. Frankfurt, holen Sie mir Henning und Barberich, sobald die zur Spätschicht hier eintreffen. Ich brauche die genauen Zeiten, wann die damals bei Sadoukis Party aufgetaucht sind. Ich werde gemeinsam mit Kollegin Rasstorff zu Sadouki fahren.«

»Soll er noch einmal vernommen werden?«, fragte Frankfurt harmlos.

»Ich verhafte ihn. Wegen vierfachen Mordes. Ich denke schon, dass er noch das eine oder andere Mal vernommen werden wird!«

Mit hochgezogenen Augenbrauen verließ Frankfurt das Besprechungszimmer. Lucky Luke in Action. Gnade Gott dem armen Opfer!

»Wir kommen mit!«, sagte Solo, die der Besprechung im Hintergrund beiwohnen durfte.

Die Lukassow fuhr herum, als wäre hinter ihr ein Gewehr entsichert worden. »Auf keinen Fall. Es könnte haarig werden. Ich wünsche keine Außenstehenden in der Nähe. Kollegin Rasstorff, organisieren Sie bei der Bereitschaft zwei Streifenwagen mit jeweils vier Mann als Begleitung. Wir dürfen keinerlei Risiko eingehen. Sadouki wird eventuell Widerstand leisten. Informieren Sie auch die Unfallrettung, die will ich greifbar haben. Adresse: Studentenwohnheim im Neuenheimer Feld.«

Die blonde Kommissarin verschwand, um die Anweisungen auszuführen.

»Ich will sehen, wie der Mann abgeführt wird, der meinen Vater umgebracht hat! Ich habe ein Recht darauf!« Solo war laut geworden. Mit zornrotem Gesicht starrte sie die Kommissarin an. Tarzan legte beschwichtigend eine Hand auf ihren Unterarm, die sie mit einem bösartigen Zischen wegfegte.

Die anderen Anwesenden verstummten. Gespannt verfolgten sie den Disput.

»Ich möchte Sie lediglich nicht unnötig in Gefahr bringen, Frau Solomon.« Die Lukassow wirkte erstaunlich ruhig.

»Sie können uns nicht verbieten, da rauszufahren! Ich weiß, wo das Wohnheim ist. Wir sind freie Bürger, wir können hingehen, wohin wir wollen!«

»Das ist eine Polizeiaktion. Es ist Gefahr im Verzug. Ich kann alles anordnen, was ich für richtig halte!« Auch die Lukassow erhob jetzt ihre Stimme.

»Versuchen Sie, uns aufzuhalten! Tarzan, wir gehen!«

»Warten Sie, Frau Solomon, bitte!« Solo blieb mitten in der Bewegung stehen. Bitte. Die Lukassow bat um etwas. Noch nie, seit sie die Kommissarin kannte, hatte sie dieses kleine Wort aus ihrem Munde gehört.

Die stämmige Gestalt der Beamtin baute sich vor ihr auf. Sie schaute Solo in die Augen und sprach mit leiser, aber eindringlicher Stimme: »Ich habe es eilig. Ich habe jetzt weder die Zeit, Ihnen Ihr Vorhaben auszureden, noch große Lust, Sie wegen Behinderung der Ermittlungen zu inhaftieren. Außerdem bin ich Ihnen etwas schuldig, was nicht mit einem Mittagessen abgegolten ist. Fahren Sie von mir aus da raus. Aber kommen Sie nicht in die Nähe der Wohnheime. Haben Sie mich verstanden? Sie bleiben mindestens zwei-, dreihundert Meter weg. Da können Sie auch noch sehen, wie wir ihn abführen. Ansonsten können Sie bei der Verhandlung anwesend sein.

Vielleicht werden Sie sogar in den Zeugenstand gerufen. Ist das fair?«

Solo nickte. Ein Kloß in ihrem Hals verhinderte, dass sie darauf etwas entgegnete. Sie wollte ihn sehen. Wollte sehen, wie er in Handschellen abgeführt wurde. Mehr nicht. Der Mörder ihres Vaters sollte nicht als freier Mann herumlaufen. Er sollte seine Strafe bekommen und sie wollte es miterleben, wie er sein Leben als Gefangener antrat.

* * *

Elke Lukassow machte Ernst. Sie knallte das Blaulicht auf das Dach ihres Passats und schoss mit quietschenden Reifen aus der Einfahrt. Die zwei Streifenwagen folgten ebenfalls mit vollem Konzert. Die Kommissarin hatte Grund zur Eile. Nach allem, was sie heute erfahren hatte, bestand für Said Sadouki erhöhte Fluchtgefahr. Das Amulett war der letzte Tropfen. Für Elke Lukassow gab es nur einen Täter, und der hieß Sadouki und hockte hoffentlich immer noch frech und unbekümmert im Schatten seiner Alibis in seiner Studentenbude im Neuenheimer Feld. Als der kleine Konvoi die Berliner Straße erreichte, schalteten sie die Martinshörner aus. Mit zuckenden Blaulichtern passierten sie Institute und Klinikgebäude, drängten verschreckte Radfahrer zur Seite und hielten mit quietschenden Reifen vor den Hochhäusern der Studentenwohnheime. Solo steuerte den Ford Bronco weisungsgemäß bereits weit vorher an den Straßenrand. Vier Beamte sicherten die Umgebung, zwei postierten sich vor dem Eingang des Gebäudes, in dessen achtem Stockwerk Sadouki seine Bude hatte. Einer nahm mit Heike Rasstorff die Treppe und der andere wartete mit Elke Lukassow auf den Lift. Als der altersschwache Fahrstuhl mit einem misstönenden Läuten endlich ankam, mussten sie zunächst eine dunkelhaarige junge Frau mit einem Rollenkoffer und einer Reisetasche aussteigen lassen, denn der Lift war nur unwesentlich größer als ein Spind. Die Lukassow und der ebenfalls nicht gerade gertenschlanke Polizeiobermeister quetschten sich in die Kabine, die sich rumpelnd und quietschend in Bewegung setzte.

Von ihrem Platz aus überblickten Solo und Tarzan die Vorderseite des ersten Wohnblocks, in dem die Polizisten verschwunden waren. Sie sahen eine zierliche junge Frau mit einem Rollenkoffer in ein wartendes Taxi steigen, welches wendete und an ihnen vorbeifuhr. Solo erhaschte einen Blick auf die Passagierin im Fond. Große dunkle Augen schauten sie neugierig an.

»Hübsches Kind«, sagte Tarzan und fing sich eine angedeutete Ohrfeige ein.

»Genau«, zischte Solo, »Kind!« Dann widmeten sie ihre Aufmerksamkeit wieder dem Eingangsbereich des Wohnblocks. Weit hinten näherte sich ein einsamer Jogger ...

Solo und Tarzan starrten gebannt auf die Szene in etwa 250 Metern Entfernung: Ein Streifenwagen stand, ähnlich wie ihr Ford Bronco, mit zwei Rädern auf dem Bürgersteig vor der Wohnanlage. Der andere war bis vor den Eingang gefahren. Lukes schwarzer Passat wurde von den Büschen, die den Weg von den Hochhäusern zur Straße säumten, teilweise verdeckt. Aus dem ersten Streifenwagen waren zwei Polizisten ausgestiegen und hinter den Häusern verschwunden. Zwei Beamte standen neben dem Fahrzeug, zwei weitere vor dem Hauseingang. Elke Lukassow, die blonde Rasstorff und zwei Polizisten befanden sich im Inneren des Gebäudes. Einer der Uniformierten an der Straße sprach gerade in ein Funkgerät. Ein Rettungswagen der Johanniter stoppte neben dem Polizeiwagen, wurde anscheinend von einem der Beamten eingewiesen und rangierte rückwärts auf einen der Anwohnerparkplätze. Zwei Sanis stiegen aus.

Einer zündete sich eine Zigarette an. Beide schlenderten neugierig zu den Polizisten.

In diesem Augenblick wurde die hintere rechte Tür des Bronco aufgerissen, ein Mann im Sportlerdress schlüpfte herein und warf die Tür wieder zu. Bevor Solo oder Tarzan überhaupt registrieren konnten, was geschah, spürte Solo ein scharfes Brennen wie von einem Wespenstich an ihrer Taille. Der Sicherheitsgurt verhinderte, dass sie zur Seite ausweichen konnte. Sie schaute an ihrer rechten Seite hinunter und erblickte eine dunkel behaarte Männerhand, die ein lächerlich kleines Messer gegen ihren Leib drückte. Die Klinge hatte sich durch den dünnen Stoff ihres T-Shirts gebohrt und die Haut angeritzt. Schon bildete sich ein kleiner roter Fleck. Tarzan, der reflexartig die Faust erhoben hatte, erstarrte mitten in der Bewegung. Auch er sah jetzt das winzige Messer mit der merkwürdig gekrümmten Klinge. Er kannte diese Art Waffe. Es war ein »Sharpfinger«, ein Messer aus einem einzigen Stück Stahl ohne Griffschalen. Man konnte es leicht in der Socke oder in einem speziellen Armband mitführen. Es bestand aus einem besonders vergüteten Stahl und war normalerweise so scharf wie ein chirurgisches Skalpell. Ein geübter Messerheld konnte einen Menschen mit einer einzigen fließenden Bewegung der Länge nach aufschlitzen. Solo drehte langsam den Kopf. Ihrem Gesicht fehlte jede Farbe, ihr Herz raste, in ihrem Bauch fand eine Kunstflugübung mit vier Jagdbombern statt. Sie schaute direkt in die dunklen Augen Said Sadoukis. Angst flackerte darin. Angst und beginnende Panik. Eine schlimme Mischung, wenn in der rechten Faust ein tödliches Spielzeug blitzt. Tarzan hatte im Zeitlupentempo den Arm mit der Faust wieder gesenkt und starrte nun wie hypnotisiert auf die Spitze der schimmernden Klinge. Sadouki schwitzte. Vom Laufen und vor Angst. Solos Brüste hoben und senkten sich, als sie sich zwang, tief durchzuatmen.

»Sie tun mir weh«, flüsterte sie heiser und der Druck des Messers verringerte sich etwas.

»Starten Sie den Motor und wenden Sie«, sagte Sadouki mit einer unter anderen Umständen wohl angenehmen Stimme. Er kauerte auf dem Boden hinter den Vordersitzlehnen. Der rechte Unterarm war auf der Konsole zwischen den Sitzen aufgestützt. Solo drehte den Zündschlüssel. Grummelnd erwachte der Achtzylinder. Solo warf einen schnellen Blick zu Tarzan, schüttelte fast unmerklich den Kopf. »Sag es ihm nicht«, flehten ihre Gedanken,

»lass ihn nicht merken, dass wir wissen, wer er ist!« Tarzan entkrampfte sich ein wenig. Schweißperlen rannen ihm von der Stirn. Sein Nicken war nicht mehr als ein Zucken der Augen. Doch Solo genügte es. Er hatte verstanden.

»Sie bleiben weiter ruhig, dann passiert nichts«, zischte Sadouki an Tarzan gewandt.

Der wandte leicht den Kopf und krächzte: »Sie sind der Chef, aber passen Sie um Himmels willen mit dem Ding da auf!«

»Wenden und ganz normal wegfahren«, befahl der Mann im Fond. Solo registrierte erleichtert, dass auch ihr Entführer etwas ruhiger wurde. Er glaubte, die Situation unter Kontrolle zu haben. Ein gutes Zeichen. Solo bewegte den Wählhebel auf »D« und schlug das Lenkrad ein. Die grobstolligen Geländereifen holperten über den gegenüberliegenden Bordstein, als der schwere Wagen in einem Zug drehte und mit brabbelndem Auspuff in Richtung Berliner Straße fuhr. Im Rückspiegel sah Solo noch, wie einer der Polizisten ihnen nachschaute.

»Keine Tricks!«, fauchte der Mann mit dem Messer, und sofort spürte Solo wieder die Klinge an ihrer Hüfte. Ihr Gehirn arbeitete im Akkord, die Gedanken fuhren Karussell. Eines von den ganz modernen, verrückten, wahnsinnig schnellen. Sie wollte dabei sein, wenn die Polizei den Mörder ihres Vaters und dreier weiterer Menschen festnahm. Wollte miterleben, wie er in Handschellen in einen Streifenwagen gesetzt wurde. Doch nun saß Said Sadouki in ihrem Auto. Mit einem Messer und bereit, seine Freiheit mit allen Mitteln zu verteidigen. Sie begann zu zittern, augenblicklich verschwand der Druck der Klinge.

»Keine Angst«, sagte die dunkle Stimme hinter ihr. »Ich will nichts von euch. Falsche Zeit, falscher Ort. Ich brauche das Auto. Das ist alles.«

»Dann lassen Sie uns aussteigen!«, sagte Tarzan. »Nehmen Sie die verdammte Kiste und machen Sie damit, was Sie wollen!«

»Schschsch...«, machte Sadouki, wie eine besorgte Mutter, die ihr schreiendes Baby beruhigen möchte. »Nur noch bis zur Autobahn, dann dürft ihr auf Wanderschaft gehen.« Sadouki wies Solo an, nach links auf die Berliner Straße abzubiegen. Er kannte sich aus.

Wusste, dass man von hier aus besser über den Anschluss Dossenheim auf die A 5 gelangte.

Als sie die Dossenheimer Landstraße erreichten, mussten sie an der roten Ampel warten. Sadouki wurde nervös. Solo spürte es am Druck der Messerklinge.

»Stecken Sie das Messer weg, ich kann so nicht fahren. Ich mach, was Sie sagen.« Solo hatte Probleme, sich auf den Verkehr zu konzentrieren, verpennte das Grünsignal und wurde postwendend angehupt. Ruckend bog der Bronco nach links ab.

»Sie vielleicht, aber Ihr männlicher Beschützer neben Ihnen könnte auf dumme Gedanken kommen. Glauben Sie mir, eine tranchierte Niere ist ein überzeugendes Argument.« Der Marokkaner war zu allem bereit. Die Situation war feuergefährlich. Solo suchte fieberhaft nach einer Lösung. Sie glaubte nicht, dass Sadouki sie einfach laufen ließ, sobald sie die Autobahn erreicht hätten. Er war ein Mörder. Ein Serienkiller. Niemals würde er seine Lebensversicherung aus reiner Menschenfreundlichkeit freilassen.

Tarzan ergriff das Wort: »Gehen Sie immer mit einem Messer zum Jogging?«

»Ich jogge nicht, ich laufe!«, kam es scharf zurück. »Ja, ich habe das Messer stets bei mir. Ich habe einmal die Attacke eines Rottweilers überlebt. Ich möchte, dass das auch in Zukunft so bleibt!«

Tarzan dachte an einen Rottweiler, der sich von dem Messerchen bestimmt nicht einschüchtern ließ ...

Weit hinten erklang das Geräusch von Martinshörnern. Mehrere. Endlich! Es wurde rasch lauter. Der Mann im Fond duckte sich tiefer, nahm endlich das Messer weg, hielt es aber nur wenige Zentimeter von Solo entfernt, bereit, sofort zuzustechen.

»Weiterfahren, ganz ruhig. Sie tun, was ich sage«, flüsterte er, so als könnten die Verfolger ihn hören. Wieder spürte Solo die flackernde Angst in seiner Stimme. Er sah seine Felle davonschwimmen. Solo wusste nicht, ob sie sich darüber freuen sollte. Tarzan sah auch nicht besonders glücklich aus. Er biss die Zähne zusammen, ballte die Fäuste im Schoß. Seine Kiefermuskeln mahlten. Solo konnte nachempfinden, wie er sich fühlte: Seine Partnerin in der Hand eines unberechenbaren Gewaltverbrechers und er saß nur einige Zentimeter daneben und war zum Nichtstun verdammt. Das Geheul der Martinshörner schwoll an, dann gellten mächtige Pressluftfanfaren wie die Trompeten von Jericho. Die Autos vor und hinter ihnen fuhren rechts ran. Solo musste es ihnen notgedrungen gleichtun. Im Rückspiegel blendeten grelle Scheinwerfer. Blaulichter zuckten und das Geräusch schwerer Dieselmotoren war zu hören, als ein kompletter Löschzug der Heidelberger Berufsfeuerwehr vorbeidonnerte. Solo roch den scharfen Angstschweiß des Entführers, verspürte merkwürdigerweise Erleichterung. Die Feuerwehr. Keine Eskalation. Keine gewaltsame Geiselbefreiung inklusive finalem Rettungsschuss durch Tarzans Kopf. Sie ordnete sich wieder in den fließenden Verkehr ein. Ein Zwischenspiel. Aber es hatte nichts an ihrer Situation geändert. Der Killer wollte auf die Autobahn. Bilder von Geiselnahmen drängten sich in Solos Kopf: Wagenkolonnen auf Autobahnen. Maschinenpistolen, zerstörte Autowracks, leblose Körper auf der Fahrbahn ... Ihre Hände umfassten das weiße Lenkrad fester. Niemals würde sie diesen Irren auf die Autobahn fahren. Wenn sie erst einmal auf der A 5 waren, hatte sie keine Chance mehr. Zu viel Verkehr, zu viel Unbeteiligte. Autos voller Urlauber. Familien mit Kleinkindern. Wenn sie etwas unternehmen wollte, dann musste es vorher sein. Der Marokkaner besaß zwar eine Waffe, aber sie fuhr den Wagen ...

Der Heidelberger Stadtteil Handschuhsheim und die benachbarte Gemeinde Dossenheim waren nur wenige hundert Meter voneinander entfernt. Kurz vor der Ortsgrenze von Dossenheim führte der neu erbaute Autobahnzubringer in einem weiten Bogen südlich um die Gemeinde herum. Sie rollten mit knapp 50 km/h auf die Ampel an der Abzweigung zu. Sie musste etwas tun! Der Autobahnzubringer besaß noch einen Abzweig ins Gewerbegebiet. Ebenfalls ampelgesichert. Dann waren es nur noch knapp zwei Kilometer bis zur Anschlussstelle der A 5. Vor ihnen fuhr ein gelber VW-Bus einer Bodenlegerfirma. Die Linksabbiegerampel schaltete gerade auf Grün. Der VW-Bus bog ab.

Dann sah sie es: Der Autobahnzubringer wurde an seinem Ende von einer Verkehrsinsel geteilt, auf der auch der Ampelmast stand. An seinem vorderen Ende, genau links von Solos Bronco, schützte ein mächtiger Betonabweiser Ampel und Wegweiser vor den ausscherenden Anhängern schwerer Lastwagen. Solo ließ den Wagen auf die Abzweigung zurollen. Sie sandte einen raschen Blick zu Tarzan. Er bemerkte es zwar, glotzte aber nur dumm aus der Wäsche. Solo packte das Lenkrad fest mit beiden Händen und versteifte sich unmerklich. »Mensch, Tarzan, halt dich fest!« dachte sie – hätte es am liebsten laut gebrüllt.

»Nicht einschlafen, Süße«, murmelte Sadouki selbstsicher. Der Schock mit der Feuerwehr hatte ihn wohl nicht sehr beeindruckt. Doch dieser tumbe B-Filmspruch bewirkte bei Solo eine Art Initialzündung: Sie hatte jetzt endgültig die Nase voll von diesem arroganten Herrn Sadouki mit seinem lächerlichen Spielzeugmesserchen und seinem aufgesetzten Machogehabe. Solo dachte nicht mehr rational. Alles, was sie in den letzten Minuten durchgemacht hatte, ja sogar alles, was sich seit dem Mord an ihrem Vater in ihr angesammelt hatte, brach sich Bahn wie ein riesiger Stausee, dessen Mauer gesprengt wurde. Sie dachte weder an sich selbst noch an den ahnungslosen Tarzan auf dem Beifahrersitz. Sadouki muss weg! Jetzt! Sofort! Gleich! Mit einer kaum wahrnehmbaren Bewegung steuerte sie den schweren Geländewagen aus der Spur. Etwa drei Meter vor dem abgerundeten, rot-weiß-gestreiften Betonklotz gab sie noch einmal mächtig Gas. Der 400 PS starke Achtzylinder heulte zum letzten Mal in seinem Leben machtvoll auf. Solo drückte die Arme durch, ihre Finger krampften sich um das Lenkrad, bis sie fast die gleiche Farbe hatten. Dann donnerte der 3,5 Tonnen schwere Wagen mit elementarer Gewalt auf das unverrückbare Hindernis. Solo sah nicht mehr, wie Sadoukis schmaler Körper wie eine Rakete zwischen den Sitzen nach vorne schoss, hörte nicht das grausige Knacken, als sich sein Kopf in die Radiokonsole unter dem Armaturenbrett bohrte, sah nicht Tarzans schlaffen Körper in den Gurten hängen, hörte nicht das grässliche Schmettern, Bersten und Klirren, begleitet von einem Hochdruckzischen, als bereite sich eine Mondrakete auf den Start vor. Sie spürte nur, wie der Bronco im Moment des Aufpralls vorne in die Höhe stieg wie sein Namensgeber, das ungebändigte Wildpferd Nordamerikas. In beiden Armen fühlte sie einen explodierenden Schmerz, dann wurde es dunkel um sie herum.

»Bleib weg da, der brennt gleich! Der fliegt in die Luft! Bleib weg! Weg!«

Gedämpft durch 200 Kubikmeter Watte, hörte Solo die Stimme. Der Besitzer der Stimme schien Angst zu haben. So was Dummes. Wo es doch so schön ist. So schön ruhig. Bis auf diesen Schreihals da draußen. Wenn er nur still wäre ...

Ein reißendes Krachen, das Knirschen verzogener Scharniere und das Splittern von Glas holten sie in die Realität zurück. Sie öffnete die Augen, erblickte das Spinnennetz der zerborstenen Frontscheibe, ein merkwürdig deformiertes Lenkrad. Ihre Arme lagen auf ihrem Schoß. Ein weißes Kunststoffteil lag auf dem linken Handgelenk ... Sie wollte es abschütteln, da tobte ein grellroter Schmerz durch ihr Gehirn, zog knallbunte Vorhänge vor ihre Augen und ließ sie halb zurücksinken in angenehme, ruhige Ohnmacht. Jedoch nur halb. Sie zwang sich, wieder die Augen zu öffnen. Das Kunststoffteil war einer ihrer Unterarmknochen. Solo wurde übel. Eine Stimme unmittelbar neben ihr sprach zu ihr. Sprach schon die ganze Zeit zu ihr, ohne dass sie dies bewusst wahrgenommen hatte. Sie versuchte, den Kopf zu drehen.

»Nicht bewegen, bitte nicht bewegen! Der Rettungsdienst ist verständigt. Ich kenne mich nicht aus, aber bitte bewegen Sie sich nicht!«

»Komm da endlich weg, Günter, das Benzin läuft raus!«

Solo versteifte sich, wieder Schmerzen. Sie versuchte, einen Blick nach rechts zu werfen. Tarzan hing immer noch in den Gurten, sein Kopf war auf die Brust gesunken, aber er atmete. Flach und hastig, aber er atmete. »Gott sei Dank!«, dachte Solo und ausnahmsweise sprach sie mit diesem oft leichtfertig gebrauchten Spruch den großen alten Mann persönlich an. Zwischen ihnen lag der reglose Körper Said Sadoukis. Nur Unterkörper und Beine waren zu sehen. Der Rest steckte unter dem zersplitterten Armaturenbrett. Solo bemerkte keinerlei Lebenszeichen. Es roch nach Blut, heißem Öl und Benzin. Das Zischen hatte aufgehört. Der Bronco hatte sein Leben ausgehaucht.

Der Mann neben ihr legte ihr eine Decke über den Oberkörper. Er redete immer noch auf sie ein. Sie verstand kein Wort, war aber dankbar, dass er da war. Wieder näherte sich das nervtötende Sondersignal eines Einsatzfahrzeuges. Endlich, jetzt konnte sie beruhigt einschlafen. Sie kamen, um ihrem Tarzan zu helfen. Solos Kopf fiel kraftlos zur Seite. Der Ersthelfer, der Fahrer des gelben VW-Busses, zog ihr erschüttert die Decke über den Kopf und versuchte krampfhaft, den danebenliegenden, verrenkten Körper zu ignorieren. Wippend stoppte der Notarztwagen neben dem Wrack. Türen schlugen, eilige Schritte näherten sich. Mit sanfter Gewalt schoben weiß gekleidete Sanitäter den schockierten VW-Busfahrer zur Seite, öffneten ihre Rettungskoffer, zogen Spritzen auf und bereiteten Infusionsbehälter vor. Die junge Notärztin fühlte Solos Puls und leuchtete mit einer kleinen Taschenlampe in die Iris des rechten Auges, während einer der Sanitäter sich um den mittlerweile wieder zu Bewusstsein gekommenen Tarzan kümmerte.

* * *

Als Solo erwachte, schaute sie direkt in ein Gesicht, das so viel Wärme und Anteilnahme ausstrahlte wie das einer Mutter, deren Kind gerade aus langem, fiebrigem Schlaf erwacht war. Das Gesicht war kugelrund, mit roten Backen und kleinen, feuchten, himmelblauen Schweinsäuglein. Der unförmige Lodenmantel wurde gnädig von einem antiseptischen Klinikumhang verborgen.

Solo verspürte keine Schmerzen, jedoch die dumpfe Gewissheit, dass dies lediglich das Ergebnis schmerzstillender Medikamente war. Sie wollte eine Hand zur Begrüßung heben und stellte verwundert fest, dass ihr dies nicht gelingen wollte. Mit vor Schreck geweiteten Augen starrte sie auf die zwei unförmigen, weißen Gebilde, die anstatt ihrer Arme auf der Bettdecke lagen. Sie schienen Tonnen zu wiegen und Solo realisierte langsam, mit immer noch etwas dämmerigem Verstand, dass Arme und Hände bis fast zu den Schultern vollkommen eingegipst waren. Zaghaft versuchte sie, ihre Beine zu bewegen. Erleichtert spürte sie dumpfen Schmerz. Sie drehte den Kopf, auch das ging. Sie rollte mit den Augen, atmete tief ein und aus und probierte den Oberkörper leicht anzuheben.

Sie spürte die Reaktion ihrer Muskulatur, aber durch das Gewicht der beiden Gipsarme blieb es beim Versuch. Ermattet sank sie zurück in das Kopfkissen.

»Na, Gymnastikeinheit schon vorbei?«, sagte das kugelrunde Rotbäckchen neben ihr. »Sie haben Glück gehabt. Ein Zeuge dachte, Sie wären tot. Dem haben sie auch eine Spritze verpassen müssen.«

»Tarzan?«, fragte Solo, aber es kam nur ein unartikulierter Krächzlaut aus ihrer Kehle. Sie räusperte sich. Elke Lukassow reichte ihr einen Schlauch, der in Reichweite ihres Kopfes am Handgriff über ihrem Bett befestigt war. An seinem Ende befand sich ein Mundstück und Solo trank einige Schlucke.

»Nicht gerade ein Mouton Rothschild, oder?« fragte die Kommissarin.

»Tarzan?« Solos Stimme war immer noch brüchig, aber nun gut zu verstehen. Ihre Augen flackerten, wanderten unstet von einer Seite zur anderen.

»Es geht ihm gut. Keine Sorge. Er hat außer ein paar gebrochenen Rippen und einem Schleudertrauma nur ein paar Kratzer abbekommen.«

»Wo ist er? Ich möchte zu ihm, bitte! Frau Lukassow ...«

»Luke«, sagte die Kommissarin lächelnd, »sagen Sie einfach Luke zu mir, Sie Freizeitbulle, Sie. Der Held des Dschungels liegt auf der Männerstation ein Stockwerk höher, er darf noch nicht aufstehen und er ...«

Lärm auf dem Gang ließ sie verstummen, eine autoritätsgewohnte Frauenstimme stritt sich lautstark mit einem Mann.

Solo erkannte das unverwechselbare Organ ihres Lebensgefährten: »Dies ist ein Krankenhaus, Schwester, schreien Sie hier nicht so herum. Außerdem bin ich ein freier Bürger und gehe, wohin ich will. Ich unterschreibe gar nichts und ich, au, au aua!«

»Sehen Sie! Sie gehören ins Bett! Rippenbrüche tun weh und Ihnen geschieht das ganz recht. Sie ... Ach machen Sie doch, was Sie wollen ...«

Die Tür flog auf und Tarzan, der in einem Rollstuhl hockte, rollte mit schmerzverzerrtem Gesicht herein. Um seinen kurzen Hals trug er eine Halskrause in modischer Fleischfarbe und unter seinem Krankenhaushemdchen zeichnete sich eine Art Korsett um den Oberkörper ab. Erschrocken registrierte er die blasse Solo, die hilflos mit den Augen auf ihre Gipsarme deutete.

»Hallo, Frau Lukassow«, begrüßte er die Kommissarin matt und rang sichtlich um Fassung.

»Sagen Sie Luke zu mir, das habe ich ihr auch gesagt, Schluss mit den Förmlichkeiten, wir haben Ihnen viel zu verdanken.«

Tarzan streckte ihr die rechte Hand hin, die Luke ergriff. »Ich Tarzan, das Jane, äh, Solo wollte ich sagen.«

Die Situation entspannte sich und Tarzan, der seinen ersten Schrecken überwunden hatte, machte schon wieder dumme Sprüche: »Gut gegen Nägelkauen, was?« Er rangierte den Rollstuhl unbeholfen an Solos Bett und küsste sie. »Gut gemacht. Der Bronco hat sowieso gesoffen wie ein Loch.«

»Und zum TÜV hätte er auch gemusst ...« sagte Solo, wurde aber sofort wieder ernst: »Sadouki ... ist er?«

»Nur halb«, antwortete Luke. »Er liegt in Oggersheim in der BG-Unfall-Klinik. Die versuchen ihn wieder zusammenzuflicken, nachdem sie ihn in Einzelteilen aus dem Auto gepflückt haben. Die Feuerwehr hat eine volle Stunde gebraucht. Sie haben das Dach abgeschnitten und den kompletten Armaturenträger ausgebaut. Das Auto können Sie vergessen.«

»Solo. Wir waren doch beim Du, oder?«

Luke lachte. »Richtig, aber zurück zu unserem marokkanischen Freund: Er war kurz bei Bewusstsein, bevor er in den Hubschrauber kam. Er hat gestanden. Er hat noch auf der Trage alles zugegeben. Er war überzeugt, dass er es nicht überlebt, und wollte reinen Tisch machen. Der Notarzt sagt aber, er kommt durch. Sie, *du* hast ihn zur Strecke gebracht. Wir waren zehn Minuten später an der Unfallstelle. Nachdem er nicht zu Hause war, sind wir abgezogen. Wenig später kam per Funk die Meldung von einem schweren Unfall ganz in der Nähe. Ich hatte so ne Ahnung und wir sind gleich hingefahren. Kriminalistischer Instinkt oder so. Er hat dich verletzt, nicht wahr? Der Arzt hat es mir gesagt.«

Solo nickte und ihr Blick verschleierte sich für Sekunden. Sie spürte wieder die Messerklinge an ihrer Hüfte, roch den Atem des Marokkaners und hörte seine Stimme, mal fordernd, mal unsicher, aber immer gefährlich wie eine Klapperschlange.

Luke nickte ihnen freundlich zu. Aus dem grummelnden Rottweiler war ein gutmütiger Bernhardiner geworden. »Ich lass euch jetzt alleine. Übrigens: Auf die Ergreifung des Serienmörders war eine Belohnung ausgesetzt. 10.000 oder so, glaube ich. Ich werde dafür sorgen, dass ihr das bekommt. Vielleicht reicht es ja für einen gebrauchten Panzer, falls du diesen Fahrstil weiter pflegen möchtest. Ciao, und nicht in der Nase bohren!«

Solo lächelte und streckte ihr die Zunge heraus. Dass Sadouki noch am Leben war, nahm ihr eine große Last. So sehr sie dem Mörder ihres Vaters auch die höchste aller Strafen gewünscht hatte. Das Urteil selbst zu vollstrecken, war etwas ganz anderes. Einen Menschen, wenn auch indirekt, zu töten war, trotz aller Grausamkeiten, zu denen er fähig war, etwas, mit dem sie nicht leben wollte. Sollte er Schmerzen haben. Sollte er glauben, es nicht zu überleben. Aber sollten andere über ihn richten.

»Ich kann dich nicht einmal in die Arme nehmen«, bedauerte Solo und starrte wieder hilflos und den Tränen nahe auf ihre eingegipsten Arme.

»Dann kannst du mir wenigstens nicht auf die Backe hauen«, frotzelte Tarzan, schnüffelte dabei jedoch verdächtig. »Ich füttere dich, ich wasche dich, ich kümmere mich um ... au, au, aua, meine Rippen!«

»Füttern, Waschen und Kümmern ist unsere Aufgabe, Herr Zahn!«, donnerte die Stimme einer äußerst resolut aussehenden Stationsschwester. »Folgen Sie mir jetzt auf Ihre Station, wir fangen gleich an! Frau Solomon braucht jetzt Ruhe!«

Das »Wir fangen gleich an!« klang für Tarzan verdächtig nach Messerwetzen, Einlauf und eiskalter Bettpfanne.

12

Die Hausdurchsuchung von Sadoukis Studentenbude war erfolgreich. Man fand ein gutes Dutzend Laufschuhe, vom normalen Trainingsschuh über Geländemodelle bis zu extrem leichten Wettkampfschuhen, darunter auch zwei Paar Taifun-300. Weiterhin wurde ein Ordner sichergestellt, der Bilder und Zeitungsartikel enthielt, die alle mit den Morden zusammenhingen. Aber das wertvollste Beweisstück war für Elke Lukassow ein unscheinbares, fleckiges, abgewetztes Amulett aus billigem Kupferblech. Es hing an einem dünnen Lederriemen und auf der Rückseite war ein primitives Lach-Gesicht, ein sogenanntes »Smiley« eingeritzt. Das Amulett fand ein findiger Beamter in einer kleinen Tupperdose, die mit Klebeband auf der Innenseite des Wasserkastendeckels der Toilette befestigt war. Die Suche nach Waffen verlief dagegen ohne Ergebnis. Das Sharpfinger-Messer wurde im Fußraum des zerstörten Bronco sichergestellt. Said Sadouki war definitiv der Serienmörder von der Bergstraße.

Die Spezialisten der BG-Unfallklinik in Ludwigshafen-Oggersheim leisteten ganze Arbeit. Sadouki hatte bei dem Unfall mehrere komplizierte Schädelfrakturen, einen Bruch des Nasen- und Jochbeins sowie des Unterkiefers erlitten. Durch Knochensplitter, die man aus dem Becken entnahm, bauten die Ärzte Teile seines Gesichtes wieder neu auf. Trotzdem würde der Marokkaner niemals wieder aussehen wie vorher. Die folgenschwerste Verletzung war allerdings ein mehrfacher Halswirbelbruch, ausgelöst durch den ungeheuren Aufprall auf das Armaturenbrett. Die Trägerkonstruktion unter dem Armaturenbrett des für gröbstes Gelände konzipierten Fahrzeuges war durch den Einschlag von Sadoukis Körper deformiert, als sei das Auto schwerem Granatfeuer ausgesetzt gewesen. Aufgrund dieser Verletzung war Said Sadouki vom Hals abwärts gelähmt. Der Chefarzt der Neurochirurgie eröffnete ihm diese Tatsache in sachlichem, ruhigem, professionellem Ton. Er sprach mit leiser, eindringlicher Stimme, sprach von Reha-Maßnahmen, technischen Hilfsmitteln und dem Wert des Lebens. Er war sich bewusst, dass er zu einem Mörder sprach. Einem Mörder, der sich viel Mühe gegeben hatte, drei seiner Opfer unsäglichen Torturen auszusetzen. Doch für Professor Kaharian war auch Sadouki ein Mensch. Ein böser Mensch, aber hauptsächlich ein Mensch, an dem er das gesamte Können und das hochmoderne Equipment seiner Klinik einsetzen konnte. Niemals würde Zacharias Iljitsch Kaharian irgendeinem lebenden Wesen gegenüber zugeben, dass das neue Leben des Said Sadouki alttestamentarische Gerechtigkeit verkörperte. Auge um Auge. Zacharias Iljitsch Kaharian war ein gläubiger Mann.

* * *

Der große Besprechungsraum im Polizeigebäude am Adenauerplatz platzte aus allen Nähten. Kriminaloberrat Dr. Berthold Hassinger hatte zur Pressekonferenz geladen. Doch an diesem Tag hätte wohl selbst die Heidelberger Stadthalle nicht alle aufnehmen können. Auf den Fluren und Treppen lagerte das bunte Volk der Reporter, Kommentatoren und Kameraleute. Überall schlängelten sich Kabel, wurden Akkus gecheckt, Scheinwerfer getestet und Rekorder besprochen. Zigarettenrauch hing wie Seenebel in der Luft und etliche ausländische Stimmen sprachen ihren Einleitungstext in Kameralinsen und Mikrofone. Ein Serienmord war nichts Alltägliches in Deutschland, schon gar nicht in dieser für ihre Romantik und Lebensfreude bekannten, weltberühmten Stadt am Neckar. In dem überfüllten Raum war die Luft zum Schneiden. Hinter einer Barriere aus Konferenztischen saßen die Vertreter der Staatsanwaltschaft, Dr. Hassinger sowie mehrere Dienstgruppenleiter, Elke Lukassow, Frank Furtwängler, Heike Rasstorff und andere Mitarbeiter der SOKO-Bergstraße. Kameras klickten, Blitzgeräte flackerten und im Hof hockten Mitarbeiter der größten Fernseh- und Radiostationen in ihren Übertragungswagen.

Dr. Hassinger begrüßte die Anwesenden, trat dann zu einem großen Flipchart und enthüllte ein Foto von Said Sadouki. Eines, das ihn zeigte, wie er vor dem Unfall ausgesehen hatte. Der Kriminaloberrat würdigte die Arbeit der Ermittlungsgruppen, stellte die Beweismittel vor und übergab das Wort an Elke Lukassow.

Elke Lukassow hatte ihren grünen Lodenmantel über dem Stuhl hängen gelassen, was die Kollegen mit allgemeinem Staunen zur Kenntnis nahmen. In ihrer weißen Bluse mit kurzen Ärmeln und dem dunkelgrünen Rock mit Münzenkette trat sie vor die versammelte Presse. Sie sah aus, als kündige sie eine Volksmusiksendung aus dem Löwenbräukeller an. Oder zumindest, als bediene sie dort. Das ausnahmsweise freundliche, rotwangige Gesicht der Hauptkommissarin schilderte im Plauderton die ganzen grausigen Details der Ermordung von Erich Solomon, Dieter Seebna, Ilja Robun und Hanns-Gert Kutschnik, wie man sie ermittelt hatte, und ergänzte dies durch die Details, die eine erste Vernehmung Said Sadoukis ergeben hatte. Der Marokkaner arbeitete gut mit und sang wie eine Lerche. Der Oberstaatsanwalt Claus von Greetfall versprach, das Strafverfahren unverzüglich zu eröffnen. Auf die Frage eines marokkanischen Journalisten, ob man, gesetzt den Fall die marokkanische Regierung würde eine Auslieferung Sadoukis fordern, dem entsprechen würde, schüttelte der Staatsanwalt den Kopf. Er betonte, dass die Regierung der Bundesrepublik Deutschland niemals einen Menschen an ein Land ausliefern werde, in dem diesem die Todesstrafe drohe.

»Said Sadouki wird seiner Strafe nicht entgehen, meine Damen und Herren«, sagte von Greetfall. »Es wird aber eine Strafe sein, die den Gesetzen dieses Landes Rechnung trägt.«

»War Sadouki allein oder hatte er Helfer?«, fragte eine Redakteurin des *Spiegel.*

»Nach unserer Erkenntnis und nach den Angaben von Herrn Sadouki hat er alle Morde allein geplant und auch ausgeführt«, antwortete Furtwängler.

»Sie glauben ihm also?«

Gemurmel kam auf, mehrere Journalisten zischten um Ruhe, ein Kamerateam mit einer Handkamera nahm die blonde Frau ins Visier.

»Ja, wir glauben ihm!« Elke Lukassow hatte sich erhoben, stand hinter den Tischen, die Arme in die Hüften gestemmt, wie eine kleine runde Wutkugel. »*Ich* glaube ihm. Ich habe ihn vernommen, ich habe ihn zu Einzelheiten befragt und ich habe aus seinem Mund Täterwissen gehört. Täterwissen nennt man Einzelheiten, wie sie nur der Täter selbst wissen kann. Einzelheiten, gegen die das, was ich Ihnen vorhin geschildert habe, wie ein Weihnachtsmärchen klingt. Einzelheiten, die wir zum Teil selbst noch nicht herausgefunden hatten. Einzelheiten, die passen. Perfekt! Glauben Sie mir, wir haben uns hier nicht den erstbesten Verdächtigen gegriffen. Said Sadouki ist der Täter. Das ist bewiesen. Durch Indizien, durch handfeste Beweise und durch den schwerwiegendsten aller Beweise: das Geständnis!«

Sie zog ein riesiges, rotkariertes Taschentuch hervor und wischte sich den Schweiß von der Stirn. Furtwängler applaudierte ihr versteckt unter dem Tisch und die Lukassow ließ sich erschöpft in ihren Sessel fallen.

Ein Glatzkopf von etwa 50 Jahren hob die Hand: »Welche Verbindung bestand zwischen Sadouki und den Toten vom Saukopftunnel?«

Das war Heike Rasstorffs Spezialgebiet. Mit einem mürrischem Gesichtsausdruck verfolgte die Lukassow, wie sich zahlreiche Fotografen auf die attraktive Blondine stürzten, als diese sich erhob.

»Said Sadouki lebte als Vollwaise bei einem Onkel in Oujda an der algerischen Grenze. Er war beinahe ständiger Gast bei der Familie, die in dem Container ums Leben kam und deren Leichen im Saukopftunnel gefunden wurden. Sadouki und die gleichaltrige Merija waren gute Freunde. Für sie kaufte er auch die billigen Anhänger, in die er, damals gerade mal sieben Jahre alt, ein lachendes Gesicht hineinritzte. Merijas Familie hatte jahrelang gespart, um die Passage in dem Container zu bezahlen. Sadouki, der kein offizielles Mitglied der Familie war, blieb zurück bei seinem Onkel. Sadouki hat den Abschied von Merija, die wie eine Schwester für ihn war, nie verwunden. Seit seinem 16. Lebensjahr betrieb er Nachforschungen nach der spurlos verschwundenen Sippe der Al-Khoumas. Als er im Fernsehen das Amulett sah, gab es für ihn keinerlei Zweifel mehr: Jemand hatte seine über alles geliebte Merija und ihre Familie wie einen Müllsack in den alten Bergwerkschacht geworfen. Er fand heraus, wer die Transporte damals durchführte. Das Weitere ist Ihnen bekannt.«

Die Medien, sowohl in gedruckter Form als auch das Fernsehen und die Radiosender, überschlugen sich: »DER RÄCHER AUS DER WÜSTE!«, titelte das größte deutsche Boulevardblatt und brachte ein Foto des lachenden Sadouki nach einem Marathonlauf.

»SERIENMÖRDER VON DER BERGSTRASSE GEFASST«, lautete die dezentere Überschrift des Mannheimer Morgen. Said Sadouki schaffte es bis in die Tagesschau. Das dritte Programm des Südwestfunks brachte eine Hintergrundsendung mit geladenen Gästen, aufgezeichneten Interviews und einer Dokumentation der Knochenfunde im Saukopftunnel. Auszüge aus Sadoukis Geständnis gelangten auf nicht durchschaubaren Pfaden in die Redaktion einer großen Illustrierten und wurden in mehreren Folgen als »Die Geister aus dem Tunnel« äußerst auflagensteigernd vermarktet.

Said Sadouki wurde nach mehreren Operationen von der Intensivstation der Oggersheimer Spezialklinik in das Gefängniskrankenhaus auf dem Hohenasperg bei Ludwigsburg verlegt, wo er unter strengster Bewachung in einem Einzelzimmer seiner weiteren Genesung und seinem Prozess entgegensah. Elke Lukassow pendelte mehrmals in der Woche zwischen Heidelberg und dem Hohenasperg hin und her. Sadoukis Vernehmung lief auf Hochtouren. Der Marokkaner wurde als akut suizidgefährdet eingestuft und Tag und Nacht von Kameras überwacht. Er verweigerte jede Therapie, sabotierte alle Rehamaßnahmen und sah keinen Sinn mehr in einem Leben, welches er in einem Rollstuhl verbringen sollte.

Die Staatsanwaltschaft Mannheim, vertreten durch Oberstaatsanwalt von Greetfall, erhob Anklage wegen vorsätzlichen Mordes in vier Fällen. Zuständig war das Landgericht Mannheim, dessen 1. Große Strafkammer unter der Leitung von Richterin Dr. Hildegard Bronnhusen die Verlesung der Anklage und die erste Anhörung des Angeklagten für Montag, den 2. Juli 1990 anberaumte.

13

Die mächtige Boeing 747 flog durch die Nacht. 12.000 m unter ihr schimmerte die dunkle Fläche des Atlantiks. Die Stewardessen gingen durch die Reihen, verteilten Decken und Kissen an die zum Teil in abenteuerlichen Verrenkungen dösenden Passagiere. Die junge Frau auf Sitz 33A nahm dankbar die angebotene Decke, gab einen leeren Getränkebecher zurück und lehnte den Kopf wieder an die Verkleidung der Außenwand. Mit großen Augen, die genauso dunkel glänzten wie die unendliche Wasserfläche unter ihr, schaute sie aus dem Fenster, ohne etwas wahrzunehmen. In der Kabine war nur das Rauschen der Klimaanlage und das gedämpfte Brausen der Triebwerke zu hören. Flug Air Canada 520 würde planmäßig um 7.05 Uhr in Frankfurt ankommen. Die Passagiere hatten noch über zwei Stunden Zeit. Die meisten schliefen, einige blätterten im Schein der Leselampen in Zeitschriften und Büchern, eine Mutter stillte ihr Baby und drei abenteuerlich aussehende junge Männer packten ihre riesigen Rucksäcke um. Die Kabine war lediglich zu zwei Dritteln besetzt, die junge Frau hatte sich noch vor dem Start eine leere Reihe ausgesucht, um ungestört ihren Gedanken nachhängen zu können. Diese Gedanken waren ebenfalls so dunkel wie die eisige Atmosphäre außerhalb der schützenden Hülle des Flugzeuges. Sie flog weder in die Ferien noch zu guten Freunden. Sie flog in eine ungewisse Zukunft, die sich bedrohlich wie eine blauschwarze Gewitterfront vor ihr auftürmte. Sie hatte sich entschieden. Hatte sich am Abend zuvor in ein Taxi gesetzt, war durch die Straßen der Stadt gefahren und hatte sich in dem riesigen Terminal von Toronto International Airport nach dem nächsten Flug nach Frankfurt erkundigt. Sie kaufte ein Ticket für die einfache Strecke, sagte der erstaunten Dame hinter dem Schalter, dass sie außer ihrer Handtasche keinerlei Gepäck mitführe und wurde vom Sicherheitsdienst ausgiebig durchsucht.

Mit qualmenden Reifen setzte die Maschine auf der Nordbahn des Frankfurter Flughafens auf. Müde Gesichter gähnten, Arme und Beine wurden gestreckt und geschüttelt, Jacken wurden angezogen und das Handgepäck aus den Ablagen gezerrt. Die deutsche Staatsgewalt, vertreten durch zwei übernächtigte Zollbeamte, kontrollierte lustlos die Passagiere. Die attraktive junge Frau mit der modischen Männerfrisur wurde kommentarlos durchgewinkt. Sie brauchte nicht an den Gepäckbändern Schlange zu stehen, eilte zur nächsten Wechselstube und ließ sich ihr Bargeld in deutsche Mark umtauschen. Zielstrebig steuerte sie auf den Bahnhof im Tiefgeschoss zu, löste am Automaten eine Fahrkarte und besuchte noch rasch das Schnellrestaurant auf der gleichen Ebene. Sie bestellte sich einen Kaffee im Pappbecher, einen Donut und Rührei. Zwanzig Minuten später saß sie auf den weinroten, abgewetzten und mit Eddingstift verzierten Sitzen des Nahverkehrszuges nach Süden. Ein mürrischer Schaffner kontrollierte ihre Fahrkarte, starrte mit kleinen Fischaugen in ihren Ausschnitt und entfernte sich schlurfend. Im Mannheimer Hauptbahnhof suchte sie die Toilette auf, wusch sich das Gesicht, erneuerte ihr sparsames Make-up und zog die vollen Lippen nach. Der Zug nach Heidelberg fuhr auf Gleis sieben ab und sie benutzte die Rolltreppe zur Unterführung. Vorher hatte sie an einem AMS-Stand noch eine Tüte mit zwei Brezeln gekauft. Pünktlich um 9.45 Uhr fuhr der Zug in den Heidelberger Hauptbahnhof ein. Als sie über die große, verglaste Fußgängerbrücke über die Gleise schritt, brach die Sonne durch die dunklen Wolken und tauchte alles in ein warmes, goldenes Licht.

Sie verzichtete auf ein Taxi, ging die kurze Strecke durch die Kurfürstenanlage lieber zu Fuß. Es war kurz nach zehn, als sie den Adenauerplatz erreichte.

* * *

Sie betrat den Vorraum des Polizeipräsidiums, steckte sich die schwarze Ray-Ban-Sonnenbrille ins Haar und trat an den Empfangsschalter, hinter dem ein älterer Beamter Dienst tat.

»Guten Morgen. Kann ich Ihnen helfen?« Wohlwollend musterte der Polizist die attraktive junge Frau.

»Ich möchte zu Hauptkommissarin Lukassow.«

»In welcher Angelegenheit?«

»Das möchte ich Frau Lukassow lieber selbst sagen.« Die Frau klang verärgert. Ungeduldig. Das Wohlwollen des Beamten schlug in kühle Dienstlichkeit um.

»Darf ich um Ihren Namen bitten?«

»Jaqueline Renard.«

»Einen Augenblick bitte«, der Beamte nahm den Telefonhörer und wählte einen Hausanschluss: »Ja, Frau Lukassow, Kellermann hier. Bei mir ist eine Frau Renner, die Sie sprechen möchte.« Es entstand eine Pause, in der Kellermanns Zunge die Lippen benetzte und seine Augenbrauen einen merkwürdigen Tanz aufführten. »Nein, Frau Lukassow, das will Sie mir nicht sagen. Nur Ihnen ...« Wieder tanzte das Augenbrauenballett. »Gut, ich werde es ihr sagen. Danke, Frau Lukassow, Wiederhören.« Mit zufriedenem Lächeln legte er den Hörer auf die Gabel. »Tut mir leid, Frau Renner, aber die Kommissarin hat jetzt einen Gerichtstermin. Wenn Sie vielleicht später wiederkommen wollen?«

»Ich werde hier auf sie warten«, sagte die Frau kühl.

»Das kann aber länger dauern. Wenn Sie vielleicht noch etwas zu besorgen haben?«

Jaqueline Renard schaute dem Mann intensiv in die Augen. »Ich habe nichts mehr zu besorgen. Ich warte hier.« Die Worte klangen seltsam eindringlich und die maskenhafte Starre des fein geschnittenen Gesichtes ließ den braven Polizisten frösteln.

Schulterzuckend betätigte er den Türöffner, kam aus dem Wachzimmer und wies auf die Bänke im Flur. »Sie können natürlich hier warten, aber wie gesagt, es kann dauern. Am Ende des Flurs finden Sie Getränkeautomaten. Ich gebe Ihnen Bescheid, wenn Frau Lukassow wieder im Hause ist.«

Jaqueline nahm Platz, stellte ihre Handtasche auf ihre Oberschenkel und hielt sie mit beiden Händen fest.

Elke Lukassow, Frank Furtwängler und Dr. Hassinger verließen das Gebäude durch den Hofeingang. Sie stiegen in Hassingers Dienstwagen, einen silbernen 5er BMW und fuhren über die A 656 in Richtung Mannheim. Zwanzig Minuten später erreichten sie den postmodernen Betonklotz des Landgerichts am Luisenring, gegenüber vom MVV-Hochhaus am Neckarufer. Vor dem Gerichtsgebäude standen die Transporter und Übertragungswagen der Fernseh- und Radiosender. In der Halle drängten sich die Journalisten und Kameraleute und fielen augenblicklich über Hassinger und sein Gefolge her. Der Kriminaloberrat wimmelte sie freundlich und routiniert ab, bahnte sich und seinen Begleitern eine Gasse zur Tür des Sitzungssaales Nummer vier, hinter der sie verschwanden, verfolgt von Blitzlichtgewitter und nervösen Stimmen.

Der Termin dauerte nicht sehr lange. Nach Verlesung der Anklage antwortete Said Sadouki mit monotoner Stimme, aber bereitwillig auf alle ihm gestellten Fragen. Er bekräftigte das bereits vor der Polizei gemachte Geständnis und bekannte sich schuldig in allen Punkten der Anklage. Er saß in seinem elektrischen Rollstuhl, den Kopf an die spezielle Nackenstütze gepresst, und wirkte sehr gefasst. Sein Anwalt beendete die Sitzung jedoch vorzeitig, als Sadouki Anzeichen von Schwäche zeigte. In einem Sanitätswagen, der von zwei Streifenwagen eskortiert wurde, brachte man ihn zurück ins »Café Landes«, wie die Mannheimer das Landesgefängnis in der Herzogenriedstraße nannten.

Dr. Hassinger zeigte sich zufrieden mit dem Beginn des Prozesses und lud seine Mitarbeiter in einem seltenen Anfall von Spendierfreude noch zum Mittagessen ein. Es war bereits kurz vor 14 Uhr, als sie wieder im Heidelberger Polizeipräsidium eintrafen.

Friedhelm Kellermann atmete erleichtert auf, als er die Ankunft Elke Lukassows bemerkte. Die junge Frau saß immer noch auf der

Bank im Flur. Nur einmal war sie kurz zur Toilette gegangen und hatte sich auf dem Rückweg eine Cola am Automaten gezogen. Sie saß da wie eine Statue. Bewegte sich kaum, schaute niemanden an, reagierte nicht einmal, als zwei Beamte einen sich wehrenden Betrunkenen an ihr vorbeibugsierten. Kellermann wartete eine kurze Zeit, bevor er im Dienstzimmer der Kommissarin anrief und sie an die wartende Dame erinnerte. Er seufzte erleichtert, als die Lukassow kurz darauf die Treppe herunterkam und ihre Besucherin in Empfang nahm.

»Nehmen Sie bitte Platz, Frau ...«

»Renard, Jaqueline Renard, so steht es jedenfalls in meinem Pass.«

Etwas an dieser Bemerkung ließ die Lukassow aufhorchen. »Wie meinen Sie das, es steht in Ihrem Pass?«

Die Frau öffnete ihre Handtasche, kramte einen Reisepass hervor und reichte ihn über den Tisch. Es war ein kanadischer Pass, ausgestellt in Toronto im Jahre 1985. Als Geburtsort war Metz in Ostfrankreich angegeben. Auf dem Foto trug die Inhaberin noch langes Haar und schien noch schmaler zu sein.

»Dieses Dokument ist echt, sofern ein Pass, der aufgrund falscher Angaben ausgestellt wurde, als echt bezeichnet werden kann.« Die Frau sprach wie ein Roboter. Absolut emotionslos, kühl und akzentfrei.

»Falsche Angaben?« Lukes Augenbrauen berührten beinahe ihren Haaransatz.

»Dieses Papier dürfte viel interessanter sein«, Jaqueline Renard reichte der Lukassow ein zerfleddertes Heftchen. Es war ein Kinderausweis. Ein französischer. Das kaum mehr zu erkennende Foto zeigte ein verängstigt blickendes kleines Mädchen, dessen Gesicht fast nur aus riesigen, dunklen Augen zu bestehen schien.

»Dieser Ausweis stammt aus der Druckerpresse von Hanns-Gert Kutschnik, den ich am 21. März um 21.20 Uhr von der Galerie des zentralen Luftschachtes des Saukopftunnels gestoßen habe. Geboren wurde ich als Merija Al-Khouma in einem kleinen marokkanischen Dorf in der Nähe der algerischen Grenze. Ich bin die einzige Überlebende aus dem Container. Ich habe Dieter Seebna, Ilja Robun und Hanns-Gert Kutschnik getötet.«

Bei Elke Lukassow schrillten sämtliche Alarmglocken in der Lautstärke einer startenden Tupolew. Es dauerte einige Sekunden, bis sich die Kommissarin wieder fing. Ganz entgegen ihrer Gewohnheit schrie sie Frank Furtwängler nicht herbei, sondern benutzte das Telefon.

»Kaffee?«, fragte sie mit gerade wiedergewonnener Contenance.

* * *

Merija Al-Khouma trank während der folgenden fünf Stunden noch etliche Tassen Kaffee. In einer Pause ließ die Lukassow Sandwiches und Pizza bringen. Man war umgezogen. In einem der kleineren Besprechungsräume lauschten neben Luke noch Frankfurt, Dr. Hassinger und Heike Rasstorff dem Bericht. Ein Rekorder und eine Videokamera zeichneten alles auf. Frau Renard oder Al-Khouma oder wie auch immer war ausführlich über ihre Rechte belehrt worden, musste sich als vorläufig festgenommen betrachten, verzichtete aber trotzdem hartnäckig auf anwaltlichen Beistand.

Merija Al-Khouma war sieben Jahre alt, als ihre Familie das kleine Dorf verließ. Es war ein erbärmliches Nest. Staubig, nicht mehr als eine Ansammlung windschiefer Hütten und einiger Lehmziegelhäuser. Für Merija war es die Welt. Ihre Welt. Eine Welt, in der alles seinen Gang ging, alles geregelt war und in der jeder jeden kannte. Die Kinder von Ar Kassech turnten in einem halb im Sand versunkenen alten Berliet-Laster herum, spielten Fußball, wobei die Tore aus rostigen Ölfässern bestanden, und hüteten die wenigen Kamele und Ziegen des Dorfes. Ar Kassech lag in der Nähe von Oujda an der algerischen Grenze am Nordhang des Atlas-Gebirges. Merija Al-Khouma hatte niemals Ernie und Bert im Fernsehen gesehen. Sie wusste nicht, wer Micky Maus war, und sie träumte nicht davon, einmal wie Barbie auszusehen. Doch sie war glücklich. Merija freute sich über das bescheidene Fest, das ihre Familie zum Abschied veranstaltete. Sie freute sich über die große Reise, von der ihr die Mutter erzählt hatte, doch sie weinte, als man ihr sagte, dass Said nicht mitkommen würde. Said war ihr Freund. Eines Tages würden sie heiraten. Das ganze Dorf amüsierte sich immer wieder über die altklug vorgetragenen Absichten der kleinen Merija.

Es war früh am Morgen, am Himmel stand noch die verblassende Sichel des Mondes, als die Al-Khouma-Familie aufbrach. Sie erreichten Oujda nach zwei Tagesmärschen durch unwirtliche Geröllfelder und durch ausgetrocknete Flussbetten. Ab hier würde sie ein entfernter Verwandter mit seinem Auto, einem klapprigen Peugeot-Pritschenwagen, entlang der Küste bis in die Nähe von Al Hoceima bringen. Zur vereinbarten Zeit würde der Lastwagen auftauchen. Dort warteten die Al-Khoumas seit dem späten Nachmittag an einem abgelegenen Strandabschnitt im Innenhof eines vor Jahren ausgebrannten Hotels. Es war schon dunkel, als starke Scheinwerfer die Nacht zerteilten. Endlich war der Lastwagen gekommen! Er war blau. Merija mochte blau und sie war fasziniert von dem gewaltigen Fahrzeug mit seinen glänzenden Scheinwerfern, den mächtigen Rädern und dem für sie gigantisch wirkenden Auflieger. »Le Patron«, ein gut angezogener Mann mit weißem Hut, war in einem Landrover mitgekommen. Er half ihnen beim Einsteigen über die wackelige Leiter, zeigte ihnen die Kammer mit den alten Matratzen, den Decken und Kissen, den Wasserkanistern, die Pakete mit Trockennahrung und Medikamenten und erklärte den beiden Männern, die er als Anführer bestimmt hatte, den Verlauf der Reise. Es ging alles sehr schnell und sehr leise vonstatten. Der Patron schaute immer wieder nervös in Richtung Straße. Aber niemand störte die nächtliche Aktion am Strand des Mittelmeeres. Geld wechselte den Besitzer, wurde gezählt und verschwand in der Innentasche des khakifarbenen Jacketts des Patrons. Als alle sich in der Kammer im vorderen Teil des stählernen Containers eingerichtet hatten, schlossen Le Patron und der Fahrer des Lastwagens die schwere Trennwand. Das Zuschnappen der Riegel ließ bei manchen Insassen Panik entstehen, sie wurden jedoch rasch von den anderen beruhigt. Die Druckluftbremsen zischten, ein Rucken ging durch das Fahrzeug und der schwere Diesel heulte auf. Erschöpft von der Anreise und vom langen Warten, schliefen die meisten sofort ein. Das Schaukeln und das monotone Singen der Räder, untermalt vom einlullenden Brummen des Motors, taten ein Übriges.

Als der Lastzug am nächsten Morgen Tanger an der Atlantikküste erreichte, wurden den Babys und Kleinkindern Beruhigungstees verabreicht, den anderen wurde eingeschärft, keinen Laut von sich zu geben. Durch die Luftlöcher drang der Geruch von Öl, Teer und moderndem Fisch herein. Das heisere Hupen von Schleppern und Barkassen, Kettenklirren und andere typische Geräusche signalisierten die Ankunft im Hafen. Der Lastzug wurde gestoppt, krachend wurde der Rückwärtsgang eingelegt und recht unsanft rangierte der Fahrer das Gefährt an eine Rampe. Stimmen wurden laut, mit hohlem Donnern wurden die großen Frachttüren am Ende des Containers entriegelt. Scheppernd wurde ein Ladeblech aufgelegt und bald darauf fuhr ein heulender Gabelstapler palettenweise Kartons in den Laderaum. Dort wurden sie von mehreren Männern bis hinauf an die Decke gestapelt. Frachtraum war teuer. Die Packer hatten Anweisung, jede Lücke auszunutzen. Die Männer schwatzten, sangen und schrien bei der Arbeit. Den Stimmen und den Akzenten nach schien es sich um Schwarzafrikaner zu handeln. Das Beladen des Containers dauerte den gesamten Vormittag. Glücklicherweise lag die Laderampe im Schatten eines großen Vordaches, sodass sich die Zelle mit den Flüchtlingen nicht allzu sehr aufheizte. Als der Lastzug endlich wieder anfuhr, legte er nur ein kurzes Stück Weg zurück, hielt auf dem Zollhof und wurde recht zügig abgefertigt. Bakschisch in die richtigen Hände war das Geheimnis, welches der Spedition Solomon Int. Transporte einen kleinen Wettbewerbsvorteil vor ihren Konkurrenten verschaffte. Die Stimmung in dem dämmerigen Verlies hob sich etwas, als der Laster schwankend und ruckend über eine rostige Rampe auf die Fähre gelotst wurde. Lebe wohl, Afrika! Freunde und Bekannte hatten wahre Wunderdinge über die Länder Europas berichtet. Es gab Arbeit für jeden und sie wurde fürstlich bezahlt. Jede Familie hatte ein großes, schönes Haus und es gab sogar Regen im Sommer! Man fuhr Auto und die Kinder gingen in eine richtige Schule. Alle Kinder dort lernten lesen und schreiben und jeder Kranke wurde von einem richtigen Doktor behandelt. Es gab überall Brot und Käse in unvorstellbaren Mengen und niemand musste hungern. Vergessen war die Angst vor Entdeckung und Verhaftung. Sie waren auf dem Schiff, das sie in die Zukunft brachte. Eine goldene, glänzende Zukunft voller Freude und in Frieden. Die heruntergekommene, rostzerfressene Mittelmeerfähre *Iberian Star* war für die Al-Khoumas die Arche Noah in ein neues Leben.

Wieder zischten Bremsen, Ketten klirrten und es stank nach Abfall, Fisch und Abgasen. Das Röhren schwerer Dieselmotoren, das Gebrüll der Einweiser, vermischt mit dem ungeduldigen Hupen mächtiger Drucklufthörner, wurde untermalt von überlauter arabischer Musik aus scheppernden Lautsprechern. Nach einer Stunde wurde es endlich ruhiger. Vereinzelt schlugen noch Fahrzeugtüren. Die Stimmen der Fahrer entfernten sich. Vom Minarett der nahen Moschee drang der melancholische Ruf des Muezzins herüber. Auch im Container wurde er gehört. So gut es ging, verneigte man sich in traditioneller Weise in die Richtung, in welcher man Mekka vermutete. Man betete still. Aber jeder betete um das Gleiche: Möge Allah bei ihnen sein. Möge er dafür sorgen, dass man gesund ankam in jenem Land, in welchem Milch und Honig floss. Mit der Ankunft auf dem Festland wurde es zum ersten Mal kritisch. Die spanischen Zöllner nahmen ihre Aufgabe an jenem Tag sehr ernst. Auf dem schmutzigen, rissigen Betonplatz vor der malerischen Kulisse von Algeciras stauten sich die Lastwagen, fast alle aus den Niederlanden, Deutschland und den skandinavischen Ländern, in ungeordneter Reihenfolge. Die Fahrer drängelten rüde, man beschimpfte sich, die eine oder andere Prügelei wurde von der Guardia Civil im letzten Moment noch verhindert und selbst großzügiges »Beschenken« der königlichen Beamten nutzte nicht besonders viel. Die Sonne brannte erbarmungslos auf die Planenzüge, auf die Kofferaufbauten und auf die Stahldächer der Überseecontainer. Die Kühlaggregate der Thermozüge donnerten ihr monotones Lied in den flirrenden Hitzeglast und manch Trucker gönnte sich eine kurze Auszeit im Inneren seines rollenden Kühlschranks. Die Trockeneiskiste, die unauffällig als Werkzeugkasten getarnt unter dem Auflieger befestigt war, verhinderte, dass sich das enge Abteil mit den 20 Menschen in einen Brutkasten verwandelte. Dennoch wurde es heiß wie in einem Backofen. Die Menschen troffen vor Schweiß, die Babys und die Kinder quengelten und weinten, konnten nur mühsam beruhigt werden. Die chemischen Toiletten verbreiteten einen durchdringenden Marzipangeruch, die vollen Windeln der Babys, vorsorglich in Plastiktüten eingewickelt, sättigten trotzdem die Luft mit säuerlichem Gestank. Unmittelbar neben dem Container gerieten zwei Fernfahrer in Streit. Einer wurde anscheinend gegen den Auflieger geschleudert. Flüche in fremden Sprachen wurden gebrüllt, dann rasche Schritte, das Geräusch von massivem Metall auf Beton und eine dritte Stimme, welche die Streithähne anscheinend vertrieb.

Endlich wurde der Motor des Zugfahrzeuges wieder gestartet: Endlich setzte sich der Lastwagen wieder in Bewegung. Trotzdem dauerte es noch fast zwei Stunden, in denen der Lkw immer wieder anhalten musste. Doch dann schien er das Gelände der Zollabfertigung verlassen zu haben. Die Passagiere registrierten erleichtert, wie der Fahrer die Gänge wechselte, wie die Geschwindigkeit stetig zunahm und die Räder endlich wieder ihr orgelndes Lied sangen. Frische Luft strömte durch die Öffnungen herein, wurde gierig aufgesogen und als Gottesgeschenk begrüßt. Die kurvige Küstenstraße in Richtung Malaga forderte allerdings ihren Tribut: Mehrere der Insassen mussten sich übergeben. Die völlige Orientierungslosigkeit im Inneren der dunklen Stahlkammer machte viele seekrank. Rasch breitete sich saurer Gestank aus, der auch diejenigen, welche das Schlingern und Schaukeln vertrugen, zur Tüte greifen ließ.

Vier Kinder unter 10 Jahren, sechs Jugendliche und zehn Erwachsene zwischen 20 und 70 Jahren, eingepfercht in einen stählernen Kerker, der sich mit 90 km/h nach Norden bewegte. Die Sippe der Al-Khoumas war komplett. Dies war eine der Bedingungen, die der »Patron« gestellt hatte. Niemand durfte zurückbleiben. Niemand, der Nachforschungen anstellen konnte, sollte einmal etwas schiefgehen. Bei diesem Satz zuckten Merijas Mundwinkel vor mühsam unterdrückter Wut. Sie trank einen Schluck Kaffee und sprach weiter.

In Elke Lukassow prallten die Gefühle aufeinander, wirbelten herum und bildeten zuweilen ein diffuses Gemenge unkoordinierter Gedanken. Wenn diese kleine, zierliche Frau, die da vor ihnen saß, wirklich die Wahrheit sagte, dann handelte es sich bei ihr um die Mörderin; um eine Frau, die drei Menschen getötet hatte. Deren Gehirn sadistische, unmenschliche und bestialische Tötungsmethoden hervorgebracht hatte. Die Frau, die einen Mann in seinem eigenen Backofen gegrillt hatte, die einen weiteren in einen über 200 m tiefen Schacht gestürzt hatte und die Ilja Robun elend in einem Stahlkasten verrecken ließ; dieselbe Frau erzählte hier die aufwühlende Geschichte der Familie Al-Khouma. Einer Familie, die fast komplett ausgelöscht wurde. Nicht durch einen Flugzeugabsturz oder eine Eisenbahnkatastrophe, sondern die auf eine fast unvorstellbare Weise in einem aufgeheizten Verlies verhungert, verdurstet und erstickt war. Einer nach dem anderen hörte auf zu atmen, zu keuchen, zu röcheln. Es wurde immer stiller in dem nur von zwei kleinen Batterielampen dämmerig erhellten Gelass. Einer nach dem anderen schloss endlich die Augen.

Merija Al-Khouma fuhr mit leiser, monotoner Stimme fort ...

Der Geruch war das Schlimmste. Zuerst starben die Älteren. Sie verweigerten das zur Neige gehende Wasser; sparten es für die Kinder auf. Der gestohlene Sattelauflieger mit dem Container stand einsam in der glasigen, flirrenden Hitze Spaniens. In seinem Inneren spielten sich erschütternde Szenen ab. Merijas ein Jahr jüngere Schwester starb in ihren Armen. Merija hatte ihr das Amulett gegeben. Das Wertvollste, das sie besaß. Die winzige Kinderfaust schloss sich um den billigen Anhänger, als die kleine Shima ihren letzten Atemzug tat. Die Kinder überlebten am längsten. Doch war dies nicht Privileg, sondern ein weiteres Fegefeuer auf dem Weg des Grauens. Merija trank die Milch ihrer Tante, als deren Baby sie nicht mehr brauchte.

Heike Rasstorff erhob sich ruckartig und verließ den Raum. Ihre Unterlippe zitterte, sie war blass und hatte die Hände zu Fäusten geballt. Die restlichen Anwesenden stellten keine Fragen mehr, vermieden es, sich gegenseitig anzusehen, und lauschten der leisen Stimme. Konnte einem eine Serienmörderin leid tun? Bis zu diesem Tag hätte jeder diese Frage entschieden verneint. Doch ab heute wussten sie, dass die Psyche des Menschen auch diese Pirouette beherrschte. Das Martyrium, das Merija durchlitten hatte und das unauslöschliche Traumata in ihr Bewusstsein gebrannt hatte, war der wirkliche Mörder. Sie selbst nur sein Werkzeug. Aber Ereignisse, Albträume und Erinnerungen konnte man nicht auf eine Anklagebank setzen. Kein Staatsanwalt konnte Anklage erheben, kein Richter die fürchterlichen Bilder in Merijas Kopf lebenslänglich wegsperren. Justitia verlangte stets den Menschen.

»Erich Solomon fand mich, halb begraben unter den Leichen meiner gesamten Familie.« Merija sah mit gequältem Gesichtsausdruck von einem zum anderen. Alle senkten den Blick. Sie wussten, was geschehen würde. Wussten, was getan werden musste. Wussten, dass diese bedauernswerte Kreatur niemals wieder als freier Mensch erwachen würde.

Die Frau sprach weiter: »Er brachte mich zu einem befreundeten Arzt. Später zu einer alten Frau, die mich bei sich aufnahm. Er besorgte mir französische Papiere und schickte mich zu Freunden nach Kanada. Dort lebte ich. Ging zur Schule, studierte und begann vor drei Jahren, meine Identität zu erforschen. Kinder verdrängen. Sie können das sehr gut. Ich aber grub alles wieder aus. Schicht für Schicht. Meine Nachforschungen führten mich zu Said. Gemeinsam suchten wir nach den Mördern unserer Familie. Said wuchs bis zu unserer Abreise praktisch bei uns auf. Wir waren als Kinder unzertrennlich. Doch die Regeln verboten ihm mitzukommen. Außerdem hatte sein alter Onkel kein Geld für die Passage. So wurden wir damals getrennt. Zum Abschied schenkte er mir das Amulett. Ich ließ es meiner kleinen Schwester. Ich wusste, auch ich würde in dem Container sterben.«

Kriminaloberrat Hassinger räusperte sich. »Dann hat Ihnen praktisch Erich Solomon das Leben gerettet?«

Die junge Frau nickte. »Er hat mir mein Leben geschenkt. Ein Leben ohne Identität. Ein Leben, in dessen weiterem Verlauf ich stets damit beschäftigt war, all das Grauen und die schrecklichen Bilder zu verdrängen. Ein Leben am Rande des Abgrunds. Dreimal wollte ich es beenden.« Sie zeigte die Narben an ihren Handgelenken.

»Said hat Erich Solomon erschossen. Nachdem der ihm alles erzählt hatte. Said ist ausgerastet. Hat blind vor Wut abgedrückt. Ich habe die anderen getötet. Niemand sollte übrig bleiben. Said hat alles geplant. Die Leute ausgespäht, die Plätze ausgesucht. Nur ausführen konnte er es nicht ...«

Wieder wurde sie von Dr. Hassinger unterbrochen: »Said Sadouki war bei der Ermordung der letzten drei Opfer gar nicht selbst anwesend?«

Sie nickte. »Doch. Ich brauchte seine Hilfe. Er hielt die Opfer in Schach, fesselte sie, drohte ihnen ...« Sie griff nach der Kaffeetasse. Ihre Hand zitterte, dann fuhr sie fort: »Er war nur Helfer. Mitwisser. Ich bin die Mörderin. Ich habe Seebnas Herd eingeschaltet, ich habe Kutschnik in den Schacht gestoßen, ich habe den Container verschlossen, in dem Robun saß ...«

Elke Lukassow sah plötzlich wieder die Frau mit dem Rollenkoffer aus dem Fahrstuhl des Studentenwohnheims treten. So nah ... Ihr Herz klopfte. Hätte sich diese Frau nicht entschlossen, sich zu stellen, Said Sadouki wäre für alle vier Morde verurteilt worden. Ihr Vertrauen in die Justiz und vor allem in ihre eigenen Ermittlungen bekam tiefe Risse.

Merija Al-Khouma alias Jaqueline Renard beendete ihre Aussage: »Ich habe Dieter Seebna, Ilja Robun und Hanns-Gert Kutschnik getötet. Said und ich wollten zusammen in Kanada ein neues Leben beginnen. Nachdem Sie ihn verdächtigten, beschlossen wir, dass ich vorausfliegen sollte und er nachkäme, sobald sich die Lage beruhigt hätte. Als ich erfuhr, was mit ihm geschehen ist, beschloss ich, mich zu stellen. Ein Leben ohne Said ist kein Leben. Das, was ich getan habe, tut mir nicht leid. Ich bereue nichts.«

Am 24. Oktober 1990 wurde Jaqueline Renard, die wieder ihren Mädchennamen Merija Al-Khouma angenommen hatte, von der 1. Großen Strafkammer am Mannheimer Landgericht zu lebenslanger Haft verurteilt. Said Sadouki erhielt 15 Jahre Gefängnis wegen Tötung im Affekt und Beihilfe zum mehrfachen Mord.

14

Vier Wochen nach ihrer Verurteilung beantragten die Anwälte von Merija Al-Khouma und Said Sadouki die Unterbringung ihrer Mandanten in derselben Haftanstalt. Sadouki und Al-Khouma gaben an, sich zu lieben, und baten um die Genehmigung zur Heirat. In Anbetracht von Sadoukis schwerer Behinderung wurde dem entsprochen. Die Justizbehörden setzten ein Zeichen der Menschlichkeit auch gegenüber überführten Mördern. Sadouki wurde in die JVA Mannheim überstellt, in der auch Merija Al-Khouma einsaß. Sadouki bezog eine eigens für seine Bedürfnisse eingerichtete Einzelzelle, während Al-Khouma sich eine gewöhnliche Zelle mit einer Mitgefangenen teilte. Einmal in der Woche konnten Al-Khouma und Sadouki unter Aufsicht im Besuchszimmer miteinander sprechen. Die beiden sprachen nur Französisch miteinander. Anfangs war noch ein Dolmetscher dabei, um zu verhindern, dass die Gefangenen illegale Absprachen tätigten. Nach einigen Wochen verzichtete man allerdings darauf. Die Gefangenen verhielten sich korrekt und befolgten sämtliche Weisungen des Aufsichtspersonals.

* * *

Merija Al-Khouma führte Tagebuch. Es gab darin nur ein einziges Thema: Said Sadouki. Das Tagebuch der Mörderin war voll tiefer

Gefühle. Die junge Frau und der Mann im Rollstuhl waren füreinander bestimmt. Das war ihnen schon im Kindesalter bewusst. Ein Leser, der nicht wusste, dass die Verfasserin dieser Zeilen drei Menschen getötet hatte, konnte denken, der in Worte gefassten romantischsten und größten Liebe aller Zeiten zu folgen. Merija liebte Said wie nichts anderes auf der Welt. Er war das Ziel ihrer Sehnsucht, die Endstation all ihrer Träume und das nie verlöschende Licht am Ende des schwarzen Tunnels, zu dem ihr Leben nun geworden war. Dabei spielte es keine Rolle, dass Said Sadouki schwerbehindert war. Ein Krüppel, ein entstelltes Gesicht an einem einsamen Kopf, der auf einem nutz- und bewegungslosen Körper saß. Körperliche Liebe, Sex und all diese Dinge, die für viele Menschen zu einer Beziehung dazugehören, sie kitten, zementieren und die manchmal deren einzigen Inhalt darstellen, bedeuteten ihr nichts. Sie genoss jeden Augenblick mit ihm. Die geistige Vereinigung bei kultiviertem Gespräch. Die gemeinsamen Erinnerungen, das zweisame Schweigen unter den mürrischen Blicken des Aufsehers. Das war für Merija größer und schöner als das vergleichsweise plumpe Ineinanderdringen. Erhebender als die heißesten Küsse und erregender als die zärtlichsten Hände. Sie hatten beschlossen zu heiraten. Hier im Gefängnis. Was waren schon verschlossene Türen, vergitterte Fenster und elektronische Sicherungen im Vergleich zu ihrer Liebe? Einer Liebe, die Raum und Zeit durchmaß. Die jeden Stein, jeden Stahl und jede Betonmauer durchdrang. Die höher stieg als die mächtigste Rakete und die Galaxien zu unscheinbaren, vergänglichen Lichtern machte. Was waren dagegen schon lächerliche 15 oder 25 Jahre? Ein Lidschlag nur. Ein einzelner Flügelschlag eines Kolibris. Voll solcher Metaphern und eruptiver Gefühlsausbrüche waren die Seiten der billigen Kladde, die Merija als Tagebuch nutzte.

Bis zu jenem Tag, an dem Said ihr seinen innigsten und glühendsten Wunsch offenbarte. Für Merija stürzte eine Welt zusammen. Eine Welt, die seit über sechs Monaten aus eisernen Türen, Mauern und Gittern bestand. Die Mauern wankten, stürzten und begruben sie unter sich. Sie und ihn, der ihre Träume zerstört hatte. Der diesen schrecklichen Wunsch geäußert hatte. Pervers, grausam ... Unmenschlich! Merija brach die wöchentlichen Besuche ab. Sie sprach mit niemandem mehr, nahm nicht am Hofgang teil, verkroch sich in sich selbst. Sie las seine Briefe nicht und versank immer tiefer in ihrem selbst gemachten Sumpf aus Trauer, Enttäuschung und Selbstmitleid. Sie hasste Said nicht dafür. Ja, sie konnte ihn sogar verstehen. Sie hasste sich selbst für ihre Unfähigkeit, ihm seine Bitte zu erfüllen. Heiraten wollten sie. Alles wollte sie für ihn tun: ihn pflegen, ihn säubern, ihn füttern. Alles. Nur das nicht! Ihr inneres Konklave endete nach sechs Wochen. Ausgezehrt, die Haut von einem fahlen Gelb, die Augen in tiefen dunklen Höhlen liegend, öffnete sie den ersten von drei Dutzend Briefen, die ihr Said geschrieben hatte. Sie las den ganzen Tag und die halbe Nacht. Sie las Wort für Wort. Langsam und konzentriert. Dabei hörte sie seine gutturale, dunkle Stimme, als säße er neben ihr und läse ihr vor. Am nächsten Tag saß sie im Besucherzimmer. Said wurde in einem Rollstuhl hereingefahren. Es war kein Spezialgerät mit elektrischen Hilfen. Es war ein ganz gewöhnlicher Rolli, lediglich mit einer Stütze für den Kopf. Dieser Anblick, die absolute Abhängigkeit vom Aufsichtspersonal, die völlige Bewegungslosigkeit des ehemals erfolgreichen Marathonläufers bestätigte sie in ihrer Entscheidung. Sie würde es für ihn tun. Jetzt wusste sie es. Es war nicht mehr nur ein hingekritzelter Satz in ihrem Tagebuch. Sie würde alles für ihn tun. Auch das! Sie würde ihn danach nur noch umso mehr lieben.

* * *

Die Trauung fand vier Wochen später im Büro des Leiters der JVA Mannheim statt. Merija Al-Khouma trug Fußfesseln, Said Sadouki saß in seinem Rollstuhl. Trauzeugen waren Sadoukis ständiger medizinischer Betreuer Martin Mehres sowie die leitende Aufseherin aus dem Frauenblock, Gisela Abendt-Fries, zu der Merija Al-Khouma einen feinen, leisen Hauch Vertrauen gefasst hatte. Zwei weibliche und zwei männliche Aufseher waren aus Sicherheitsgründen anwesend. Der JVA-Chef Ignatz Stohrhafen stand mit verschränkten Armen am Fenster. Er hatte seinen Platz hinter dem massigen Eichenschreibtisch dem Standesbeamten zur Verfügung gestellt.

Der verlas die Genehmigungsurkunden. Sagte die üblichen Formeln auf und wurde etwas unsicher, als er die Schlussworte »Sie dürfen die Braut jetzt küssen« an Sadouki richtete. Merija beugte sich zu ihrem Mann und küsste ihn lang und zärtlich. Sadouki flüsterte kurz mit seinem Pfleger, der nahm die Hand des Marokkaners und hielt sie Merija hin. In der Handfläche, zwischen den bewegungslosen Fingern, schimmerte ein kleines, kupferfarbenes Medaillon. Merija nahm es, schloss es in ihrer Faust ein, dass die Knöchel weiß hervortraten, und kämpfte mit den Tränen. Unmittelbar nach der Trauung wurden beide Gefangenen bis zum Abend wieder in ihre jeweiligen Zellen gebracht. Das »Hochzeitsmenü«, Pizza und eine »Athenplatte« vom Griechen, hatten sie zur Feier des Tages von außerhalb bestellen dürfen. Das Essen nahmen beide getrennt von den anderen Gefangenen im Besucherraum ein. Eine seltsame Szene wie aus einem Film von Claude Chabrol: An dem grob gezimmerten Holztisch ohne jeglichen Schmuck wurde ihnen von einem uniformierten Wärter das Essen serviert, das nach der Sicherheitsuntersuchung bereits aussah, als hätte ein ungezogenes Kind damit gemanscht. Merija und Said aßen schweigend. Sogar Wein war ihnen gestattet worden. Jedoch für jeden nur ein einziges Glas. Es war ein groteskes *Dinner for two* im gleißenden Schein der Neonbeleuchtung in dem schleimgrün getünchten, quadratischen Besucherraum, dessen eine Wand aus Glasbausteinen bestand und in dessen Ecken Überwachungskameras jede Bewegung aufzeichneten. Auf einem Küchenstuhl saß der Aufsichtsbeamte mit gewohnt mürrischem Gesichtsausdruck. Das einzige Geräusch war das Klappern von Essbesteck. Merija saß neben Said, aß abwechselnd selbst und fütterte ihn zwischendurch mit den Bestandteilen der Athenplatte. Viel wurde nicht gegessen, und nach einer halben Stunde beendeten beide das Festmenü mit Kaffee.

Der Anstaltsleiter hatte nach langen und nicht immer in korrektem Ton geführten Verhandlungen mit höheren Dienststellen dem Wunsch der Frischvermählten nach einer Hochzeitsnacht entsprochen. In Absprache mit dem Justizministerium wurde dem Paar gestattet, eine Nacht gemeinsam in einer Zelle zu verbringen. Die

Zelle befand sich im Hochsicherheitstrakt und wurde von Spezialisten eingehend untersucht. Sämtliche Einbauten wurden abgebaut und ersetzt. Fenster gab es keine und die Belüftungsöffnungen wurden von außen zusätzlich gesichert. Die Zelle besaß eine fest installierte Toilette aus Edelstahl, ein in die Wand eingebautes, kleines Waschbecken, einen mit dem Zellenboden verschraubten Tisch und einen ebensolchen Stuhl. Das »Bett« war ein massiver Steinsockel mit einer neuen Matratze und frisch aus der Wäscherei gebrachten Laken und Bettzeug. Merija und Said wurden einer peinlichen Leibesvisitation unterzogen, bekamen einteilige Overalls anstatt der üblichen Gefängniskleidung und Filzpantoffeln. Saids Pfleger hob den schmächtigen Marokkaner aus seinem Rollstuhl und legte ihn auf die Pritsche. Er schob den Rollstuhl aus der Zelle und pünktlich um 20.00 Uhr schloss sich die dicke Stahltür der »Honeymoonsuite«, wie der Raum von den Aufsehern mittlerweile genannt wurde. Merija setzte sich zu Said auf die Pritsche und schaute ihm in die Augen. Saids Gesicht war entspannt. Er lächelte und seine dunklen Augen leuchteten erwartungsvoll. Er wusste, was heute Nacht passieren würde. Er freute sich darauf. Freute sich, dass ein gelähmter Krüppel dem ausgeklügelten Apparat der Justiz ein derartiges Schnippchen schlagen konnte. Merija wusste, was im Kopf ihres Ehemannes vor sich ging. Sie schrak zurück vor der Sicherheit, die sie in seinen Augen las, bereute ihre Zusage fast schon wieder, erkannte aber gleichzeitig, dass es die einzige Möglichkeit für ihn war, sein Schicksal selbst zu bestimmen. Ein Schicksal, das im Namen des Volkes bereits für die nächsten Jahre besiegelt worden war. Im Namen des Volkes, zu dem Merija einst gehören wollte. Einem Volk, das in einem schönen, reichen Land lebte, das keinen Hunger, keine Dürre und keinen Krieg kannte. Ein Volk, dessen Richter sie zu einem Leben in Gefangenschaft verdammt hatte. Merija gab sich einen Ruck. Natürlich würde sie es tun. Es war das Einzige, was sie für Said tun konnte. Ihren Mann, der sie aus seinen runden Kinderaugen ansah, dass es ihr fast das Herz brach. Sie legte sich an seine Seite, brachte ihr Gesicht neben seines, spürte seinen Atem, suchte seine Lippen und schloss die Augen. Sie küssten sich mit der Leidenschaft ihrer

Jugend und der Innigkeit eines jahrelang verheirateten Paares. Sie versanken in einem dunklen, warmen Raum, in dem es nur sie beide gab. Sie verloren die Beziehung zu dem kahlen, von dämmeriger Nachtbeleuchtung erhellten Betonkubus, in dessen Innerem sie gefangen waren. Merija drängte sich an ihn, streichelte seinen Körper, sich gleichzeitig bewusst werdend, dass er es nicht wahrnehmen konnte. Strich über die erschreckend mageren Beine, die einmal sehnig und muskulös, schnell wie der Wind über Straßen, Wege und Pfade gelaufen waren. Längst hatte sie ihm den schäbigen, rauen Gefängnisoverall ausgezogen. Ihr eigener lag bereits auf dem Betonboden. Sie umarmte seinen Kopf, bedeckte sein Gesicht mit Küssen, knabberte an seinen winzigen Ohren, vergrub ihre Nase in seinen duftenden, krausen Haaren, fuhr mit ihren Fingern die Konturen seiner Augen, seiner Lippen und seiner Nase nach. Sie spürte die Wärme aus ihrer Körpermitte entspringen, fühlte ihr Herz klopfen, drängte ihren Oberkörper gegen sein Gesicht, spürte seine Lippen auf ihren Brüsten, genoss das Verlangen, das fordernde Spiel seiner Zunge. Ihr Liebesspiel war so unwirklich wie das Abendessen. Für beide war es mehr als gegenseitige Erregung. Es war vielleicht mehr, als durchschnittliche Paare in ihrem ganzen Leben vollbrachten. Es war ein miteinander Verschmelzen auf körperlicher und geistiger Ebene, ein Einssein, in dem selbst Merijas Höhepunkt nur ein Vehikel für den Transport ihrer Gefühle war. Stunden vergingen, in denen sich Phasen der Ruhe und verzweifelte Zärtlichkeit die Waage hielten. Stunden, in denen die Nacht, ihre Hochzeitsnacht, unerbittlich zusammenschmolz, bis sie zum frühen Morgen wurde. Es war kurz nach vier Uhr in der Frühe. Für das Gefängnispersonal und die meisten der Insassen. Für Merija und Said hatte die Zeit jeden messbaren Wert verloren. Sie stand still, sank hinab in Bedeutungslosigkeit und Zweitrangigkeit. Es war in einer der naturgemäß immer länger werdenden Phasen der Ruhe und der Mattigkeit, als Saids Augen die Merijas festhielten und sich ihr Herz in einer kalten Umklammerung zusammenzog.

»Tue es jetzt«, flüsterte der Mann auf der Pritsche. »Es wird Zeit.

Tue es jetzt, und meine Liebe wird dich dein ganzes Leben lang begleiten.«

Merija wandte den Blick ab. Kämpfte mit den Tränen. Wäre sie nicht in diesem Kubus aus Beton und Stahl gefangen, wäre sie mit Sicherheit davongelaufen.

»Merija.« Seine Stimme klang fordernd. Es war nicht die Stimme eines Behinderten, nicht die Stimme eines hilflosen Kopfes. Es war die Stimme eines Mannes, der das Einlösen eines Versprechens forderte. Die Stimme ihres Mannes. Saids Stimme ...

Merija saß auf dem Rand des Bettes. Sie hob den Kopf, wandte sich ihm mit einer leichten Drehung des Oberkörpers zu und versank in diesen intensiven, dunklen Augen, in denen sie Hoffnung und Vorfreude zu erkennen glaubte. Sie stürzte hinein in die tiefen Zwillingsseen. Haltlos, doch ohne jede Furcht. Ihre linke Hand tastete nach dem Kissen, das zusammengeknüllt zwischen Wand und Matratze lag. Zeuge ihrer Leidenschaft. Produkt einer unwirklichen Ekstase, in der sich nur einer der Körper bewegte. Sie bekam das Kissen zu fassen, ihre Finger krallten sich in den rauen, verknitterten Leinenstoff, zogen es heran, verharrten einen zeitlosen Augenblick, bevor ihr Arm und ihre Hand die Bewegungen vollführten, vor denen sie sich die ganze Nacht so gefürchtet hatte. Merija legte das Kissen ganz sanft auf Saids Gesicht. Dann verlagerte sie unmerklich ihr Gewicht, presste das Kissen auf die schmalen, jungenhaften Züge ihres Mannes. Bis dass der Tod euch scheidet. Sagten sie das nicht immer in den christlichen Kirchen? Merija schaltete jedes Denken ab. Mittlerweile drückte sie mit aller Kraft das Kissen und den darunter befindlichen Kopf tief in die Matratze. Anfangs spürte sie keinerlei Bewegung. Doch dann siegten die angeborenen Reflexe. Der Kopf unter dem Kissen zuckte, drehte und wand sich. Merija drückte mit ihrem gesamten Gewicht zu. Sie war schweißgebadet, die Tränen flossen ihr in Strömen über die Wangen, liefen salzig brennend in ihren geöffneten Mund. Es schien Stunden zu dauern, bis die Bewegungen erlahmten. Bis auch der letzte Funken Leben in dem abgemagerten Körper erloschen war. Merijas Arme schmerzten, ihr Mund verzerrte sich, wollte schreien, aber kein Ton drang hervor. Sie sank zurück, rutschte von der Kante des gemauerten Bettes, setzte schmerzhaft auf dem betonierten Fußboden auf und weinte lautlos über eine Stunde lang. Danach erhob sie sich schwankend, nahm das Kissen weg, starrte entsetzt auf das im Todeskampf verzerrte Gesicht, gewahrte die blicklosen, weit aufgerissenen Augen, den weit offenen Mund und die rissige, trockene Zunge, die wie bei einem Erhängten grotesk aus einem Mundwinkel hing. Die Leichenstarre begann bereits einzusetzen und es kostete Merija einige Kraft, die Zunge zurückzuschieben und den Mund zu schließen. Nachdem sie ihm die Augen zugemacht hatte, sah er endlich halbwegs so aus, als schliefe er. Merija strich Said Sadouki ein letztes Mal über das Haar, nahm ihre Decke und zog sich in die entfernteste Ecke der Zelle zurück.

MANNHEIMER MORGEN

Tod im Café Landes

21. Januar 1991

Zg. In der Nacht zum Samstag verstarb überraschend der zu 15 Jahren Haft verurteilte Said Sadouki in der JVA Mannheim. Laut Aussage der Anstaltsleitung erlag der 26-jährige, vom Hals abwärts gelähmte Sadouki einem multiplen Organversagen. Aufsichtspersonal entdeckte den Toten beim morgendlichen Kontrollgang. Sadoukis Leiche wird auf eigenen Wunsch, geäußert in einem handschriftlichen Testament, nach Marokko überführt und dort bei seinem Heimatdorf beigesetzt. Die Staatsanwaltschaft verzichtet auf eine Untersuchung der näheren Umstände, da der herbeigerufene Notarzt keinerlei Hinweise auf äußerliche Gewalteinwirkung feststellen konnte. Sadouki, der am Tag zuvor im Gefängnis geheiratet hatte (wir berichteten in der Samstagsausgabe) hinterlässt eine Frau, die wegen mehrfachen Mordes verurteilte »Bergstraßenmörderin« Merija Sadouki, geb. Al-Khouma. Merija Sadouki erlitt nach Bekanntwerden von Said Sadoukis Tod einen Nervenzusammenbruch und wird zurzeit unter Bewachung in einer Mannheimer Klinik behandelt.

Dort fand sie zitternd und einem Nervenzusammenbruch nahe die Frühschicht der Wachmannschaft, als sie um sieben Uhr die Tür der Zelle öffneten.

Sofort eingeleitete Reanimationsmaßnahmen waren erfolglos, der herbeigerufene Notarzt stellte Tod durch Sauerstoffmangel fest und lieferte Merija mit einem schweren Schock in das Universitätsklinikum ein.

Merija wurde zwei Tage später in die geschlossene Abteilung der psychiatrischen Landesklinik Wiesloch überstellt, wo sie sich heute noch befindet. Merija Sadouki alias Jaqueline Renard, geb. Al-Khouma, hat seitdem zu niemandem mehr ein Wort gesprochen. Sie lebt in einer Einzelzelle, lehnt jeden Kontakt mit anderen Patienten ab, widersetzt sich jeder Therapie und malt. Sie malt Bilder von Läufern. Von Läufern, die in unwirklichen Landschaften, in psychedelischen Farben laufen. Von Läufern, die zwischen Wolken zu schweben scheinen und über den Ozeanen laufen. Es sind schmale, filigrane Figuren von ätherischer Schönheit mit kurzen, schwarzen Haaren und einem kleinen Amulett um den Hals ...

Epilog

Es war einer jener Oktobertage, die das Prädikat »golden« verdienten. Die Sonne stand schon tief über den Wipfeln des Auwaldes. Die *Lady Jane* erstrahlte in ihrem Licht wie ein edles Kreuzfahrtschiff und sogar oben in Mannis Fährhaus saßen noch ein paar späte Biedensandwanderer in ihren Windjacken bei Bier und Tee. Solo und Tarzan prosteten sich traurig zu. Sie saßen auf dem offenen Achterdeck, einigermaßen windgeschützt durch eine Scheibe aus Plexiglas, die Tarzan selbst angebracht hatte, wobei allerdings eine Bohrmaschine ins Wasser gefallen war. Zwei abgebrochene Fingernägel und eine kleine Wunde am Daumen, wo er mit dem Schraubendreher abgerutscht war, zeugten von der großen Tat. Solo schaute zum Ufer, wo der einst stolze blaue Scania vor sich hingammelte. Ohne Nummernschilder, von einer dicken Staubschicht bedeckt und voller Spinnweben bot der »King of the road« ein Bild des Jammers. Tarzans Motorroller hielt bereits Winterschlaf, gut verzurrt unter einer Persenning auf dem Vorschiff. Der Nachfolger von Solos riesigem Ford Bronco, ein Landrover mit Doppelkabine und Ladepritsche, trug noch die Aufschrift »Elektrizitätswerke Rheinhessen« auf dem mausgrauen Lack. Das Lampertheimer Ordnungsamt hatte den Scania mit einem runden Aufkleber in modischem Signalrot dekoriert: *Sehr geehrter Fahr-*

zeughalter. Ihr Fahrzeug ist nicht ordnungsgemäß zum Verkehr zugelassen. Bitte veranlassen Sie umgehend die Entfernung des Fahrzeuges aus dem öffentlichen Verkehrsraum. Ansonsten wird das Fahrzeug kostenpflichtig abgeschleppt und entsorgt.

»Trinken wir auf die SOLTRANS, unsere erste eigene Firma«, sagte Tarzan mit schwerer Zunge und erhob erneut sein Glas.

»Möge sie in Frieden ruhen«, antwortete Solo, leerte ihr Glas in einem Zug und warf es hinter sich ins Wasser. Tarzan erhob sich, schlurfte müde in die Küche, um eine neue Flasche zu holen. Der Brief war vor sechs Wochen per Einschreiben gekommen. Absender war die »MAU«, die Mannheimer Umschlagsgesellschaft, Solos Vertragspartner. »... teilen wir Ihnen hiermit mit, dass aufgrund von strukturellen Umschichtungen der mit Ihrer Firma bestehende Subunternehmervertrag nicht verlängert wird. Wir wünschen Ihnen und Ihrem Unternehmen weiterhin bla bla bla ...« Solo und Tarzan waren wochenlang vergeblich durch den Hafen gelaufen und hatten Klinken geputzt. »Zurzeit leider nicht, aber schauen Sie nächsten Monat mal vorbei«, war einer der Standardsätze, den sie zu hören bekamen.

»Mau-Mau«, sagte Tarzan und schoss den Korken des »Schloss-Wachenheim extra-trocken« in Richtung Biedensand, wo er ein energisch protestierendes Blässhuhn aufschreckte.

»Ich glaube, er hat wirklich gedacht, er sei ein Wohltäter ...«, sagte Solo leise.

»Wer? Helmut Kohl?« Tarzan hatte wie immer Mühe, Solos plötzlichen Themenwechseln zu folgen. Ein böser Blick strafte ihn für seine geistige Unbeweglichkeit.

»Der Alte, Mensch! Er hat fast sein ganzes Vermögen der Kinderflüchtlingshilfe vermacht. Den hat jahrelang ein schlechtes Gewissen geplagt.« Sie griff nach Tarzans Sektglas, schaute es missmutig an, dann fügte sie leise hinzu: »Und ich bin seine Tochter und habe es nicht bemerkt ...« Solo kippte den Sekt, als sei es ein Wodka. Ihr Gesicht hellte sich etwas auf. »Ich gönne es denen. Vielleicht hat es sogar Leben gerettet ...«

Sie wandten die Köpfe, als vor dem Schiff ein Auto hupte. Ein schwarzer VW-Passat hielt vor dem Steg und eine rundliche Person in einem schäbigen Lodenmantel stieg aus. Sie hatte einen in Silberfolie eingewickelten Gegenstand in der Hand, der verdächtig nach Flasche aussah.

»Hallo Luke!«, rief Solo. »Willkommen zum Leichenschmaus!«

Der Wasserstand war diesen Herbst recht hoch und Hauptkommissarin Elke Lukassow schnaufte die steile Gangway hinauf. Nachdem sie aus den unergründlichen Tiefen ihres Mantels einen kleinen Umschlag hervorgeholt hatte, gab sie das Kleidungsstück in Tarzans Obhut und stellte die Flasche auf den Tisch. Die trübe Stimmung an Bord der Lady Jane war der Kripozistin keineswegs entgangen.

»Was ist denn bei euch los? Wieder mal Letzter geworden beim Marathon?«

Tarzan schüttelte entrüstet den Kopf. »Von wegen Letzter, in meiner Altersklasse habe ich Rang 33 geschafft!«

»34 haben in seiner Altersklasse teilgenommen ...«, ergänzte Solo schadenfroh und Tarzan brummelte davon, um die Flasche in den Kühlschrank zu stellen.

Die Lukassow machte eine Kopfbewegung in Richtung des Scania. »Den Aufkleber kannst du abkratzen. Besser, wenn du deinen blauen Klaus wieder anmeldest. Sieht so aus, als hätte ich einen Auftrag für euch.«

Solos sektumnebeltes Gehirn klarte etwas auf. »Richtige Arbeit, meinst du? Kein Spezialtransport eines Bauernschrankes von Heppenheim nach Laudenbach für'n Fuffi mit Zahlungsziel in vier Monaten?«

Luke nickte bedächtig. »Richtige Arbeit. Einer meiner Mitarbeiter ermittelt in einer groß angelegten Sache. Ladungsdiebstahl, Versicherungsbetrug, Unterschlagung und betrügerischer Bankrott. Die ganze Palette. Da hängen ein paar Speditionen mit drin. Geht bis hinauf zu den Bossen. Ich habe mir gedacht, du als Insiderin kannst uns einige Tipps geben und so.«

»Und so?«, fragte Tarzan neugierig. »Was heißt das?«

»Das heißt«, Luke nahm einen kleinen Schluck Kaffee, den ihr Solo eingeschenkt hatte, »das heißt, ihr schnappt euch euer kleines, blaues Lastauto und heuert bei der Spedition Gresselhaag an.

Die sind sauber, haben allerdings den Verdacht, dass einer ihrer Mitarbeiter ein faules Ei ist. Ihr macht ganz normal eure Arbeit und haltet ein bisschen die Augen und die Ohren offen. Undercover, praktisch.«

»Praktisch!«, bekräftigte Solo, »und ganz nebenbei werden wir dann von irgendwelchen Frachtmafiosi mit Blei voll gepumpt und in den Hudson geworfen.«

Die Lukassow schüttelte den Kopf. »Du liest zu viel Jerry-Cotton-Romane. Wenn die dich bei uns erwischen, schmeißen sie dich in den Rhein oder in den Neckar.«

»Sehr beruhigend«, grunzte Tarzan und widmete sich seinem Sektglas.

»Überlegt es euch. Der Vertrag mit Gresselhaag ist in dem Kuvert. Ihr bekommt den ganz normalen Tagessatz plus Erfolgsprämie, wenn die Bande aufgeflogen ist.«

Zwei Tage später fuhr Solos Scania auf den Hof der Spedition Gresselhaag im Mannheimer Handelshafen. Man hatte Nägel mit Köpfen gemacht. Nachdem Elke Lukassow angedeutet hatte, dass sie mit Unterstützung von ihrer Seite rechnen konnten, waren Solo und Tarzan auf dem Rathaus gewesen und hatten ein Gewerbe der besonderen Art angemeldet: »SECURITRUCK, Sicherung, Überwachung, Ermittlung«, nannte sich das junge Unternehmen. Sie boten dem Transportgewerbe verdeckte Ermittlungen an. Solo mit ihrem blauen Scania und Tarzan als Kraftfahrer, Lagerist oder Staplerfahrer konnten in fast allen Bereichen problemlos eingegliedert werden. Das Speditionsgewerbe mit seiner hohen Fluktuationsrate war anfällig für Diebstähle und Betrug. Gutes Personal war heiß begehrt und schräge Vögel hatten meistens leichtes Spiel. Damit war es jetzt vorbei. Solo und Tarzan waren wieder »on the road«!

Als nach vier Wochen ein 24-köpfiger Schieberring ausgehoben wurde, der einen Schaden in sechsstelliger Höhe angerichtet hatte, und dies hauptsächlich ein Verdienst der SECURITRUCK war, konnten sich Solo und Tarzan vor Aufträgen kaum retten. An diesem Abend wurde auf der *Lady Jane* wieder Sekt getrunken. Tarzan, der seit dem letzten Marathon vier Kilo zugenommen hatte, verzichtete jedoch darauf, trank Wasser und paffte seine geliebte irische Hängerpfeife mit dem breiten silbernen Ring.

ENDE

Leseprobe

Der Kardinal von Auerbach

2. Band der Bergstraßen-Trilogie

Prolog

Das Tief hatte sich über dem Nordatlantik gebildet. Gierig saugte es die von Süden heraufdrängende Warmluft auf und wuchs rasch von einem Schaumkronen erzeugenden böigen Wind zu einem handfesten Sturm mit Windstärken zwischen acht und zehn. Wenig später entwickelte es einen mächtigen Wolkenwirbel mit einem Auge in der Mitte, erreichte Orkanstärke und wanderte über die Nordhalbkugel in östliche Richtung. Der Orkan bedrohte die Schifffahrt, zwang Fischerboote zurück in die Häfen und erreichte die Küste Frankreichs an einem Donnerstag im Mai, wo er in den Städten und Gemeinden schwere Schäden verursachte. Ausläufer erreichten Stunden später Südwestdeutschland, wo sie immer noch genug Kraft aufbrachten, um ganze Wälder einzuebnen. Die begleitenden schweren Regenfälle ließen Keller voll laufen, verwandelten Straßen in reißende Bäche und brachten Flüsse dazu, über die Ufer zu treten.

In Auerbach an der Bergstrasse vernichtete ein Bergrutsch einige der ertragreichsten Weinlagen der Region, viele Straßen verschwanden unter Schlamm und Geröll und die Fahne auf dem Südturm von Schloss Auerbach bestand nur noch aus zerfransten Fetzen. Schulen und öffentliche Einrichtungen blieben geschlossen. Die Bewohner, die verschont geblieben waren, halfen denen, die nicht so viel Glück gehabt hatten.

Die beiden zehnjährigen Burschen fanden den Sturm ganz toll, fiel doch seinetwegen die Schule aus. Sie waren, seit sie denken konnten, die besten Freunde. Eine Freundschaft, wie es sie wohl nur in dieser Altersklasse gibt: kompromisslos, aufrichtig und bis ans Ende aller Tage.
Staunend begutachteten sie die Schäden im Ort, stapften durch die verheerte Bachgasse, bogen in den Burgweg ein und bahnten sich einen Weg zwischen Geröll und herabgefallenen Ästen hinauf in Richtung Schloss. Ihr Ziel war ein geheimer Ort, unterhalb der äußeren Wehrmauer, geschützt durch mächtige Felsen und umgeben von dichtem Unterholz. Hier hatten sie ihr Lager. Niemand außer ihnen kannte diesen Platz. Hier waren sie die Herren: wahlweise Ritter, Räuber oder römische Centurionen, die von hier oben aus ihre Armeen dirigierten.
Doch nachdem sie nach mühseligem Aufstieg den Platz erreichten, erkannten sie ihn kaum wieder. Mehrere der uralten Kiefern, die ihn umgaben, lagen, wie von einer Riesenhand geknickt, kreuz und quer am Boden. Ihre Wurzelscheiben ragten zerfranst in die Höhe. Die mächtigste von ihnen hatte sogar einen großen Felsblock mit sich gerissen, den die oberschenkeldicken Wurzelstränge umklammerten. Dahinter gähnte eine dunkle Öffnung ...
Der Schmerz über den Verlust ihres Lagerplatzes wurde rasch kompensiert durch die Neugier und die Spannung, welche dieser finstere Eingang in unbekannte Unterwelten auslöste. Vorsichtig stiegen die beiden über zersplitterte Bäume, bogen Äste zurück und schrammten sich die Beine an Fels und Rinde blutig. Dann standen sie direkt davor. Es roch nach frischer Erde, Harz, geborstenem Holz und jenem modrig-feuchten Kellerduft, der jegliche Vernunft in zehnjährigen Köpfen augenblicklich außer Kraft setzte.
Zuerst warfen sie kleine Steine hinein. Hörten sie hell über festen Boden klackern. Der Mutigere der zwei steckte seinen Kopf durch die Öffnung, zwängte sich gleich darauf zur Gänze hindurch und stieß einen überraschten Ruf aus. Augenblicklich kam sein Freund ihm hinterher und fasziniert schauten sich die beiden in der geräumigen Höhle um. Das wenige Tageslicht, welches durch die Öff-

nung drang, sorgte für eine gespenstisch fahle Beleuchtung. Die beiden Jungen befanden sich in einem Gewölbe von annähernd quadratischem Grundriss. In den Wänden befanden sich Nischen und Halterungen für Fackeln. Exakt in der Mitte des Raumes stand ein großer, steinerner Sarkophag, dessen Seiten gemeißelte Reliefs zierten. »Das glaubt uns doch kein Mensch!«, fand der erste der Freunde nach geraumer Zeit seine Sprache wieder.
»Niemand wird es glauben, weil niemand es erfahren wird«, erwiderte der zweite ernst. »Zu keinem ein Wort! Das ist unsere Höhle und sie soll es auch bleiben!« Feierlich schworen die Jungen bei Androhung fürchterlichster Konsequenzen, ihre Zunge zu hüten, selbst unter brutalster Folter und niemals diesen größten Schatz, den sie jemals gefunden hatten, Dritten zugänglich zu machen. Anschließend verbargen sie den Eingang mit Ästen und Gebüsch, so gut es ging, vor fremden Blicken und machten sich auf den Heimweg. Ihre Augen glänzten und das wütende Zetern ihrer Mütter wegen der verdreckten Kleidung und der blutigen Beine standen sie tapfer durch wie richtige Männer.
Die Schule wurde am nächsten Tag wieder geöffnet. Es war der 7. Mai 1915 und die Versenkung des britischen Passagierschiffes »Lusitania« durch ein deutsches U-Boot forderte 1.200 Tote.

1
Linda

Wärme! Sie spürte sie am ganzen Körper. Angenehm. Wärme hieß Bewegung. Leben. Viel zu lange musste sie in der erstarrenden Kälte ausharren. Nun umfloss schmeichelnde Wärme ihren schlanken Körper. Nicht die Art von Wärme, die sie gewohnt war. Die trockene, staubige Hitze ihrer Heimat. Doch immerhin verschaffte ihr die Temperatur die nötige Beweglichkeit, um auf die Jagd zu gehen. Die Schlange hatte Hunger ...

* * *

Dr. Linda Reining hatte die Schnauze voll. Diese Ausdrucksweise gehörte zwar nicht zu ihrem üblichen Vokabular, aber der hinter ihr liegende Arbeitstag gebot ihr in denWald zu rufen, wie es ihr daraus entgegengeschallt war. Wieder hatte es Theater gegeben. Ihr aktuelles Projekt, die Suche nach einer mittelalterlichen Grabstätte in der Nähe von Schloss Auerbach, geriet mehr und mehr von einer professionellen wissenschaftlichen Arbeit zu einer abstrusen Provinzposse mit ihr als dem Dorfdeppen. Oder hieß es Deppin?

»Die Welt ist eine Männerwelt«, dachte sie frustriert. Einer dieser Weltherren, der selbstherrliche Dr. Kleiber, hatte ihr heute Gerd, ihren besten Grabungshelfer, abgenommen, um ihn bei einem »wichtigeren « Projekt einzusetzen und der schleimige Bartholdy hatte ihr ein Kompliment gemacht. Genug, um einer Frau von Ende vierzig den Tag zu verderben. Aber nicht den Abend! An der Tankstelle kaufte sie sich eine Flasche Rotwein, eine Tüte Chips und eine Tafel Schokolade. Nougat. Was sein muss, muss sein.

»Ihr« Parkplatz vor dem Haus war mal wieder belegt, so dass sie ihren betagten Nissan Micra einige hundert Meter entfernt auf dem Parkplatz eines Discounters abstellen musste. Seit ihrer Scheidung vor zwei Jahren lebte sie im ersten Stock eines Wohnblocks aus den Fünfzigern, der vor fünf Jahren durch die Stadt Darmstadt komplett renoviert worden war. Die muffigen kleinen Wohnungen der ehemaligen Mietskaserne wurden zu Studios und Appartements für die gehobene Mittelschicht umgewandelt. Jochen hatte ihr die Wohnung besorgt. Besorgt und bezahlt. Man hatte sich schließlich nicht im Streit getrennt. Es war eben einfach die Luft raus. Lucius, ihr 21-jähriger Sohn und Psychologiestudent im 4. Semester, hatte sie in seiner unnachahmlichen, professoralen Art beraten und eine Trennung in beiderseitigem Einvernehmen empfohlen. Die Welt war verrückt geworden. Doch Linda fühlte sich anschließend wie ein Gefangener, der nach vielen Jahren den ungewohnten und fremden Geruch der Freiheit atmet. Unsicher, ein bisschen ängstlich, aber frei. Frei, entfesselt, unabhängig. Sie war endlich sie selbst. Keine Frau von jemandem, keine fürsorgliche Mutter, keine leidenschaftliche Koch-Putz-Bett-Artistin. Sie war nur noch Linda Reining, Archäologin mit dem Fachgebiet mittelalterliche Anthropologie und einer fundierten forensischen Zusatzausbildung. Toll. Vielleicht hätte sie bei all den Kursen, Seminaren und Studiengängen, die sie in ihrem Leben schon absolviert hatte, doch noch ein Semester zwischenmenschliche Beziehungen mit Zusatzqualifikation »One-Night-Stands« belegen sollen. Jetzt war sie Single, wurde in 51 Jahren hundert und ihr Sexualleben war das einer altägyptischen Mumie.

»Rufus?« Sie wunderte sich, dass der Kater noch nicht ihre Beine umschmeichelte. Seufzend stellte sie ihre Einkäufe ab. Das Alter suchte eben nicht nur alleinstehende Frauen heim. Rufus, ihr schwarzer Kater, war bequem und fett geworden. Wie die meisten Männer, dachte sie säuerlich, nur mit dem Unterschied, dass ihr Hausgenosse seit seiner Kastration keinerlei Interesse mehr an den eleganten Katzenladies der Umgebung hatte. Sicher lag ihr schnurrender Mitbewohner faul auf ihrem Bett und zollte ihrer Ankunft mit einem halbgeöffneten Auge das Mindestmaß an Aufmerksamkeit.

»Eure Lordschaft geruhen mich zu empfangen?«, säuselte sie belustigt, als sie das Schlafzimmer betrat. Doch der Kater war nirgends zu sehen.

»Rufus?« Linda streifte sich die Pumps von den zierlichen Füßen, was sie augenblicklich acht Zentimeter an Körpergröße kostete. Sie trat an das Bett, tastete nach dem Schalter für die Heizdecke und schaltete sie ein. Frauen haben eine um 15 % dünnere Haut, rechtfertigte sie vor sich selbst den anorganischen Wärmespender. Sollte Richard Gere doch noch anrufen, hätte sie bestimmt genügend Zeit, den Stromfresser verschwinden zu lassen. Mitsamt dem Flanellschlafanzug und den Bettschuhen. Sie warf dem großen Spiegel am Schlafzimmerschrank einen prüfenden Blick zu. Die schlanke Frau mit der dunkelroten Löwenmähne und dem feingeschnittenen Gesicht war immer noch eine attraktive Erscheinung. Die feinen Fältchen, die aus den Augenwinkeln sprossen und, wenn sie ihre gefürchtete spöttische Miene aufsetzte, auch ihre Mundwinkel umspielten, verrieten zwar, dass sie keine dreißig mehr war, aber sie mochte sich. Mochte ihren kleinen Busen, der besser der Schwerkraft widerstand als ihr Hintern, aber den brachten ihre Designerjeans noch problemlos in Form. Ohne Jeans ging er niemanden was an. Außer Richard vielleicht. Oder Mel Gibson. Oder den netten Kerl im Alfa, der ihr heute Morgen im Parkhaus kampflos die Lücke überlassen hatte. Graumeliert. Drei-Tage-Bart, Bubenlächeln ...

»Linda!«, sagte sie laut und vorwurfsvoll zu ihrem Spiegelbild.

»Frauen bekommen keinen Samenkoller!«

* * *

Vibration! Nicht das zarte Trippeln kleiner Nagetiere, die zu den bevorzugten Beutetieren des Reptils gehörten. Gefährliche Erschütterungen großer Lebewesen in unmittelbarer Nähe. Die Schlange glitt in die schützende Dunkelheit zurück. Verharrte reglos. Ihre empfindsame Zunge analysierte die Gerüche um sie herum. Saurer, stechender Säugetiergeruch. Gefahr! Die Schritte klangen für sie wie Donnerhall. Endlich entfernten sie sich wieder.

* * *

Linda schlüpfte in ihre Pantoffel und schlurfte ins dunkle Wohnzimmer.

»Rufus?« Erleichtert erkannte sie den schwarzen Schatten auf dem Fußboden.

»Na, du Schlitzohr? Lauerst mir wieder auf? Recht hast du. Hab' dich viel zu lange alleine gelassen ...«

Sie schaltete das Licht ein und erstarrte. Der prächtige Kater mit dem schimmernden schwarzen Fell lag reglos auf der Seite.

»Rufus«, wisperte sie tonlos, sank auf die Knie und strich behutsam über den Kopf des Tieres. Der Körper war noch warm. Die Augen weit aufgerissen. Ohne Glanz. Ohne Leben. Linda hob den kleinen Leichnam auf, drückte ihn an sich und weinte lautlos, bis das

Fell des Tieres völlig durchnässt war. Sie hatte sich immer davor gefürchtet. Sie wusste nicht, wie alt Rufus wirklich war. Er war damals einer Freundin zugelaufen, die ihn ihr geschenkt hatte. Der Tierarzt meinte, Rufus wäre wohl schon ein Kater im besten Alter, aber bei guter Pflege ... Ein Weinkrampf schüttelte Linda. Immer noch hielt sie das Tier in ihren Armen. Ihre Beine wurden taub. Die Wohnung schien plötzlich kleiner zu werden, die Wände rückten um sie herum zusammen, die Decke senkte sich herab. Nun hatte er sie also auch verlassen. Jetzt war sie allein. Allein auf einem eisigen, atmosphärelosen Planeten. Ohne Rufus loszulassen, erhob sie sich ungelenk, bettete den kleinen Körper auf das Sofa, deckte ihn mit seiner Lieblingsdecke zu und sank wieder auf den Boden.

»Scheißtag!« Der heutige Tag verdiente keine andere Bezeichnung. Nach einer Stunde richtete sie sich mühsam und mit schmerzenden Gliedern wieder auf, taumelte benommen zum Wohnzimmerschrank, öffnete das Barfach und wog die Flasche Pure Highland Malt prüfend in der Hand. Kurz nach der Trennung von Jochen hatte sie mit dem Trinken begonnen. Nicht viel. Nicht am Tag und immer nur »guter Stoff«, dafür aber jede Nacht. Nachdem sie der Restalkohol in Verbindung mit einem gutaussehenden jungen Polizeimeister für ein halbes Jahr von den Benzinkosten ihres Micras befreit hatte, hatte sie damit aufgehört. Allein. Sie war eine starke Frau. Eine große Frau.

»Einsfünfundfünfzig«, murmelte sie verbittert, als sie sich das Glas mit der hellgelben Flüssigkeit füllte. Nach einer Stunde und zwei weiteren Gläsern überkam sie erst recht das heulende Elend. Sie sollte jetzt eigentlich jemanden anrufen. Doris. Aber die saß jetzt sicher in ihrer kitschigen kleinen heilen Welt, spielte mit Mann und Kindern Monopoly oder schaute sich den großen Montagsfilm im Fernsehen an. Oder Frank. Aber der war eigentlich dran mit Anrufen. Seit vier Wochen. Linda torkelte ins Badezimmer, erkannte die alte Frau mit den verquollenen Augen und dem verschmierten Make- up nicht, die sie aus dem Spiegel anglotzte, und putzte ihr trotzdem die Zähne. Anschließend erbrach sie sich und begann das Ritual von neuem. Sie schlüpfte in die Schlafanzughose, behielt ihr T-Shirt an und schlurfte ausgebrannt und auf traumloses Vergessen hoffend ins Schlafzimmer. Sie schlug die Bettdecke zurück und sah verständnislos auf die zusammengerollte Schlange. Ihr vernebeltes Gehirn registrierte zuckende Bewegung, einen sich wiegenden, hocherhobenen, dreieckigen Kopf, starre Augen und einen stechenden Schmerz in ihrer rechten Hand. Sie hörte ein seltsames Rasseln, starrte auf die beiden roten Punkte auf dem Handrücken, stieß einen schrillen Schrei aus, der rasch in ein ersticktes Gurgeln überging, als sich ihre Kehle krampfartig zusammenzog. Sie wandte sich um, machte drei Schritte in die Diele zurück, brach in die Knie und riss das Telefon von dem kleinen Beistelltisch. Vor ihren Augen tanzten rote Nebel, sie bekam kaum Luft, drehte mit letzter Kraft drei Zahlen. Der Hörer lag außerhalb ihrer Reichweite, ihre Arme schienen zu versteinern, ihr Herz raste, während sie keuchend nach Luft rang. »Schlange!« röchelte sie, während das Freizeichen tutete. »Schlange! Bertramallee drei, Bertramallee drei, Bertramallee dr...« Dann versank alles um sie herum in Dunkelheit. Sie hörte nicht das wilde Klopfen und Klingeln an ihrer Wohnungstür. Hörte nicht das Signal des Rettungswagens, hörte nicht, wie die Tür aufgebrochen wurde und Feuerwehrleute und Sanitäter hereinstürzten.